中国上市公司协会研究报告

上市公司并购重组年度报告
（2023）

中国上市公司协会　编著

中国财经出版传媒集团
中国财政经济出版社

图书在版编目（CIP）数据

上市公司并购重组年度报告．2023／中国上市公司协会编著．--北京：中国财政经济出版社，2023.5
ISBN 978-7-5223-2117-2

Ⅰ.①上… Ⅱ.①中… Ⅲ.①上市公司-企业兼并-研究报告-中国-2023 Ⅳ.①F279.246

中国国家版本馆 CIP 数据核字（2023）第052944号

责任编辑：叶　彤　　　　责任校对：胡永立
封面设计：北京兰卡绘世

上市公司并购重组年度报告（2023）
SHANGSHI GONGSI BINGGOU CHONGZU NIANDU BAOGAO（2023）

中国财政经济出版社 出版
URL：http：//www.cfeph.cn
E-mail：cfeph@cfeph.cn

社址：北京市海淀区阜成路甲28号　邮政编码：100142
营销中心电话：010-88191522
天猫网店：中国财政经济出版社旗舰店
网址：https：//zgczjjcbs.tmall.com
北京时捷印刷有限公司印刷　各地新华书店经销
成品尺寸：170mm×240mm　16开　13.75印张　200 000字
2023年5月第1版　2023年5月北京第1次印刷
定价：68.00元
ISBN 978-7-5223-2117-2
（图书出现印装问题，本社负责调换，电话：010-88190548）
本社质量投诉电话：010-88190744
打击盗版举报热线：010-88191661　QQ：2242791300

本书编委会

主　编：柳　磊　邓　舸

副主编：孙念瑞　王珠林　谢小兵　刘运宏

编　委：徐建军　江　禹　王曙光　刘乃生　王　杰
蔡莹莹　于冬雪

前　言

党的二十大报告指出，高质量发展是全面建设社会主义现代化国家的首要任务。我们要坚持以推动高质量发展为主题，把实施扩大内需战略同深化供给侧结构性改革有机结合起来。在新发展阶段，并购重组作为典型的市场配置资源的领域，正以前所未有的活力成为供给侧结构性改革的重要手段，在推动提高上市公司质量方面发挥着不可替代的作用。为贯彻落实中国证监会印发的《推动提高上市公司质量三年行动方案（2022—2025）》等文件精神，发挥并购重组主渠道作用，支持上市公司通过融资并购做优做强，中国上市公司协会并购融资委员会组织编写2023年度并购重组报告，展现上市公司并购重组整体面貌和基本情况。

本报告在介绍中国上市公司并购重组业务内容、发展阶段、呈现特征和发展方向的基础上，主要就2022年度上市公司并购重组相关法律法规的修改与变化、上市公司并购重组的市场状况与审核情况、跨境并购、并购重组的业务创新与失败案例分析等内容做了总结和分析，并在此基础上系统展望中国上市公司并购重组的发展前景。报告较为全面地介绍了并购重组市场的整体面貌、行业特征、规则要求、业务重点、经验教训和一般性规律，为上市公司开展并购重组提供参考和指导，以推动提高上市公司并购重组的规范化程度和效率，进而为上市公司的高质量发展提供我们的服务、智慧和力量。

本报告由中国上市公司协会第三届并购融资委员会组织撰写，其中，第一章由中国人民大学国际并购与投资研究所完成，第二章由德恒律师事务所完成，第三章、第四章和第七章由华泰联合证券有限责任公司完成，第五章由中国国际金融股份有限公司完成，第六章由中信建投证券股份有限公司完成，大成律师事务所参与了本报告编写的论证、统稿和校对工作。参与写作的以上单位成员专业基础扎实、实践经验丰富，在百忙的业务工作之余高效地完成了本报告相关章节的编写任务，在此对他（她）们的专业和勤勉的工作致以深切的感谢和崇高的敬意！

编写上市公司并购重组年度报告是中国上市公司协会新一届并购融资委员会工作的首次尝试，在内容和架构方面还存在不足之处，在后续的年度报告中我们将不断完善。同时，我们真诚欢迎各上市公司加入到我们年度报告的编写工作中来，提供更多优秀案例与实践，也充分展现这一代并购重组人士的智慧和精神面貌。

编者

2023 年 3 月

目　录

第一章　上市公司并购重组导论

第一节　上市公司并购重组的内容与业务范围

一、上市公司并购重组的概念

上市公司并购重组是市场约定俗称，并非准确的法律概念，主要包括对上市公司股权结构、资产和负债结构、收入及利润产生重大影响的上市公司控制权转让（收购）、资产重组（购买、出售资产）、股份回购、合并和分立等业务活动。从概念名称上，可以将上市公司并购重组拆分为上市公司收购和上市公司资产重组两大类。

上市公司收购主要指收购人通过合法的手段获得上市公司股权，进而取得或者巩固上市公司控制权的行为。上市公司收购主要涉及股权结构的调整，目标大多指向公司控制权的变动，核心是股东准入。在我国，上市公司收购行为主要受到《中华人民共和国证券法》（以下简称“《证券法》”）和《上市公司收购管理办法》（以下简称“《收购办法》”）等法律法规的规范。

上市公司资产重组主要涉及上市公司的资产、负债和业务的整合，目标是优化公司的资产规模和质量、产业和行业属性，其结果将导致上市公司资产结构的变化，核心是资产业务的准入。在我国，上市公司资产重组行为主要受到《证券法》和《上市公司重大资产重组管理办法》（以下简称"《重组办法》"）等法律法规的规范，其中，上市公司重大资产重组是监管的重点。《重组办法》（2020年修订）第二条对上市公司重大资产重组进行了明确定义，即"上市公司及其控股或者控制的公司在日常经营活动之外购买、出售资产或者通过其他方式进行资产交易达到规定的比例，导致上市公司的主营业务、资产、收入发生重大变化的资产交易行为"。《重组办法》（2020年修订）第十二条又进一步明确了上市公司重大资产重组的判断标准，即"上市公司及其控股或者控制的公司购买、出售资产，达到下列标准之一的，构成重大资产重组：（1）购买、出售的资产总额占上市公司最近一个会计年度经审计的合并财务会计报告期末资产总额的比例达到50%以上；（2）购买、出售的资产在最近一个会计年度所产生的营业收入占上市公司同期经审计的合并财务会计报告营业收入的比例达到50%以上；（3）购买、出售的资产净额占上市公司最近一个会计年度经审计的合并财务会计报告期末净资产额的比例达到50%以上，且超过5000万元人民币"。

值得注意的是，当上市公司采取发行股份购买资产，或者采取吸收合并其他上市公司或者股份回购时，则同时涉及上市公司收购（股东结构发生变化）和上市公司资产重组（公司内部的资产结构发生变化），这也是上市公司资本运作的常态化模式，所以上市公司并购重组便成为了大家耳熟能详的概念了。

二、上市公司并购重组的业务范围

目前，上市公司并购重组的业务范围包括上市公司收购、资产重组、股份回购、上市公司分立与合并等。

在实务中，我国上市公司收购的业务范围分为二级市场举牌收购、协议收购、要约收购、间接收购、国有股权划拨、司法拍卖转让、管理层收购等。上市公司资产重组的业务范围则包括购买资产、出售资产、以对外投资或以合资方式实施资产重组等。在上市公司资产重组业务中，上市公司分拆子公司上市业务在2019年12月13日证监会正式公布《上市公司分拆所属子公司境内上市试点若干规定》（证监会公告〔2019〕27 号，以下简称“《境内分拆规定》”）之后日益受到关注。所谓的上市公司分拆子公司上市，是指上市公司将部分业务或资产，以其直接或间接控制的子公司的形式，在证券市场首次公开发行股票上市或实现重组上市的行为。2022 年 1 月 5 日，证监会公布了《上市公司分拆规则（试行）》（证监会公告〔2022〕5 号，以下简称“《分拆规则》”），统一了上市公司分拆子公司在境内外上市的条件，明确和完善了分拆条件的判断标准。

上市公司回购股份，是指上市公司利用现金等手段，收购公司发行在外的一定数额股票的行为。该行为将导致公司股东结构变化，因此也属于上市公司并购重组的业务范围。

上市公司分立，通常是指对上市公司资产和负债进行分割，将原来一家上市公司分立形成两家上市公司并分别独立上市的行为，主要涉及资产的重组。

上市公司合并，是指两个或两个以上的上市公司依照《公司法》规定的条件和程序，通过订立合并协议，共同组成一个公司的行为。上市公司合并又可分为吸收合并和新设合并两种类型。

第二节 上市公司并购重组业务的发展与演变

一、上市公司并购重组的诞生与发展

（一）上市公司收购

1993 年深宝安（000009）收购延中实业（600601）是中国首例举牌收购案例，随后又发生了深圳万科（000002）举牌上海申华（600653）、深圳无极举牌飞乐音响（600651）、君安证券举牌上海申华（600653）等案例，但整体数量不多。2005 年股改之后，实现了股本全流通和同股同权，

举牌收购的数量明显增多，其中2015～2016年资本市场更是在保险公司举牌的带动下迎来举牌收购的高峰期。但由于举牌收购上市公司的成本较高，而且容易引起现有股东或者管理层的反制，导致举牌收购的难度较大，在股票发行注册制改革的背景下，上市公司壳资源的价值也有所下降，因此近年来举牌收购的热度有所降低。

1994年凌光实业（600629）股权转让是中国资本市场第一例协议收购的案例。在2005年股改之前，由于国有股和法人股不能流通，因此，股权转让主要通过协议转让的方式进行。2005年股改之后，协议转让仍然是上市公司收购的重要手段之一，但协议收购更加市场化。根据笔者统计，2013年前中国上市公司涉及实际控制人变更的协议收购数量整体比较平稳，但自2014年开始，尤其是2018年后，上市公司的协议收购持续活跃，主要原因之一是2018年股市下跌，上市公司市值缩水，同时叠加股票质押新规、资管新规等相关政策相继出台，金融机构主动去杠杆的影响，有些上市公司大股东爆发股票质押风险，上市公司经营也面临困境，为此许多地方政府成立纾困基金，帮助民营上市公司及其大股东化解流动性风险和股票质押风险，这就导致协议收购更加活跃起来。

2003年南钢联合公司要约收购南钢股份（600282）是中国资本市场第一例要约收购案例。从2018年开始，中国上市公司要约收购的数量明显增加，其原因与协议收购相似，即2018年以来整体市场环境的变化，导致上市公司原控股股东不得不稀释上市公司持股比例，甚至不惜转让上市公司的控制权。

1999年，琼民源（000508）公众股股东以其所持股份为限，1∶1等量置换北京住总集团在中关村科技所持有的股份。这是中国资本市场最早的上市公司吸收合并案例。据笔者不完全统计，截至目前上市公司通过换股吸收合并上市公司的案例有50多家，其中大部分吸收合并发生在国有企业之间，主要目的是解决同业竞争，提升综合竞争力等问题。

上市公司间接收购也常有发生，其主要有三种模式。第一种是直接收购上市公司大股东的股权，实现对大股东控股，进而间接控制上市公司，这也是目前比较流行的方式。第二种是对上市公司大股东进行增资，获得大股东控制权，从而取得上市公司的实际控制权。第三种是投资者与上市公司大股东成立合资公司，其中上市公司大股东以其所持有的上市公司股权出资，投资者获得合资公司的控制权，从而间接控制上市公司。

近年来，由于许多上市公司经营不善、债务违约、破产重整等因素，导致通过司法拍卖、破产重组、债务重组获得上市公司控制权的数量在快速增加，据笔者不完全统计，2021 年因司法拍卖及破产重整导致的上市公司控制权变动的数量分别为 16 家和 12 家。此外，2020 年 2 月 14 日证监会发布上市公司再融资新规，允许上市公司引入战略投资者后，引入战略投资者的整合模式也受到上市公司的青睐。比较特殊的管理层收购，则在 1999～2002 年高峰期后，近年来少有发生。

（二）上市公司资产重组

随着资本市场的发展，以及上市公司数量的增加，2016 年前中国上市公司资产重组活跃度不断上升，尤其在 2012～2015 年期间，上市公司资产重组的热度上升更加明显，主要体现在：上市公司资产重组的数量和金额迅速增加；一些传统企业积极通过资产重组推动供给侧结构性改革，谋求产业转型或者业务多元化发展；新技术、新业态、新产业成为上市公司并购的重点领域，估值溢价率不断提升；部分 VIE 企业及中概股公司通过并购重组回归 A 股市场的热情高涨，如分众传媒借壳七喜控股（002027）、巨人网络借壳世纪游轮（002558）等。

2016 年后，受监管政策等因素的影响，中国上市公司资产重组尤其是重组上市的活跃度有所下降。自 2018 年下半年开始，上市公司资产重组的监管政策逐步放松，监管层鼓励上市公司实施资产重组做强做大，但上市公司资产重组的活跃度仍未得到提高，其主要原因：一是中国经济进入新常态，经济增速放缓，降低了上市公司实施资产重组的意愿；二是中国注册制的推进和科创板的开通，缩短了 IPO 的周期，降低了企业上市门槛，吸引了一大批优秀企业直接通过科创板、创业板上市，这在短期内降低了优质企业通过重大资产重组上市的热情。

当前，中国上市公司资产重组业务发展呈现以下特点：一是上市公司资产重组中的“高估值、高商誉、高承诺”问题得到有效治理，交易逻辑更为理性务实；二是并购重组更加注重服务于实体经济发展，近年来并购重组在推动供给侧结构性改革、推动战略性新兴产业发展、推动国有企业改革、服务国家脱贫攻坚战略和“一带一路”建设等方面发挥着重要作用；三是上市公司实施破产重整的数量明显增加，破产重整成为提高企业资产质量的重要手段，许多上市公司通过破产重整获得新生；四是实施子公司分拆上市的公司越来越多，尤其在计算机通信、软件和信息服务、医药、高端装备制造、新材料等新兴产业领域；五是国际并购更加理性，国际并购的目的主要是获得高端技术和资源，并购标的不断向信息技术、高端装备、资源等领域集中。当然，一些阻碍上市公司资产重组的顽疾仍然存在，主要表现为涉及并购重组的内幕交易频现；忽悠式、跟风式收购仍有发生；“重收购轻整合”现象比较突出；利用破产重整逃废债的苗头有所凸显等。

（三）重组上市

重组上市是一种常见的上市公司并购重组模式，由于同时涉及上市公司收购和资产重组，因此备受监管机构和投资者关注。根据《重组办法》（2020 年修订）第十三条的规定，上市公司自控制权发生变更之日起 36 个月内，向收购人及其关联人购买资产，资产的资产总额、资产净额、营业收入、发股数量达到上市公司相应指标 100% 以上或者导致上市公司主营业务发生根本变化的，即构成重组上市，又称“借壳上市”。

2013 年 11 月之前，在 IPO 核准制的背景下，由于借壳上市条件低于 IPO 标准，且审批时间短，因此成为 IPO 的重要补充，受到市场追捧，我国上市公司借壳上市数量不断增加。但在这过程中，一些借壳上市的乱象，如“炒壳”“保壳”“养壳”等越来越引起监管机构和投资者的不满。为此，2013 年 11 月证监会发布《关于在借壳上市审核中严格执行首次公开发行股票上市标准的通知》，要求上市公司购买的资产对应的经营实体应当是股份有限公司或者有限责任公司，且符合《首次公开发行股票并上市管理办法》（以下简称“《首发办法》”）规定的发行条件。借壳上市与 IPO 标准相同，提高了借壳上市的难度。

借壳上市条件与 IPO 标准等同，并没有浇灭借壳上市的热情，反而市场热度不断高涨，2014 年、2015 年借壳上市的数量更创新高，各种借壳上市乱象愈演愈烈，一些 ST 上市公司甚至成为投资者追捧的热点。为此，监管层出台了更为严格的监管政策，其中，2016 年 9 月 8 日证监会公布的《关于修改〈上市公司重大资产重组管理办法〉的决定》，被称为史上最严格的借壳上市监管政策。通过一系列整顿，我国借壳上市迅速降温，2017～2019 年借壳上市数量大幅减少，各种乱象也得到明显改善。

2019 年 10 月 18 日，证监会再次发布了《关于修改〈上市公司重大资产重组管理办法〉的决定》，对借壳上市政策松绑，但 2020 年以来我国借壳上市活动仍然比较低迷，借壳上市的数量很少（参见图 1－1），主要原因是在注册制的背景下，越来越多的企业青睐于直接 IPO，而且随着退市制度的常态化，借壳上市失败的风险也在增加。

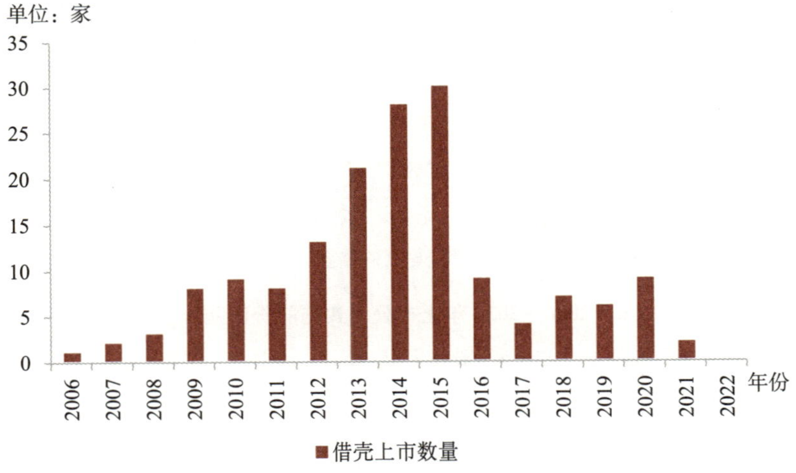

图 1－1 2006～2022 年借壳上市数量统计

注：按照首次披露日期统计，为已成功实施的案例。

数据来源：Wind 资讯。

（四）上市公司股份回购

根据《公司法》第一百四十二条的规定，公司实施股份回购主要有以下情形：减少公司注册资本；与持有本公司股份的其他公司合并；将股份用于员工持股计划或者股权激励；股东因对股东大会作出的公司合并、分立决议持异议，要求公司收购其股份；将股份用于转换上市公司发行的可转换为股票的公司债券；上市公司为维护公司价值及股东权益所必需。

据笔者不完全统计，2006～2022年中国共有2200多家上市公司成功实施过股份回购，尤其是2019年以来，上市公司实施股份回购的数量快速增加，2022年实施股份回购的上市公司超过800家（参见图1－2）。股份回购的目的方面，17%的股份回购明确用于股权激励，14%的股份回购明确用于市值管理，1%的股份回购明确用于员工持股计划，其他68%的股份回购目的不是特别明确，可能用于股权激励或最后依法注销等。

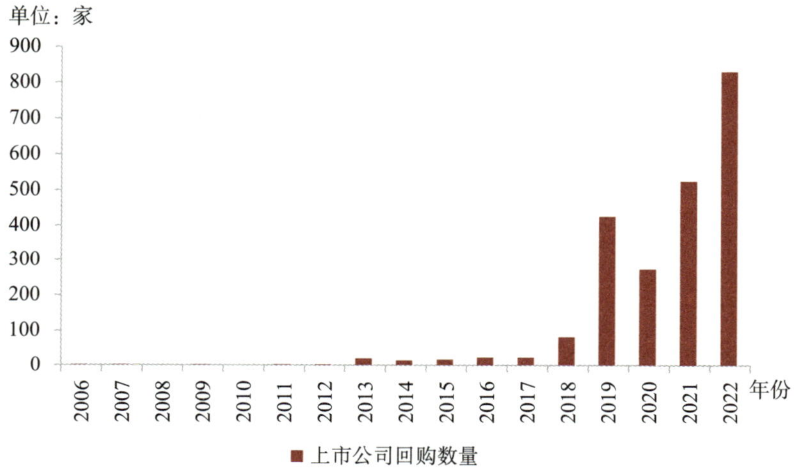

图1－2　2006～2022年上市公司实施股份回购数量统计

注：一家上市公司在一年内实施多次股份收购只统计一次。

数据来源：Wind资讯。

2019年来，中国实施股份回购的上市公司大幅增加，核心原因是监管放松，监管机构鼓励上市公司实施股票回购：

一是新修正的《公司法》放宽了股票回购的要求。2018年修正前的《公司法》第一百四十二条规定公司不得收购本公司股份，只有以下几种情形才可以进行股份回购：减少公司注册资本；与持有本公司股份的其他公司合并；将股份奖励给本公司职工（不得超过本公司已发行股份总额的5%）；股东因对股东大会作出的公司合并、分立决议持异议，要求公司收购其股份的。2018年修正后的《公司法》在原有第一百四十二条规定的基础之上，增加了可回购股份的两种情形：将股份用于转换上市公司发行的可转换为股票的公司债券；上市公司为维护公司价值及股东权益所必需。尤其“上市公司为维护公司价值及股东权益所必需”这一情形给予上市公司很大的空间。

二是2018年11月，证监会、财政部、国资委联合发布《关于支持上市公司回购股份的意见》，认为上市公司股份回购是国际通行的公司实施并购重组、优化治理结构、稳定股价的必要手段，鼓励上市公司进行回购。该意见的核心内容包括：上市公司股价低于其每股净资产的，董事会应当及时充分听取股东关于公司是否应实施股份回购等措施的意见和诉求；上市公司股价低于其每股净资产，或者20个交易日内股价跌幅累计达到30%的，可以为维护公司价值及股东权益进行股份回购，上市公司因该情形实施股份回购并减少注册资本的，不适用《上市公司回购社会公众股份管理办法（试行）》（以下简称“《回购办法》”）第八条关于股票上市已满一年的要求和《关于上市公司以集中竞价交易方式回购股份的补充规定》第九条关于特定期间内不得回购股份的条件限制；鼓励上市公司依法回购股份用于股权激励及员工持股计划；继续支持上市公司通过发行优先股、债券等多种方式，为回购筹集资金等。

（五）上市公司合并

在中国上市公司合并时有发生，合并方式以换股吸收合并为主。从上市公司合并的目的来看，中国上市公司合并主要分为几种类型：

一是出于产业横向或纵向整合目的，通过合并实现强强联合，或者由于同一控股股东下两家上市公司存在一定的同业竞争，为减少同业竞争问题，提高整体竞争力，实施上市公司合并。典型案例如美的集团（000333）吸收合并小天鹅、上海医药（601607）吸收合并上实医药和中西医药。

二是国企改革带来的上市公司合并。随着国企改革的进一步深入，为解决国企发展过程中暴露出的国有资本布局结构不合理、资源配置效率不高、同质化发展、恶性竞争加剧等问题，以央企为代表的合并整合明显增加，如中国南车（601766）和北车合并、中国国电和神华集团（601088）的重组、中电投（600886）和国家核电的重组、宝钢集团（600019）和武钢集团重组、中国中化集团（600500）和中国化工集团重组等。国有集团企业的合并，一般也会对旗下的上市公司进行整合。

三是B股转A股带来的上市公司合并。由于B股市场逐渐被边缘化，许多B股企业为谋求自救，将B股转为A股或者H股。针对B股转A股尚未出台专门的政策，B股直接转A股难度较大，许多方案采用A股上市公司发行股份吸收合并B股，然后B股退市注销的模式。如浙能电力吸收合并东电B（900949）、新城控股吸收合并新城B股（900950）、城投控股吸收合并阳晨B股（900935）、冠豪高新吸收合并粤华包B（200986）等。

（六）上市公司分立

在中国上市公司分立比较少见，截至目前A股市场只有一例，即2010年东北高速（600003）分立为龙江交通和吉林高速。

东北高速的主业资产是分别位于黑龙江和吉林两省的与高速公路相关的经营性资产和权益。公司设立时的三个发起人股东——龙高集团、吉高集团和华建交通在东北高速中均没有绝对控股地位。这种历史原因形成的股权结构和资产布局使得公司的治理结构出现过一定的问题，在一定程度上影响了公司的发展，也不利于上市公司获得当地政府的政策支持。为此，公司决定分立为龙江交通和吉林高速，所有股东持有的每股东北高速股份转换为一股龙江交通的股份和一股吉林高速的股份；龙江交通获得黑龙江省内的原东北高速的资产、负债、权益、业务和人员，吉林高速获得吉林省内的原东北高速的资产、负债、权益、业务和人员；分立完成后东北高速股票终止上市，东北高速依法解散并注销法人资格，龙江交通和吉林高速股票经核准后上市。

二、上市公司并购重组业务发展阶段

通过梳理和总结中国上市公司并购重组业务发展的历史及现状，可以将其划分为几个发展阶段。

（一）自由发展阶段（1990～1998年）

上市公司收购与证券交易市场是密不可分的，上市公司收购随着证券交易市场的诞生而产生。1990 年和 1991 年，上海证券交易所（以下简称“上交所”）和深圳证券交易所（以下简称“深交所”）的先后正式开业标志着我国证券市场的建立。因为证券法律法规[①]自证券市场建立后很长一段时间内处于制定过程中，所以从 1990 年中国证券市场建立起至 1993 年《股票发行与交易管理暂行条例》（以下简称“《股票条例》”）颁布实施这一阶段，我国的上市公司收购处于相对自由的发展阶段。大量非流通股的存在使得上市公司收购的可能目标主要集中在“三无概念股”（指无国家股、无法人股、无外资股）上，上市公司收购的机会很小，也没有相应的法律规范给予引导和规范。

1993 年 4 月 22 日，国务院证券委批准颁布了《股票条例》，其中，第四章“上市公司的收购”主要规定了三个方面：一是个人不得持有一个上市公司千分之五以上的发行在外的普通股，实际上是禁止个人进行上市公司收购；二是持股 5% 以上的主体必须履行阶段性披露和暂停交易的义务；三是强制要约收购制度，要求持股 30% 的发起人以外的股东必须参照二级市场交易的市场价格或收购人一年内买入该种股票的成本价格，以现金方式向全体股东发出收购要约。

虽然《股票条例》对于上市公司收购的制度设计存在不符合市场需要的问题[②]，而且收购方式以国有股权划拨为主，并没有从根本上改变上市公司的国有控股性质[③]，但是从上市公司收购的决定权上来看，涉及的审批/审核等程序性限制较少、内容简单，收购主体可以自由决定是否进行收购、选择谁进行收购以及收购的相关程序等。

（二）政府导向阶段（1998～2002 年）

1998 年 12 月 29 日第九届全国人民代表大会常务委员会第六次会议通

---

① 《证券法》是新中国成立以来第一部按国际惯例、由国家最高立法机构组织而非由政府某个部门组织起草的经济法律规范。《证券法》起草工作始于 1992 年。1998 年 12 月 29 日，中华人民共和国第九届全国人民代表大会常务委员会第六次会议通过了《证券法》，1999 年 7 月 1 日起开始实施。

② 这个制度设计的主要问题体现在两个方面：一是要约收购的制度设计脱离了当时市场分割的实际。当时上市公司的股权结构中占绝大部分比例的股份是不能流通的国有股、法人股、国有法人股和职工内部股，通过要约收购的方式不能实现控制权转让的目的；二是参照市场价格的现金收购成本过高，所以上市公司收购也很不活跃，实际上从制度上一定程度地制约了上市公司收购的发展。

③ 证监会：《中国上市公司并购重组发展报告》，中国经济出版社 2009 年版，第 7－11 页。

过、自 1999 年 7 月 1 日起施行的《证券法》专设“第四章 上市公司收购”，对上市公司收购进行规定。1998 年版《证券法》在《股票条例》的基础上，添加了“协议收购”的制度并予以规定，另详细规定了要约收购和上市公司收购完成后相关事项，增加了一项审批事项——涉及国家授权投资机构持有的股份需按照规定经有关主管部门批准，该项审批事项仅涉及国家授权投资机构持有的股份转让行为，对整个上市公司收购行为尚无过多的审核与批准程序。《股票条例》规定要约收购有向证监会和证券交易所报告并公告的义务，在此基础上，1998 年版《证券法》又规定要约收购人变更要约事项必须获得证监会及证券交易所的批准，还规定“经国务院证券监督管理机构免除发出要约的除外”，即豁免强制要约之情形。

从 1998 年版《证券法》对上市公司收购的规定来看，上市公司收购的审批/审核依然很少，市场主体可以依据法律规范的程序性要求完成收购，具有上市公司收购的决定权，政府、行业主管或监管部门对上市公司收购的干涉很少。

然而，这个时期中国开始实施的上市公司退市制度让上市公司收购的主导权逐步转移到政府手中。1998 年 4 月 22 日，沪深交易所对外宣布，将根据 1998 年实施的股票上市规则对财务或其他状况出现异常的上市公司股票交易进行特别处理（Special Treatment，缩写为“ST”），对连续 2 个会计年度的经审计净利润均为负值或最近 1 个会计年度经审计的每股净资产低于股票面值的上市公司的股票实行特别处理。[①] 为解决上市公司股票暂停上市后的股份转让问题，1999 年 6 月 17 日沪深交易所分别发布《上交所股票暂停上市相关事项的处理规则》和《深交所上市公司股票暂停上市处理规则》，推出 PT 制度（Particular Transfer），对近三年连续亏损的上市公司暂停其股票上市[②]，并规定了暂停上市股票的交易规则。ST 制度和 PT 制

① 特别处理期间的股票交易遵循如下原则：（1）股票报价日涨跌幅限制为 5%；（2）股票名称前加 ST 标志；（3）上市公司中期报告必须审计。

② 在暂停股票上市期间：（1）公司股票简称前冠以“PT”标志；（2）投资者在每周五（法定节假日除外）开市时间内申报转让委托，申报价格为不超过上一次转让价格上下 5%；（3）每周五收市后交易系统对有效申报按照集合竞价的方法撮合成交；（4）转让信息不在交易行情中显示，由指定的报刊专栏在次日公告；（5）公司股票不计入指数计算，成交数据不纳入市场统计。

度是我国上市公司退市制度的初步探索，一方面是向投资者提示退市风险，另一方面是在对上市公司进行退市警告的同时给予其改善经营并“再上市”的机会。然而，在这种以暂停上市代替退市的机制下，地方政府为保住上市公司的“壳”，开始主导ST或PT上市公司的控制权转让和资产重组。[①] 特别是2001年证监会发布的《亏损上市公司暂停上市和终止上市实施办法》，引发了以保护上市资格为目的的大规模并购重组。“多数地方政府开始重视本地上市公司的发展，将上市公司作为推动国有企业改革的试点和龙头，也将上市公司经营好坏作为衡量其政绩的标准之一，尤其是在一些上市公司经营持续恶化的地区，政府不得不使用行政手段推动其控制权的转让和资产重组，这已成为最有效和最快速的方法”。[②] 这一阶段上市公司收购的主导权逐渐转移到了政府的手中。

在这个时期，中国证券市场逐渐成熟，但是上市公司收购的法律法规还不够完善，相关实施细则、具体规范及指引不够详尽，无法有效制约上市公司收购中出现的暗箱操作、信息披露不透明等问题。从交易方式来看，仍旧是以国有股权之间划转为主。同时，由于退市制度的推出，资本市场中借壳/买壳上市案例大量出现，但这类收购往往都由政府主导，由于是被迫进行，其并购重组的绩效并不明显。[③] 虽然，法律法规赋予监管机构对于上市公司收购的审核/审批的权力较少，但是由于特殊的时代背景，大多数上市公司收购背后存在着政府的“影子”。

（三）高度行政化阶段（2002～2006年）

在这个阶段，一方面政府主导着上市公司收购的进程，另一方面有关

---

① 随着政府主导的并购重组预期的增强，ST或PT的上市公司股票成为爆炒的对象。例如，1998年4月28日，辽物资（000511）因为连续两年亏损成为ST公司，该消息发布后连续三天公司股票跌停。该公司积极实施资产重组，于1998年11月14日发布公告称“决定对本公司拥有的资产、负债进行100%的置换”，将公司的40505万元资产和26305万元负债全部置出，并将主营业务变更为基础设施开发建设、宾馆、旅游服务业。该消息公布后公司股票又连续3个涨停，公司在1998年又扭亏为盈，1999年4月27日摘掉ST。又如，1998年9月14日决定的PT苏三山（000518），通过资产重组摘掉PT的帽子，更名为“振新股份”重新上市，股票的二级市场价格拓展了很大的上涨空间，其他PT股票也日渐成为市场追逐爆炒的对象。

② 马庆泉、吴清：《中国证券史》（第二卷），中国金融出版社2009年版，第165页。

③ 中国证监会：《中国上市公司并购重组发展报告》，中国经济出版社2009年版，第7－15页。

上市公司收购的程序性约束机制和相应法律法规的安排还不健全，加上证券市场刚刚起步，诚信机制相对缺乏，暴露出上市公司收购制度的诸多问题。其一，虽然《股票条例》和1998年版《证券法》[①] 都规定了证券监管机关的法律地位，但是1998年版《证券法》规定的监管手段仅限于调查取证、询问、查阅和复制相关记录、查封、申请冻结等稽查手段，没有监管处罚权力[②]；上市公司收购的监管缺位，导致诸多欺诈收购等案件的发生。[③] 其二，当时已有的法律法规主要是原则性的规范，缺乏具体的、操作性的程序规范；上市公司收购中逃避监管的现象比较普遍，法律规范形同虚设。[④] 其三，因为市场上流通股和非流通股同时存在导致的市场结构性缺陷[⑤]不利于要约收购的实施，所以大量收购行为采用了法人股协议转让的形式。这不利于信息披露的透明化，同时也不能保证市场的公平性和公开性。其四，上市公司收购制度中的法律责任设定不够明确，导致这一时期的上市公司收购产生的诸多欺诈和违规事件处罚过轻，达不到整治和

---

① 在1998年《证券法》证券监督管理机构一章中专门对国务院证券监督管理机构的职责、监管措施作了明确规定。

② 《股票条例》第五条规定："国务院证券委员会（以下简称'证券委'）是全国证券市场的主管机构，依照法律、法规的规定对全国证券市场进行统一管理。中国证券监督管理委员会（以下简称'证监会'）是证券委的监督管理执行机构，依照法律、法规的规定对证券发行与交易的具体活动进行管理和监督"。1998年的《证券法》第七条规定"国务院证券监督管理机构依法对全国证券市场实行集中统一监督管理。国务院证券监督管理机构根据需要可以设立派出机构，按照授权履行监督管理职责"。

③ 典型的上市公司收购欺诈模式是先通过收购获得上市公司控制权，然后通过大量占款、违规担保、不公平的关联交易"掏空"上市公司，再将控制权转让或隐身退出，收购人获得了巨额利益，上市公司却难免破产的厄运，经典案例是托普集团收购川长征A。

④ 规避法律监管的典型案例是具有"中国上市公司收购第一案"称谓的深宝安（000009）收购延中实业（600601）案。1993年9月至10月，深宝安通过其旗下的关联上市公司分别从二级市场购入延中实业的股票达到延中实业股份总数的19.80%，收购行为没有遵守《股票条例》第四十七条关于法人直接或者间接持有一家上市公司发行在外普通股达到5%时的报告、披露和暂停买卖该种股票义务的规定，所以延中实业提出深宝安的该项收购和持股行为无效的诉讼，因为缺乏一致行动人概念和持股合并计算的规定，该行为成功规避了《股票条例》的规定，除这种规避行为以外，因《股票条例》缺乏间接收购、股权代持、协议安排、司法裁决等概念或制度安排，使得收购人可通过间接收购、一致行动、股权托管或质押、合同安排、形式上的司法裁决等形式规避披露、暂停交易、要约收购等义务。

⑤ 马骁：《上市公司并购重组监管制度解析》，法律出版社2010年版，第14页。

规范的效果①，以圈钱、操纵市场、保壳获利为目的的上市公司收购盛行。以上诸多问题的发生促使证券监管机构开始研究制定更为详细的上市公司收购规范，并于2002年9月28日发布了《收购办法》。

与已有的上市公司收购制度相比，2002年版《收购办法》具有诸多富有针对性的创新规范：扩大了上市公司收购的主体，自然人、法人（国有、民营、甚至外资）均可平等参与上市公司收购；扩大了上市公司收购的方式，协议收购、要约收购和竞价收购均是法律允许的收购方式；扩大了上市公司收购的支付方式，上市公司收购可以采用现金、依法可以转让的证券以及法律、行政法规规定的其他支付方式进行等，进一步明确了协议收购和要约收购的具体程序和要求。不过，2002年版《收购办法》也增加了行政审批的规定，一方面增加了证监会为主体的证券市场内部审批内容，以审批代替监管；另一方面加大了证监会以外行政机关的审批主体、审批事项及审批权限。除协议收购需要相关主管部门批准以外，上市公司收购也会涉及到资产转让、控制权转移或涉及主营业务的改变等事项，这些事项的变化往往需要发改委、国土资源管理、环境保护部门等主管机关的审批同意，涉及外资收购②的还要经过中国人民银行（外汇管理局）、商务部等部门审批，上市公司收购审批涉及的主管部门越来越多，审批程序也越

① 除了“掏空”上市公司型的欺诈性收购以外，制造上市公司收购的题材从事内幕交易等违规行为也较为常见，但是当时的法律规范缺乏针对性的条款设置，已有条款的法律责任也很轻。如《股票条例》没有针对上市公司欺诈性收购或违规行为法律责任的规定，涉及虚假信息披露或内幕交易的法律责任也很轻：内幕交易根据不同情况，没收非法获取的股票和其他非法所得，并处以5万元以上50万元以下的罚款。虚假陈述则根据不同情况，单处或者并处警告、没收非法获取的股票和其他非法所得、罚款。出具虚假报告文件的中介机构根据不同情况，单处或者并处警告、没收非法所得、罚款，情节严重的，暂停其从事证券业务或者撤销其从事证券业务许可，负有直接责任的注册会计师、专业评估人员和律师，给予警告或者处以3万元以上30万元以下的罚款，情节严重的撤销其从事证券业务的资格。在程序上，实施如上处罚需由证券委指定的机构决定；重大案件的处罚，报证券委决定。1998年版《证券法》针对违反上市公司收购的法定程序，利用上市公司收购谋取不正当收益的行为设定了责令改正，没收违法所得，并处以违法所得1倍以上5倍以下的罚款的法律责任。也相应加重了内幕交易和虚假陈述相关主体的法律责任，但是这些法律责任中的行政法律责任替代了民事责任，刑事责任基本是引用性规范，加上证监会单位性质所决定的行政处罚权和侦查起诉权的限制，导致这些违法违规案件的处罚都很轻或者难以具体落实。

② 2001年10月证监会和外经贸部联合发布《关于上市公司涉及外商投资有关问题的若干意见》（外经贸资发〔2001〕538号）；2002年12月证监会、财政部和经贸委联合发布的《关于向外商转让上市公司国有股和法人股有关问题的通知》（证监发〔2002〕83号）。

来越复杂。

在此时期，证监会发布一系列文件，除了《收购办法》（2002）外，还有《关于上市公司重大购买、出售、置换资产若干问题的通知》（证监公司字〔2001〕105 号，以下简称“105 号文”）、《上市公司股东持股变动信息披露管理办法》（2002）等，对涉及上市公司收购的相关重要法律问题进行了较为详细的规定，初步构建了以实质性审核为核心的上市公司收购监管体系。这些文件的发布起到了有效打击内幕交易与股价炒作、遏制虚假重组的发生、增强上市公司收购透明度等作用，有利于发挥证券市场资源优化配置的功能。因此，这一阶段市场化的上市公司收购相对于上个时期有所增加，通过上市公司收购实现资源互补、强强联合以及产业整合等战略性的功能逐渐体现。然而，在上市公司收购得到发展的同时，有关上市公司收购的行政审批力度也逐渐加大。多数上市公司收购行为仍由政府主导，甚至出现地方政府直接参与收购的情况。新问题的产生要求证券市场尽快完善上市公司收购制度及监管体系，强化持续监管。

（四）市场化探索阶段（2006～2011 年）

具备行政化色彩的上市公司收购往往收购成本高，市场效率和市场化程度较低，而且收购人和市场都不掌握上市公司收购进程的决定权，对上市公司收购缺乏确定的预期。2005 年版《证券法》以及 2006 年版《收购办法》对上市公司收购制度进行了市场化机制的有效探索。2005 年版《证券法》相比于 1998 年版《证券法》主要有以下几点修改：一是扩大了上市公司收购的方式，除要约收购、协议收购方式外，还增加了采取“其他合法方式收购”①；二是对收购中的一致行动人②与收购人持有的股份合并计算；三是允许收购人按比例收购③，取消了上市公司全面要约收购的限

① 2005 年版《证券法》第八十五条规定：“投资者可以采取要约收购、协议收购及其他合法方式收购上市公司”。

② 《证券法》没有对“一致行动人”做出具体定义。但其八十六条的规定能称为“一致行动人”的情形。2006 年版《收购办法》在附则中对“一致行动”进行定义：“投资者通过协议、其他安排，与其他投资者共同扩大其所能够支配的一个上市公司股份表决权数量的行为或者事实。”

③ 按比例收购即部分股份要约。2013 年版《证券法》第八十八条规定：“通过证券交易所的证券交易，投资者持有或者通过协议、其他安排与他人共同持有一个上市公司已发行的股份达到百分之三十时，继续进行收购的，应当依法向该上市公司所有股东发出收购上市公司全部或者部分股份的要约。”

制要求；四是删除了要约收购中的强制要约收购义务豁免的条款①；五是规定收购的一致行动人通过协议收购持有上市公司股份 30% 以上，继续进行收购，也必须发出收购要约②；六是将收购人持有股票的一般性锁定期由 6 个月改为 12 个月。③

证监会制定的2006 版《收购办法》仍然保留了具有行政色彩的一些收购模式，但也引入或者加大了市场化机制：（1）扩大了上市公司收购方式的内容，在传统的要约收购和协议收购的基础上，增加了通过投资关系、协议、其他安排或者综合采用这些方式和途径取得上市公司控制权的收购方式；（2）完善财务顾问制度，收购人必须聘请证监会认可的财务顾问，由财务顾问负责对收购人的主体资格、收购目的、购买实力、诚信记录、资金来源和履约能力进行尽职调查，关注收购人在收购过程中是否有对上市公司或上市公司的其他股东的不当行为，在收购完成后对收购人进行持续督导，并对未勤勉尽责的财务顾问设定相应的法律责任；（3）转变了监管方式，由监管部门直接监管下的上市公司收购制度转变为财务顾问把关下的上市公司收购制度。这些市场化的机制改革让市场主体获得了上市公司收购的部分决定权，上市公司收购机制走向了市场化探索的发展阶段。

在并购重组方面，证监会于 2008 年 5 月和 8 月先后颁布了《重组办法》和《上市公司并购重组财务顾问业务管理办法》，有利于减少行政审批，强化中介机构对上市公司合规性的把关作用，初步建立了以市场主体

---

① 2005 年版《证券法》第八十八条第一款将 1998 年《证券法》第八十一条第二款“但经国务院证券监督管理机构免除发出要约的除外”的规定删去。这样，要约收购中的强制要约收购义务就不能够再申请豁免了，豁免强制要约收购义务的情况仅限于协议收购中。进行此修改的依据在于强制要约收购义务这一制度设计的初衷，是基于充分保护中小股东权益这一原则。然而，由于强制性要约收购义务的规定过于严格，原本应成为例外的“豁免”却变成了常态，通过向监管部门寻求豁免，成为上市公司收购环节中屡试不爽的步骤。此外，收购方还往往利用其他手段规避强制性要约收购义务，比如拆分“暗仓持股”“收购主体”等等。

② 2005 年版《证券法》第九十六条规定：“采取协议收购方式的，收购人收购或者通过协议、其他安排与他人共同收购一个上市公司已发行的股份达到百分之三十时，继续进行收购的，应当向该上市公司所有股东发出收购上市公司全部或者部分股份的要约。但是，经国务院证券监督管理机构免除发出要约的除外。”1998 年版《证券法》第八十一条对全面要约规定的前提条件是“通过证券交易所的证券交易”。

③ 2005 年版《证券法》第九十八条规定：“在上市公司收购中，收购人持有的被收购的上市公司的股票，在收购行为完成后的十二个月内不得转让。”

约束为主导的市场化监管机制。在这一时期，“十二五”规划提出了积极加快转变经济发展方式的战略任务，2008 年国务院发布《关于当前金融促进经济发展的若干意见》鼓励“有条件的企业利用资本市场开展兼并重组”，2010 年国务院发布《关于促进企业兼并重组的意见》明确提出“遵循市场经济规则，充分发挥市场机制的基础性作用，规范行政行为，由企业通过平等协商、依法合规开展兼并重组，防止‘拉郎配’”。为贯彻落实国务院发布的《关于促进企业兼并重组的意见》，证监会确定了推进资本市场并购重组的庞大工作计划，包括推动整体上市、防止内幕交易、完善停复牌制度和信息披露制度等十项工作安排。2011 年 9 月 1 日起施行的《关于修改上市公司重大资产重组与配套融资相关规定的决定》就是这个庞大计划的一部分，涉及到规范和引导借壳上市、完善发行股份购买资产的制度规定和支持并购重组配套融资等事项。该《决定》还强化了财务顾问对实施借壳上市公司的持续督导，要求财务顾问对实施重大资产重组的上市公司履行持续督导职责。总的来说，新规定的推出明确了借壳上市的监管范围、监管条件和监管方式，有利于进一步规范、引导借壳上市行为，遏制市场绩差股投机炒作和内幕交易等问题，同时统筹平衡借壳上市与 IPO 的监管效率，有利于市场化退市机制改革的推进和出台。

（五）坚持市场化为基础的改革阶段（2012 ~ 2015 年）

2012 年 2 月《收购办法》的修订标志着市场化改革进入了新的阶段。2012 年版《收购办法》对 2006 年版《收购办法》第六十二条和第六十三条进行了修订，引入了“免于豁免申请”的规定，即将原规定的按照简易程序申请要约豁免的内容简化为免于提出豁免申请，直接向证券交易所和证券登记结算机构申请办理股份转让和过户登记手续①，这进一步提高了上市公司收购的市场化效率。

2012 年年底出台的党的十八大报告则进一步明确了市场化改革的方

① 该修订将原设定为简易申请程序的如下几种情形：“（一）在一个上市公司中拥有权益的股份达到或者超过该公司已发行股份的 30% 的，自上述事实发生之日起一年后，每 12 个月内增持不超过该公司已发行的 2% 的股份；（二）在一个上市公司中拥有权益的股份达到或者超过该公司已发行股份的 50% 的，继续增加其在该公司拥有的权益不影响该公司的上市地位；（三）因继承导致在一个上市公司中拥有权益的股份超过该公司已发行股份的 30% 。”。

向。在此基础上，证监会继续推动上市公司收购的市场化进程，将宽进严管、加强监管执法作为当时我国资本市场监管转型的“着力点”，努力扭转“重审批、轻监管”倾向，推动从审核审批向监管执法转型，从事前把关向事中、事后监管转移，并实施了以下几个方面的改革：一是加强稽查处罚力度；二是并购重组分道审核；三是提高借壳上市标准；四是优化兼并重组市场环境。其中，自 2013 年 10 月起实施的并购重组分道审核机制意味着证监会进一步放宽对上市公司收购的行政化审批，同时突出上市公司以及财务顾问等中介机构的自律和把关作用。

2013 年 12 月，证监会发布《关于在借壳上市审核中严格执行首次公开发行股票上市标准的通知》，进一步规范借壳上市条件，将借壳上市标准由“趋同”提升到“等同”，在上市公司借壳上市审核中严格执行首次公开发行股票上市标准，并且明令禁止创业板公司借壳。借壳上市标准提高可以看作是新股发行改革的配套措施，是对未来新退市制度的铺垫，旨在与新退市制度实现平稳对接，给予资本市场正面导向。

2014 年 3 月 7 日，国务院印发《关于进一步优化企业兼并重组市场环境的意见》，要求在兼并重组过程中有效调动企业积极性，坚持市场化运作，避免违背企业意愿的“拉郎配”，同时逐步取消下放部分审批事项，简化审批程序。2014 年 7 月 11 日，证监会发布修订后的《重组办法》和《收购办法》，取消除借壳上市之外的重大资产重组行政审批和要约收购的行政审批。此次修订是适应当时国民经济“转方式、调结构”战略调整的重要举措，对促进上市公司行业整合和产业升级，推动并购重组市场发展具有重要意义。

2015 年 4 月 24 日，证监会修订《重组办法》第十四条、第四十四条的适用意见，将募集配套资金比例从交易额 25% 提升至了 100%，加大了并购重组融资力度。2015 年 8 月，证监会等四部委联合发布《关于鼓励上市公司兼并重组、现金分红及回购股份的通知》，要求大力推进上市公司兼并重组：取消和简化审批，对市场化、规范化程度高的并购交易实施快速审核；创新支付工具和融资方式，推出上市公司定向可转债，鼓励证券公司、资产管理公司、股权投资基金和产业投资基金等机构参与上市公司兼并重组，鼓励国有控股上市公司依托资本市场加强资源整合；推动商业银行积极稳妥开展并购贷款业务，鼓励商业银行对兼并重组后的上市公司实行综合授信，通过并购贷款、境内外银团贷款等方式支持上市公司实行跨国并购；采取有效措施依法打击和防范兼并重组过程中的内幕交易、利益输送等违法违规行为。

在这一阶段，上市公司并购重组的活跃度快速上升，但也出现一些乱象。如在上市公司收购中，高杠杆融资收购、并购资金层层嵌套等案例时有出现。在上市公司资产重组中，跟风式、跨界式的并购重组数量明显增加，主要表现在影视、游戏等热门行业成为并购的主要领域；并购重组中的“高估值、高溢价、高商誉”问题日益突出等现象。

（六）规范发展阶段（2016 年至今）

为了给“炒壳”降温，促进市场估值体系的理性修复，继续支持通过并购重组提升上市公司质量，引导更多资金投向实体经济，2016 年 9 月 8 日证监会发布《关于修改〈上市公司重大资产重组管理办法〉的决定》，这标志着我国上市公司并购重组进入规范发展阶段。修订后的《重组办法》一是完善借壳上市认定标准，细化关于上市公司“控制权变更”的认定标准，完善关于购买资产规模的判断指标，明确累计首次原则的期限为 60 个月；二是完善配套融资的监管措施，抑制投机“炒壳”，取消借壳上市的配套融资，提高对重组方的实力要求，延长相关股东的股份锁定期，遏制短期投机和概念炒作；三是按照全面监管的原则，强化上市公司和中介机构责任，加大问责力度。

2017 年 9 月 21 日，证监会发布了《公开发行证券的公司信息披露内容与格式准则第 26 号——上市公司重大资产重组（2017 年修订）》，对重组报告书、交易对方方面进行了调整与完善，此次修订旨在提高并购重组效率，打击限制“忽悠式”“跟风式”重组，增加交易的确定性和透明度，规范重组上市。

通过一系列的整治，我国上市公司并购重组的“乱象”得到明显改善，上市公司并购重组朝着规范、有序、健康的方向发展，上市公司并购重组在服务实体经济“转方式、调结构”中发挥的作用越来越大。到了

2018 年下半年，由于国内外经济形势发生新的变化，并购重组的法规政策逐渐宽松，监管层积极鼓励上市公司借助并购重组提高上市公司发展质量。

2018 年 9 月 7 日，证监会发布了《关于发行股份购买资产发行价格调整机制的相关问题与解答》，进一步明确了价格调整需要满足的条件，同时要求设置双向调整机制，不仅保护资产方利益也保护了中小股东的利益。2018 年 10 月证监会确定并购重组“小额快速”审核机制，符合情形的并购重组的审核速度加快；放开了配套融资“补流”用途的限制，上市公司配套募集的资金可用于支付并购交易中的现金对价、交易税费、人员安置费用等并购整合费用和投入标的资产在建项目建设，也可用于补充上市公司和标的资产流动资金、偿还债务；进一步新增了并购重组审核分道制豁免/快速通道产业类型，支持重点产业发展；将 IPO 被否企业筹划重组上市的间隔期从 3 年缩短为 6 个月。2018 年 11 月 2 日，证监会发布《证监会试点定向可转债并购支持上市公司发展》，明确上市公司在并购重组中可以定向发行可转换债券作为支付工具。2018 年 11 月 15 日，证监会发布《公开发行证券的公司信息披露内容与格式准则第 26 号——上市公司重大资产重组（2018 年修订）》，多维度减少和简化上市公司并购重组预案披露的要求，重点聚焦于交易对方和交易标的核心要素的披露。

2019 年 10 月 18 日，证监会发布了《关于修改〈上市公司重大资产重组管理办法〉的决定》，对借壳上市政策松绑，此次修改主要有以下内容：一是简化借壳上市认定标准，取消“净利润”指标；二是将“累计首次原则”计算期间由 60 个月缩短至 36 个月；三是允许符合国家战略的高新技术产业和战略性新兴产业相关资产在创业板借壳上市，其他资产不得在创业板实施借壳上市交易；四是恢复借壳上市配套融资；五是丰富重大资产重组业绩补偿协议和承诺监管措施，加大问责力度。

2020 年 10 月 5 日，国务院发布《关于进一步提高上市公司质量的意见》，提出“充分发挥资本市场的并购重组主渠道作用，鼓励上市公司盘活存量、提质增效、转型发展。完善上市公司资产重组、收购和分拆上市等制度，丰富支付及融资工具，激发市场活力”，政策对上市公司并购重组的支持力度不断加大。

自2021年开始，防止资本无序扩张成为上市公司并购重组中关注的焦点，重点涉及房地产、教育、平台经济等。上交所在《2021年度一线监管情况通报》中就明确提到“重点关注房地产、教育等行业并购重组，避免资本无序扩张，加强‘高耗能、高排放’‘高风险集成电路制造’等特定行业审批事项监管”。

如上的各项改革措施，就是针对我国上市公司并购重组的市场需求和实践中出现的问题而对制度与机制作出的调整，让上市公司并购重组市场更加高效、规范和有序。

第三节　上市公司并购重组的发展趋势与新要求

一、上市公司并购重组业务的发展趋势及原因

我国上市公司并购重组业务的未来发展正呈现出以下趋势：

一是上市公司并购重组作为提高上市公司质量的重要手段，未来将继续保持活跃状态。虽然受我国经济步入新常态，中美贸易摩擦持续发酵，以及股票发行注册制实施的影响，再叠加全球疫情的冲击，近几年上市公司的并购重组行为更为谨慎，但是从长期来看，上市公司并购重组仍将活跃。首先，自2018年开始，监管层对上市公司并购重组持鼓励态度，出台了一系列的政策措施，不断提高上市公司实施并购重组的意愿。其次，随着中国经济的持续发展，以及注册制的全面实施，我国上市公司的数量也在快速增加，上市公司数量增加必然带动上市公司并购重组活动的增加，比较典型的现象就是近两年来，上市公司收购上市公司案例明显增加，近期典型案例如格力电器（000651）收购盾安环境、南钢股份（600282）收购万盛股份等。此外，随着退市制度的常态化，上市公司面临的退市风险大增，许多上市公司更有动力借助并购重组的手段来提高公司的发展质量。

二是上市公司并购重组业务将更加市场化。近年来，证监会等监管机构不断深化“放管服”改革，在完善上市公司并购重组基本制度的同时，不断简政放权，充分发挥市场的资源配置作用，鼓励并购双方充分市场化博弈。例如，《重组办法》规定上市公司发行股份的价格不得低于市场参考价的 90%，但 2020 年 6 月 12 日证监会发布《创业板上市公司持续监管办法（试行）》提出发行股份的价格不得低于市场参考价的 80%，放宽了定价下限标准，给予了交易双方更大的博弈空间；又如在 2020 年版《收购办法》中，全面取消要约收购审批等，减少行政干预，上市公司市场化的并购重组加速演进。

三是上市公司并购重组业务将更加法治化。推动上市公司并购重组市场化并不意味着放任不管，近年来监管层也正加快推进上市公司并购重组的法治化进程。首先，建立和完善以信息披露为核心的监管体系，通过完善法律法规，规范上市公司并购重组行为；其次，强化对并购重组的事中事后监管，明确各参与方的责任，特别强调中介机构发挥好资本市场“看门人”作用，比如对并购重组中的业绩承诺不达标等问题采取相应的监管措施等，严格依据证券法律法规监管和规范并购重组市场；再次，创新监管手段，充分发挥科技在监管中的作用，不断提高监管效能，并将其规定在上市公司并购重组的相关法律规范的要求中；最后，严格落实《证券法》等法律规定，不断强化证监会的稽查与监管职能，加大对内幕交易等违法行为的处罚力度，提高并购重组参与者的违法成本等。

四是上市公司并购重组的国际化趋势不会改变。虽然受国际监管政策变化、疫情暴发等众多因素的影响，短期内上市公司国际化并购低迷，但长期来看，上市公司并购重组的国际化趋势不会改变。首先，我国坚定不移推进更高水平对外开放的政策不会改变；其次，受中美贸易摩擦等因素的影响，欧美国家加强了对外国直接投资和收购的审查制度，针对欧美国家的国际并购将受到较大影响，但自从我国实施“一带一路”倡议以来，我国在“一带一路”沿线国家的影响力不断加大，而且这些国家自身经济实力较弱，对外资和国际资本的依赖度高，也有动力在逆全球化的背景下加强与我国的经贸合作，“一带一路”沿线有望成为中国企业国际并购的重要区域。

二、上市公司并购重组的未来发展方向

结合行业发展趋势和上市公司并购重组实践，笔者认为合法有效的上市公司并购重组将是其未来的发展方向，主要有以下几个方面：

一是上市公司开展并购重组要更加理性。盲目式收购、跟风式收购给上市公司带来的危害有目共睹。上市公司在实施并购重组时首先应该深刻认识到并购重组是推动公司产业升级、提高上市公司质量的手段，而不是单纯的迎合市场热点、市场炒作的方法，上市公司开展并购重组应该紧密围绕公司实际情况，基于产业逻辑开展。此外，上市公司开展并购重组应该避免犯“重交易轻整合”的错误，重视并购重组后的整合工作，将整合工作真正贯穿于整个并购重组过程，确实提高并购重组的成功率。

二是上市公司并购重组应该重点围绕实体经济和国家发展战略展开。充分发挥并购重组功能作用，提高上市公司质量，支持产业结构转型升级，更好服务国家战略大局，切实助力科技、资本和实体经济高水平循环是上市公司并购重组的目的，也是监管层鼓励的重点方向。例如，2020 年 10 月 5 日国务院发布《关于进一步提高上市公司质量的意见》，提出“发挥证券市场价格、估值、资产评估结果在国有资产交易定价中的作用，支持国有企业依托资本市场开展混合所有制改革”，明确并购重组是推动国企改革，提高国有资产效益的重要手段。因此，未来上市公司并购重组应该重点服务实体经济，在推动供给侧结构性改革，助力国资国企改革，实现国内国际“双循环”、发展战略新兴产业、“一带一路”倡议等方面发挥重要作用。

三是不断进行上市公司并购重组模式的创新，以满足上市公司多样化需求。随着资本市场的发展以及上市公司数量的增多，上市公司对并购重组的需求也更加多样化，因此有必要在合法合规、风险可控的前提下，不断进行并购重组模式的创新。近年来，中国在上市公司并购重组模式的创新上已经取得了一定成果，如在并购重组的方式上，上市公司分拆子公司

上市、上市公司收购上市公司、上市公司收购其他上市公司的资产等案例明显增多；在并购重组的支付方式上，越来越多的上市公司选择定向可转债作为支付手段，这既有利于增加并购交易谈判弹性，为交易提供更为灵活的利益博弈机制，又有利于有效缓解上市公司现金压力及大股东股权稀释风险，丰富并购重组融资渠道。对上市公司并购重组模式的创新需求，在另一方面也意味着今后对并购重组参与者的专业水平要求越来越高。

四是上市公司并购重组的参与者要不断增强合规意识。随着上市公司并购重组法治化的推进，一方面，并购重组各参与方的权利、义务和责任更加科学和明确；另一方面，对各种违法违规行为的处罚力度也在不断加大。这就要求各并购重组的参与者不断提高合规意识，确保上市公司实施并购重组的行为合法合规性。

第二章　上市公司并购重组的规则体系

上市公司并购重组的规则体系主要由四部分组成，包括法律、部门规章、规范性文件、自律规则。法律主要包括《中华人民共和国证券法》（以下简称“《证券法》”）、《中华人民共和国公司法》（以下简称“《公司法》”）；部门规章主要包括《上市公司收购管理办法》《上市公司重大资产重组管理办法》等；规范性文件包括证券期货法律适用意见（重大资产重组部分）、《科创板上市公司重大资产重组特别规定》《公开发行证券的公司信息披露内容与格式准则第 26 号——上市公司重大资产重组》、上市公司监管指引（重大资产重组部分）等；自律规则主要是指上海证券交易所、深圳证券交易所、北京证券交易所等出台的相关规定，相关文件从类型上大致可划分为审核规则、审核业务指引、信息披露指引等。

第一节　上市公司并购重组的规则体系与演变

随着中国证券市场的产生和发展，A 股上市公司的并购重组制度也随之产生并逐步发展和完善。由于我国资本市场处于新兴加转轨的特定时期，导致发展变化很快，上市公司并购重组活动日趋活跃，因而上市公司并购重组制度的设计也体现了“事变则法移”的特点。其中，《证券法》《上市公司重大资产重组管理办法》（以下简称“《重组办法》”）及《上市公司收购管理办法》（以下简称“《收购办法》”）构建了中国上市公司并购重组法律法规的整体体系和结构。

一、《证券法》的历次演变

《证券法》是中国资本市场的基础制度，为资本市场全面深化改革、切实维护投资者合法权益提供了坚强的法治保障。2019 年 12 月 28 日，十三届全国人大常委会第十五次会议全体会议审议通过了《中华人民共和国证券法（修订草案）》，修订后的《证券法》于 2020 年 3 月 1 日起施行。至此，自 1998 年 12 月 29 日《证券法》第一次发布以来，我国《证券法》经历了两次“修订”和三次“修正”。《证券法》的每一次修订和完善，不仅仅是适应资本市场发展变化，也是为资本市场深化改革开放提供法治保障。不断优化，方显与时俱进。

2004 年 8 月 28 日，《证券法》第一次修正。本次修正主要涉及两条：第二十八条修改为“股票发行采取溢价发行的，其发行价格由发行人与承销的证券公司协商确定。”第五十条修改为“公司申请其发行的公司债券上市交易，由证券交易所依照法定条件和法定程序核准。”此次修订主要是推动股票发行询价机制改革和完善公司债场内交易机制。

2005 年 10 月 27 日，《证券法》第一次修订。本次修订有五大亮点：一是明确国家设立“证券投资者保护基金”。二是规定了对证券投资咨询机构误导投资者行为的罚则。三是为开展融资融券以及股指期货等金融衍生品交易打开大门。四是明确客户交易资金所有权，严格禁止任何单位或者个人以任何形式挪用客户的交易结算资金和证券。五是解除了部分限制性规定，调整优化了有关规定。原《证券法》中“分业经营和管理”“禁止国企炒股”和“禁止银行资金违规入市”等规定，在修改后的《证券法》中有了“新的说法”：修改后的《证券法》在相关条款强调分业管理的同时，新增“国家另有规定的除外”的表述；规定国有企业和国有资产控股的企业买卖上市交易的股票，必须遵守国家有关规定；“依法拓宽资金入市渠道，禁止违规资金流入股市”。这次大修适应了资本市场进一步深化改革、稳步有序发展的新形势。此次修法后，具有历史意义的股权分置改革开始实施，并且取得成功。

2013 年 6 月 29 日和 2014 年 8 月 31 日，《证券法》分别进行了第二次和第三次修正。这两次修正都是为适应和助力行政审批制度改革和政府职能转变。

2019 年 12 月 28 日，《证券法》进行第二次修订。本次修订之后的《证券法》于 2020 年 3 月 1 日起生效，也是现行有效的《证券法》。本次修订后的《证券法》与 2014 版《证券法》条款进行对比，新版《证券法》从过去的 12 章变为 14 章，增设了信息披露和投资者保护两个专章，但条款总数从过去的 240 条缩减至 226 条。总的来看，针对旧《证券法》的删改幅度还是很大的，涉及约 150 条。具体来说，有以下几个方面的重大改变。

1. 全面推行证券发行注册制

在总结上海证券交易所设立科创板并试点注册制的经验基础上，新《证券法》贯彻落实十八届三中全会关于注册制改革的有关要求和十九届四中全会完善资本市场基础制度要求，按照全面推行注册制的基本定位，对证券发行制度做了系统的修改完善，充分体现了注册制改革的决心与方向。同时，考虑到注册制改革是一个渐进的过程，新《证券法》也授权国务院对证券发行注册制的具体范围、实施步骤进行规定，为有关板块和证券品种分步实施注册制留出了必要的法律空间。

2. 显著提高证券违法违规成本

新《证券法》大幅提高对证券违法行为的处罚力度。如对于欺诈发行行为，从原来最高可处募集资金百分之五的罚款，提高至募集资金的一倍；对于上市公司信息披露违法行为，从原来最高可处以六十万元罚款，提高至一千万元；对于发行人的控股股东、实际控制人组织、指使从事虚假陈述行为，或者隐瞒相关事项导致虚假陈述的，规定最高可处以一千万元罚款等。同时，新《证券法》对证券违法民事赔偿责任也做了完善。如规定了发行人等不履行公开承诺的民事赔偿责任，明确了发行人的控股股东、实际控制人在欺诈发行、信息披露违法中的过错推定、连带赔偿责任等。

3. 完善投资者保护制度

新《证券法》设专章规定投资者保护制度，做出了许多颇有亮点的安排。包括区分普通投资者和专业投资者，有针对性地做出投资者权益保护安排；建立上市公司股东权利代为行使征集制度；规定债券持有人会议和债券受托管理人制度；建立普通投资者与证券公司纠纷的强制调解制度；完善上市公司现金分红制度。尤其值得关注的是，为适应证券发行注册制改革的需要，新《证券法》探索了适应我国国情的证券民事诉讼制度，规定投资者保护机构可以作为诉讼代表人，按照“明示退出、默示加入”的诉讼原则，依法为受害投资者提起民事损害赔偿诉讼。

4. 进一步强化信息披露要求

新《证券法》设专章规定了信息披露制度，进行了系统性完善。包括扩大信息披露义务人的范围；完善信息披露的内容；强调应当充分披露投资者作出价值判断和投资决策所必需的信息；规范信息披露义务人的自愿披露行为；明确上市公司收购人应当披露增持股份的资金来源；确立发行人及其控股股东、实际控制人、董事、监事、高级管理人员公开承诺的信息披露制度等。

5. 完善证券交易制度

优化有关上市条件和退市情形的规定；完善有关内幕交易、操纵市场的法律禁止性规定；强化证券交易实名制要求，任何单位和个人不得违反规定，出借证券账户或者借用他人证券账户从事证券交易；完善上市公司股东减持制度；规定证券交易停复牌制度和程序化交易制度；完善证券交易所防控市场风险、维护交易秩序的手段措施等。

6. 落实“放管服”要求取消相关行政许可

包括取消证券公司董事、监事、高级管理人员任职资格核准；调整会计师事务所等证券服务机构从事证券业务的监管方式，将资格审批改为备案；将协议收购下的要约收购义务豁免由经证监会免除，调整为按照证监会的规定免除发出要约等。

7. 压实中介机构市场“看门人”法律职责

规定证券公司不得允许他人以其名义直接参与证券的集中交易；明确保荐人、承销的证券公司及其直接责任人员未履行职责时对受害投资者所应承担的过错推定、连带赔偿责任；提高证券服务机构未履行勤勉尽责义务的违法处罚幅度，由原来最高可处以业务收入五倍的罚款，提高到十倍，情节严重的，并处暂停或者禁止从事证券服务业务等。

8. 建立多层资本市场体系

将证券交易场所划分为证券交易所、国务院批准的其他全国性证券交易场所、按照国务院规定设立的区域性股权市场等三个层次；规定证券交易所、国务院批准的其他全国性证券交易场所可以依法设立不同的市场层次；明确非公开发行的证券，可以在上述证券交易场所转让；授权国务院制定有关全国性证券交易场所、区域性股权市场的管理办法等。

9. 强化监管执法和风险防控

明确了证监会依法监测并防范、处置证券市场风险的职责；延长了证监会在执法中对违法资金、证券的冻结、查封期限；规定了证监会为防范市场风险、维护市场秩序采取监管措施的制度；增加了行政和解制度，证券市场诚信档案制度；完善了证券市场禁入制度，规定被市场禁入的主体，在一定期限内不得从事证券交易等。

10. 扩大《证券法》的适用范围

将存托凭证明确规定为法定证券；将资产支持证券和资产管理产品写入《证券法》，授权国务院按照《证券法》的原则规定资产支持证券、资产管理产品发行、交易的管理办法。同时，考虑到证券领域跨境监管的现实需要，明确在我国境外的证券发行和交易活动，扰乱我国境内市场秩序，损害境内投资者合法权益的，依照《证券法》追究法律责任等。

总体来讲，本次《证券法》修订做出了一系列新的制度改革完善，包括：全面推行证券发行注册制度；显著提高证券违法违规成本；完善投资者保护制度；进一步强化信息披露要求；扩大《证券法》的适用范围等。

二、《重组办法》的历次演变

2008 年 4 月 16 日，《重组办法》首次发布。彼时的市场正在经历次贷危机的冲击，在此背景下，《重组办法》首次将上市公司重大资产重组的标准和流程体系化、制度化。

2011 年 8 月 1 日，第一次修订《重组办法》，借壳标准出台。尽管在

《重组办法》中自始至终未出现“借壳上市”这个概念，但是2011年修订版实际上为“借壳上市”厘定了标准：自控制权发生变更之日起上市公司向收购人购买的资产总额占上市公司最近一个会计年度合并资产总额100%以上即构成借壳。2011年修订版进一步要求拟借壳实体须持续经营3年以上，最近两个会计年度盈利且累计超过2000万元等。本次修订另一个重点是明确上市公司重大资产重组可同时配套融资。

2014年10月23日，《重组办法》第二次被修订。本次修订取消了除借壳上市以外的重大资产重组行政审批，并把发行定价区间拓宽为可在前20、60或120个交易日的均价任选其一，并允许打9折；另外，还取消向非关联第三方发行股份购买资产的门槛限制和相关盈利补偿要求；并增加了更多并购支付和融资工具。

2016年9月8日，《重组办法》第三次修订收紧了借壳上市。首先，认定标准在资产总额指标基础上增补资产净额、营业收入、净利润、股份4个指标；其次，明确控制权变更的判断标准要从股本比例、董事会构成、管理层控制三个维度进行定义；再次，取消借壳上市的配套融资；最后，延长股东限售期，对新进入的非控股股东限售期从12个月延长至24个月，新进入的控股股东则为36个月。

2019年10月18日，2019修订版《重组办法》正式出台实施。比较于2016年修订版，2019年修订内容主要包括如下五个方面：其一，取消借壳上市“净利润”指标。本次修订删除净利润指标，以支持上市公司资源整合和产业升级，加快质量提升速度。其二，将“累计首次原则”计算期间缩短至36个月，即在取得上市公司控制权满36个月后注入资产不构成借壳上市。其三，有限度放开创业板借壳上市。2019年修订版允许符合国家战略的高新技术产业和战略性新兴产业资产在创业板借壳上市，后续深圳证券交易所亦明确相关产业目录指引。其四，恢复借壳上市配套融资。本条款修订目的在于支持上市公司和置入资产改善现金流、发挥协同效应，重点引导社会资金向具有自主创新能力的高科技企业集聚，因而本次修改结合当前市场环境，恢复借壳上市的配套融资制度。其五，加强对业绩补偿协议和承诺的监管力度。2019年修订版规定，对于交易对方超期未履行或者违反业绩补偿协议、承诺的，由证监会责令其改正，并采取监管谈话、出具警示函、责令公开说明、认定为不适当人选等监管措施。这是修订版正式稿与征求意见稿相比唯一实体条款变化，显然充分体现了民意。

2020 年 3 月 20 日，为落实新《证券法》对上市公司重大资产重组的相关要求，《重组办法》进一步明确了上市公司控股股东、实际控制人违法违规行为的法律责任，明确了发行股份购买资产存在欺诈的法律责任，依法扩大证券支付工具范围，对证券交易所相应板块的授权规定进行概括性调整，为深化市场化改革预留空间。具体来看，修改内容主要包括完善重组罚则体系、为深化改革预留制度空间以及落实简政放权要求三方面。

首先，在完善重组罚则体系上，主要包括三点：其一，调整信息披露违规行为分类，同时大幅提高对相关违法违规行为的处罚力度。其二，扩大违规主体范围，明确将上市公司控股股东、实际控制人纳入信息披露违规处罚对象。其三，首次明确发行股份购买资产违规可能构成欺诈发行。发行人在发行股份购买资产过程中，隐瞒重要事实或者编造重大虚假内容的，将依照新《证券法》欺诈发行的规定予以处罚。

其次，为深化改革预设制度空间。一是增加了存托凭证作为重组支付工具；二是对科创公司注册制试点适用特别规定的授权条款做进一步调整，为后续改革提供法规支持。

最后，落实简政放权系列要求，主要包括两点：简化媒体披露要求，减轻企业负担；调整有关证券服务机构的表述，强调其履职要求。

本次对《重组办法》的修订，是自 2019 年 10 月份修订后的再次制度调整，本次修订，旨在部门规章层面加快落实上位法要求，理顺并购重组规则体系，是建设规范、透明、开放、有活力、有韧性的资本市场，完善资本市场基础性制度，加强金融服务实体经济，切实提高上市公司质量的重要举措。

三、《收购办法》的历次演变

2002 年 9 月 28 日，《收购办法》首次发布，在当时股权分置改革尚未开始、非流通股依然是市场主流的背景下，对上市公司收购行为实现了有效的监管。

2006 年 7 月 31 日，证监会对《收购办法》进行了修订，基本确立了后续《收购办法》的体例以及现行上市公司收购制度及披露的框架体系，分别为权益披露、要约收购、协议收购、间接收购以及要约豁免。

2006 年之后，证监会先后于 2008 年、2012 年、2014 年对《收购办法》进行了修订，三次修改主要是对于豁免要约制度进行了一定的调整，将原本属于报证监会批准才可以豁免要约的行为，改为无需批准即可自动豁免。同时，2014 年修订中，也将原《收购办法》中大量的报告义务改为公告义务，尤其是将原规定中关于收购报告的行政审批程序取消，收购人只需要履行公告义务即可，这大为缩短了收购事项的审批流程，更多地让市场对收购事宜进行消化。

2020 年 3 月 20 日，随着新《证券法》的颁布和实施，《收购办法》对部分条款也作出了相应调整，主要包括持股 5% 以上股东增减持股份的信息披露与操作要求调整、简式权益变动报告书增加增持资金来源披露要求、要约收购豁免的行政许可被取消、收购人股份锁定期延长等。本次修订是对新《证券法》的贯彻，也是对证券市场全面深化改革的落实。

第二节　2022 年上市公司并购重组规则的修订与变化

《证券法》已由中华人民共和国第十三届全国人民代表大会常务委员会第十五次会议于 2019 年 12 月 28 日修订通过，自 2020 年 3 月 1 日起正式施行。本次《证券法》修订重点强调全面推进证券发行注册制、严厉打击证券违法行为、完善信息披露制度、强化投资者保护制度等，并针对重点关注事项进行了细化规范。为了与《证券法》《重组办法》等相关上市公司监管法规体系修改相配套，对上市公司并购重组法律法规及相关业务规则修订与完善提出了新的要求。根据相关修订的实际情况，本部分就 2022 年有关上市公司并购重组法律法规业务规则的重要变化进行梳理如下。

一、证监会修订的监管法规

证监会结合监管实践需要，组织开展上市公司监管法规体系整合工作，推进完善基础性制度，形成体例科学、层次分明、规范合理且协调一致的上市公司监管法规体系。对 2022 年上市公司并购重组相关规范性文件做出实质性修订的内容进行梳理，相关修订集中于上市公司重大资产重组及上市公司收购等法规的适用意见，并根据最新规则对并购重组格式准则与编报规则进行同步更新，具体修订情况如下：

（一）整合修订部分

因《证券法》《重组办法》《收购办法》等相关法律法规的修改，为确保在实际适用时与前述法律法规的修改相配套，证监会对《〈上市公司重大资产重组管理办法〉第十四条、第四十四条的适用意见——证券期货法律适用意见第 12 号（2022 修订）》（中国证券监督管理委员会公告〔2022〕6 号）、《上市公司监管指引第 7 号——上市公司重大资产重组相关股票异常交易监管》（中国证券监督管理委员会公告〔2022〕23 号）及《公开发行证券的公司信息披露内容与格式准则第 17 号——要约收购报告书（2022 年修订）》（中国证券监督管理委员会公告〔2022〕9 号）等相关法规进行整合，对照现有文号和条文序号对相关引文进行更新，对相关条文根据上位法修订情况调整规则内容作出规范表述，既有内容不作实质修改，仅进行整合更新修订，此处不做赘述。

（二）实质修订部分

经梳理，现就 2022 年证监会修订的证券期货法律适用意见及格式准则、编报规则，除依据上位法等相关法律法规的修改进行更新顺改外，进行其他实质性修订部分内容整理如下：

1.《〈上市公司重大资产重组管理办法〉第三条有关标的资产存在资金占用问题的适用意见——证券期货法律适用意见第 10 号》

2022 年 1 月 5 日，证监会发布《〈上市公司重大资产重组管理办法〉第三条有关标的资产存在资金占用问题的适用意见——证券期货法律适用意见第 10 号》（中国证券监督管理委员会公告〔2022〕18 号），经梳理，重点修订主要包括三点：其一，重大资产重组中，“拟购买资产”的表述无法适用于换股吸收合并的情形，故修订表述，统一为“标的资产”，以增强适应性；其二，随着注册制改革的推进，科创板、创业板上市公司涉及发行证券的重大资产重组申请已由沪深交易所受理，形成了“交易所审核——证监会注册”的监管流程，因此，本次修改新增“证券交易所受理”情形下解决标的资产非经营性资金占用问题的时点要求，以适应注册制改革新变化；其三，参考现有实践做法，对非许可类重大资产重组明确以“上市公司首次审议本次重大资产重组事项的股东大会召开前”为非经营性资金占用问题的最迟解决时点，督促相关方尽早解决资金占用问题。

2. 《〈上市公司收购管理办法〉第六十二条有关上市公司严重财务困难的适用意见——证券期货法律适用意见第 7 号》

2022 年 1 月 5 日，证监会发布《〈上市公司收购管理办法〉第六十二条有关上市公司严重财务困难的适用意见——证券期货法律适用意见第 7 号》（中国证券监督管理委员会公告〔2022〕20 号），经梳理，重点修订内容如下：一方面，因本轮退市改革后不存在“暂停上市”阶段，遂删除“因三年连续亏损，股票被暂停上市”的情形；另一方面是将“收购人可以申请豁免要约收购义务”修改为“免于以要约方式增持股份”，适应《收购办法》相关规定的表述调整。

3. 《公开发行证券的公司信息披露内容与格式准则第 26 号——上市公司重大资产重组》（以下简称“《26 号格式准则》”）

2022 年 1 月 5 日，证监会发布《公开发行证券的公司信息披露内容与格式准则第 26 号——上市公司重大资产重组（2022 修订）》（中国证券监督管理委员会公告〔2022〕10 号），重点在两个方面进行了修订，具体如下：一方面是根据上位法修订情况调整规则内容。具体为根据《重组办法》修订情况，将上市公司前期控制权变动的披露要求修改为最近 36 个月，将维持或变更控制权等披露要求同步修改为未来 36 个月。根据《证券法》修订情况，将独立财务顾问报告出具主体修改为证券公司或者证券服务机构。另一方面对照《关于取消部分行政许可事项申请材料、压缩部分行政许可事项承诺办理时限的公告》（证监会公告〔2019〕9号，以下简称“《9号公告》”）等文件简化申请材料。具体为，对照《9号公告》及中国证监会官网已公示的《行政许可事项服务指南——上市公司发行股份购买资产核准、注册》，在条文和附件中对重大资产重组申请文件格式和报送方式、重大资产重组申请文件目录进行了更新。

4.《上市公司分拆规则（试行）》

2022年1月5日，证监会发布《上市公司分拆规则（试行）》（中国证券监督管理委员会公告〔2022〕5号，以下简称“《分拆规则》”），《分拆规则》整合了《上市公司分拆所属子公司境内上市试点若干规定》（证监会公告〔2019〕27号，以下简称“《境内分拆规定》”）和《关于规范境内上市公司所属企业到境外上市有关问题的通知》（证监发〔2004〕67号），条文形式有所调整，但内容和框架与两项规则基本一致，仍然围绕分拆条件、分拆的实施程序和信息披露、中介机构核查把关等方面做出具体规定，主要修订包括：一是统一境内外监管要求。《分拆规则》统一了境内外分拆监管要求，即与《境内分拆规定》尽量保持一致，但对境外分拆而言，条件方面略有增加，程序方面更加严格，披露方面明确比照上市公司重大资产重组的相关规定办理。二是明确和完善分拆条件。针对市场反映的问题，明确“拟分拆所属子公司最近三个会计年度使用募集资金”的方式及起算期间，“最近三个会计年度使用募集资金合计不超过其净资产百分之十”的计算标准，董事、高管持有拟分拆子公司股份不超过一定数量的认定依据等。同时，进一步明确子公司主要业务或资产若属于上市公司首次公开发行股票并上市时主要业务或资产的，不得分拆该子公司上市。三是调整监管职责的规定形式。考虑到“证券交易所逐步完善有关业务规则”“证券交易所、证监局出具监管意见”等属于监管内部授权、分工事项，《分拆规则》删除了相关内容，证监会将通过其他形式予以考虑和明确，实践做法与目前不会有大的变化，以保障分拆的持续有效监管。

5.《上市公司监管指引第 4 号——上市公司及其相关方承诺》

2022 年 1 月 5 日，证监会发布《上市公司监管指引第 4 号——上市公司及其相关方承诺》（中国证券监督管理委员会公告〔2022〕16 号，以下简称"《4 号指引》"），是对 2013 年制定并发布的《上市公司监管指引第 4 号——上市公司实际控制人、股东、关联方、收购人以及上市公司承诺及履行》进行的修订。本次修订主要解决以下三方面问题：一是落实修订后《证券法》的要求。新《证券法》增加了公开承诺信息披露的规定，需要在《4 号指引》中进一步落实。二是与其他相关制度做好衔接。《监管规则适用指引——上市类第 1 号》明确重组方不得变更业绩补偿承诺，本次修订予以吸收，同时明确依照法律法规、中国证监会规定作出的承诺，以及承诺人已明确不可变更或撤销的承诺也不得变更或豁免。三是强化突出问题的监管。结合前期实践，完善承诺人信息披露的具体要求，增加董事会对承诺人履行承诺的督促义务。另外，针对承诺人通过非交易过户规避股份限售承诺的情况，增加承诺承继的要求。就其与上市公司并购重组的相关修订内容主要为：扩大了《4 号指引》的主体适用范围。根据新《证券法》规定，将上市公司董监高纳入承诺主体适用范围。为强化对重大资产重组和破产重整事项中承诺的监管，将上市公司资产交易对方、破产重整投资人也纳入承诺主体适用范围。2022 年 1 月 7 日，深交所分别对《深圳证券交易所上市公司规范运作指引（2020 年修订）》和《深圳证券交易所创业板上市公司规范运作指引（2020 年修订）》进行了整合、修订，并更名为《深圳证券交易所上市公司自律监管指引第 1 号——主板上市公司规范运作》和《深圳证券交易所上市公司自律监管指引第 2 号——创业板上市公司规范运作》，上交所亦发布了《上海证券交易所上市公司自律监管指引第 1 号——规范运作》，明确了承诺事项重点监管领域，均要求上市公司的实际控制人等主体在首次公开发行股票、再融资、并购重组以及公司治理专项活动等过程中作出的解决同业竞争、资产注入、股权激励、解决产权瑕疵等各项承诺事项必须有明确的履约时限，并且针对追溯调整相关资产承诺期实际盈利数的，要求明确说明调整后是否实现盈利承诺。

二、交易所修订及制定的监管法规

（一）深圳证券交易所修订的监管法规

根据《证券法》重点强调全面推进证券发行注册制的精神，为完善创业板试点注册制下并购重组审核机制，切实发挥并购重组提升上市公司质量的功能作用，2021 年 6 月，深圳证券交易所对相关审核规则进行修订，形成《深圳证券交易所创业板上市公司重大资产重组审核规则（2021 年修订）》（深证上〔2021〕540 号），经梳理，其主要做出三大部分修订：首先，为了进一步推动创业板试点注册制的发展，在创业板上市委员会中设创业板并购重组委员会，涉及创业板上市发行股份购买资产申请及重组上市申请事项统一调整提交至并购重组委审议。其次，相应调整发行股份购买资产申请的审核期限，从之前的 45 天调整为 2 个月。最后，为明确市场预期，根据审核实践，暂停计时情形中增加"处理会后事项、要求进行专项核查"两种情形。

2021 年同月，为进一步完善创业板重组审核规则体系，提高重组审核工作透明度，根据《重组办法》《监管规则适用指引——上市类第 1 号》《深圳证券交易所创业板上市公司重大资产重组审核规则》等相关规定，深圳证券交易所制定了《深圳证券交易所创业板发行上市审核业务指引第 2 号——上市公司重大资产重组审核标准》（深证上〔2021〕542 号），重点明确如下内容：其一，对标的资产行业定位进行确认，创业板重组上市标的资产应当属于符合国家战略的高新技术产业和战略性新兴产业资产，相关标准与首次公开发行上市的要求保持一致；其二，创业板重组分类审核机制，包括快速审核机制和小额快速审核机制；其三，重组申报材料要求进一步明确。上市公司和中介机构除按照《26 号格式准则》提交并购重组的申报文件外，对申请重组上市、同一个并购重组涉及多个标的等事项的重组申报材料要求进行进一步明确；其四，对重组申请被否决后的处理措施等审核标准进行了明确指引。

2022 年，为了进一步优化上市公司自律监管体系，深圳证券交易所结合监管实践，对《深圳证券交易所上市公司信息披露指引第 3 号——重大资产重组》进行了整合、修订，并更名为《深圳证券交易所上市公司自律监管指引第 8 号——重大资产重组》（以下简称"《重大资产重组指引》"），于 2022 年 1 月 7 日发布并施行。修订后最新的《重大资产重组指引》共七章，内容包括总则、重组方案、重组终止、重组相关说明会、重组核准/注册、重组实施及持续监管和附则，经梳理，本次修订重点内容落脚于下述几个方面：

一是落实《证券法》及《重组办法》《收购办法》等证券期货规章要求，调整了会计师事务所准入资格要求、信息披露媒体以及要约收购义务豁免行政许可等表述。

二是根据创业板改革并试点注册制相关要求，明确创业板上市公司向深圳证券交易所提交重组申请文件以及深圳证券交易所审核、证监会注册等环节的信息披露要求；明确创业板并购重组委会议召开当日原则上无需停牌的规则。

三是与《深圳证券交易所上市公司自律监管指引第 6 号——停复牌》中重组相关事项相衔接，明确上市公司筹划重组事项应当严控停牌时间，避免滥用停牌或者无故拖延复牌时间。明确上市公司筹划不涉及发行股份的重大资产重组，可以按照分阶段披露原则，在披露重组方案前披露筹划重大资产重组提示性公告，同时要求后续每个月披露一次相关事项的进展情况。

四是为打击"忽悠式"重组、提高重组筹划审慎性，本次修订明确上市公司披露重组提示性公告后又终止的，应当披露终止重大资产重组公告，并承诺自公告之日起至少 1 个月内不再筹划重大资产重组。

五是按照重组活动开展进程对指引的章节架构、条文顺序等进行优化调整，新增"重组终止"一章；为避免与《深圳证券交易所上市公司自律监管指引第 5 号——信息披露事务管理》内容重复，删除原指引的"内幕交易防控"小节；吸收现金选择权及分道制评价内容，明确定向可转债的登记要求。

（二）上海证券交易所修订的监管法规

2021 年 6 月，为贯彻落实新《证券法》及《国务院关于进一步提高上市公司质量的意见》要求，切实发挥并购重组提升上市公司质量的功能作用，上海证券交易所对相关重组审核规则进行了修订，发布《上海证券交易所科创板上市公司重大资产重组审核规则（2021 年修订）》，修订后其亮点如下：

一方面，优化了科创板上市公司重组审核机制，明确科创板上市公司重大资产重组审议主体及审议流程，对发行人发行股份购买资产、重组上市的申请由上市重组审核机构初步审核后，提交并购重组委员会审议，上海证券交易所结合并购重组委员会的意见作出同意与否的决定。将原来由上市委员会关于发行股份购买资产、重组上市申请的审核职责落实到并购重组委员会。其次，增加了暂缓审议程序，对于科创公司存在法定条件或者信息披露方面的重大事项需进一步核查，无法形成审议意见的，经会议合议可暂缓审议，暂缓审议时间不超过 2 个月。对于发行人的同一次申请，暂缓审议限定使用一次。

另一方面，贯彻了新《证券法》的要求，衔接新《证券法》等法律规范文件。从条文表述方面增加新《证券法》，修订公开发行证券的公司信息披露编报规则第 24 号的文件名称，从形式上，与新《证券法》等法律规范相衔接。相关审核规则删除关于证券服务机构相关资质的要求，将“证券服务机构从业人员限制资格”相关表述调整为“认定为不适当人员”，与新《证券法》要求会计师事务所、律师事务所以及从事资产评估、资信评级、财务顾问、信息技术系统服务的机构履行备案程序，取消了针对特定证券服务机构的准入许可的规定保持一致。

2021 年 6 月，为进一步明确上海证券交易所科创板上市公司并购重组审核标准和程序，提高重组审核工作透明度，根据《重组办法》《科创板上市公司重大资产重组特别规定》《监管规则适用指引——上市类第 1 号》《上海证券交易所科创板上市公司重大资产重组审核规则》等规定，上海证券交易所制定了《上海证券交易所科创板发行上市审核规则适用指引第 2 号——上市公司重大资产重组审核标准及相关事项》，对中介机构关于标的资产应当符合科创板定位应如何理解和把握做出明确回复；明确科创板上市公司并购重组分类审核安排（即一般程序及小额快速程序）；进一步确认上市公司和中介机构提交并购重组的申请文件需要符合的要求：上市公司和中介机构除按照《26号格式准则》提交并购重组的申报文件外，对申请重组上市、同一个并购重组涉及多个标的等事项的重组申报材料要求进行进一步明确；并就上市公司并购重组方案被并购重组委审议不通过，或者上海证券交易所作出终止审核决定，或者中国证监会不予注册后，上市公司应当如何处理予以明确规定。

2022年，为了进一步优化上市公司自律监管规则体系，上海证券交易所对2020年修订更新后的《上海证券交易所上市公司自律监管规则适用指引第1号——重大资产重组》（以下简称"《1号指引》"）进行再次修订，并更名为《上海证券交易所上市公司自律监管指引第6号——重大资产重组》（以下简称"《6号指引》"）。经梳理，《6号指引》整体体例延续《1号指引》的制定精神，系在《1号指引》的基础上作出少许修订。基于此，先重点关注《1号指引》的修订逻辑和内容，2020年《1号指引》重点进行了两个方面的修订：一方面精简归并，整合并购重组专项业务规则。上海证券交易所以《上市公司重大资产重组信息披露业务指引》为基础，重点规范并购重组相关的信息披露、公告格式，同时还涉及并购重组相关的特定业务办理、操作流程，包括重组上市媒体说明会、重大资产重组财务顾问业务、上市公司现金选择权等全部纳入《1号指引》。另一方面强调降低信息披露成本，满足市场多元需求。结合市场形势发展和上市公司实际需要，从推动提高重组效率的角度，进一步简化部分场景下的信息披露要求等。如标的资产或业务尚未整合完成，在披露提示性公告可能存在无法披露具体标的资产名称情况，可先披露标的资产或业务范围，后续履行持续披露义务即可等等。

2022年修订后的《6号指引》延续《1号指引》的体例，重点修订的内容包括：

一是补充上市公司发行存托凭证、优先股、可转换为股票的公司债券、定向权证购买资产或者募集配套资金，或者实施涉及股份发行的合并、分立的，参照适用监管指引的内容；

二是明确科创板上市公司向上海证券交易所提交重组申请文件以及上

海证券交易所审核、证监会注册等环节的信息披露要求；明确科创板并购重组委会议召开当日原则上无须停牌的规则等内容。其他内容与深圳证券交易所修订后的监管法规体例基本相同；

三是衔接《证券法》《收购办法》《重组办法》等相关上位法的修订，作出的对应调整修订，确保并购重组法律法规适用的一贯性、整体性。

（三）北京证券交易所关于并购重组的监管法规

1. 证监会规定

为贯彻落实习近平总书记关于“深化新三板改革，设立北京证券交易所，打造服务创新型中小企业主阵地”的重要指示精神，在北京证券交易所（以下简称“北交所”）发行上市、股权融资、持续监管等制度框架基础上，立足于北交所服务创新型中小企业的市场定位，证监会配套起草了11件北交所上市公司信息披露内容与格式准则文件，规范公开发行并上市、上市公司证券发行、定期报告、收购重组等方面信息披露行为。

2021年10月30日，为了规范企业股票在北京证券交易所上市后相关各方的行为，支持引导创新型中小企业更好地发展，保护投资者合法权益，证监会发布《北京证券交易所上市公司持续监管办法（试行）》（中国证券监督管理委员会令第189号），其中“第六章 重大资产重组”规定了标的资产的行业要求；结合中小企业的特点，调整了重大资产重组的认定标准；明确了发行股份购买资产中发股底价确定依据及审核注册程序。

同日，证监会发布《公开发行证券的公司信息披露内容与格式准则第56号——北京证券交易所上市公司重大资产重组》（中国证券监督管理委员会公告〔2021〕36号）。证监会规定的北交所关于重大资产重组的相关规范文件，主要为规范北交所上市公司收购和重大资产重组的相关信息披露，明确了收购中权益变动报告书、收购报告书、要约收购报告书、董事会报告书和进行重大资产重组中重组报告书和重组预案等文件的编报和披露要求。主要内容包括：

一是保留平移精选层的规则体例和原则性要求，沿用原有挂牌公司收购重组格式准则的章节结构，将沪深交易所上市公司现行权益变动报告书等四项准则整合为一，对不同报告书的披露要求分别进行专章规定，文件相对简明、清晰。

二是充分借鉴沪深交易所上市公司成熟规则，内容上参照沪深交易所上市公司相关格式准则的要求作出统一规定，收购重组中披露文件类型、名称、主要内容、披露时间保持一致，便于市场主体理解操作。

三是充分考虑了中小企业的特点并进行差异化规定，如将收购准则中重大交易披露标准与日常监管中重大关联交易的标准取齐一致，更加符合企业实际情况，也保持北交所规则间有序衔接。

2. 北交所规定

（1）《北京证券交易所上市公司重大资产重组审核规则（试行）》：

2021 年 10 月，为了规范北交所上市公司重大资产重组行为，提高上市公司质量，保护投资者合法权益，北交所制定了《北京证券交易所上市公司重大资产重组审核规则（试行）》（以下简称“《重组审核规则》”）（北证公告〔2021〕12 号）。《重组审核规则》落实上位法要求，通过建立高效便捷的审核机制，支持上市公司利用并购重组高质量发展，主要体现在以下几方面：

一是优化重组认定标准。结合中小企业生产经营特点，进一步明确“日常经营行为”的具体内涵，将能够充分说明合理性和必要性的现金购买土地、厂房、机械设备等行为视为日常经营行为，不纳入重组管理。

二是完善重组审核机制。在上市委员会内部设立并购重组委员会，对审核机构出具的审核报告及上市公司申请文件进行审议，进一步提高重组审核的专业性、审慎性和权威性，加强风险把控。

三是明确重组上市标准。考虑到重组上市的特殊性，坚持底线思维，明确仅有符合上市条件中净利润或营业收入标准的资产可以实施重组上市，有效把控置入资产的经营风险，切实保障上市公司质量稳步提升。

四是丰富并购支付手段。借鉴交易所市场实践经验，明确上市公司发行优先股、可转债购买资产或者募集配套资金的，审核程序等参照适用《重组审核规则》，丰富支付手段，便利市场选择。

（2）《北京证券交易所上市公司重大资产重组业务指引》：

2021 年 11 月，为了规范北交所上市公司重大资产重组信息披露及相关行为，保护投资者合法权益，北交所制定了《北京证券交易所上市公司重大资产重组业务指引》，包括九章，具体内容为总则、内幕交易防控、筹划重大资产重组停复牌、重组方案、重组相关说明会、重组暂停进程及终止、重组注册及实施、重组实施后的持续信息披露、附则。

经疏理，2022 年北交所未对上述并购重组相关监管法规进行修订或补充说明。

第三节　对现行规则进一步修订与完善的建议

一、结合市场经验，提高“小额快速”审核通道适用率

2020 年 7 月 31 日发布并生效的《监管规则适用指引——上市类第 1 号》相较于被其替代并废止的《关于并购重组“小额快速”审核适用情形的相关问题与解答》而言，已取消募集配套资金金额不得超过 5000 万元的要求，同时取消不得构成重大资产重组的要求，从规则角度看，一定程度上拓宽了“小额快速”审核通道。然而，上市公司发行股份购买资产适用“小额快速”审核通道仍需满足以下情形之一：

（1）最近 12 个月内累计交易金额不超过 5 亿元；

（2）最近 12 个月内累计发行的股份不超过本次交易前上市公司总股本的 5% 且最近 12 个月内累计交易金额不超过 10 亿元。

“累计交易金额”是指以发行股份方式购买资产的交易金额；“累计发行的股份”是指用于购买资产而发行的股份。未适用“小额快速”审核的发行股份购买资产行为，无须纳入累计计算的范围。

从以上要求可以看出，发行人欲适用“小额快速”审核通道，是需受到“累计交易金额”（即绝对金额）和“累计发行股份”（即发股比例）限制的，对于规模大、市值高的上市公司，尽管其以发行股份的方式收购

的资产占其资产总额、营业收入或净资产额的比例可能很低，却容易被绝对金额限制，而与之相对的规模较小的上市公司又容易被发股比例所限制，均无法适用“小额快速”审核通道，因此，从市场实践看，实际适用“小额快速”审核通道的交易十分有限，尚有调整空间。自2018年证监会细化“小额快速”审核具体适用情形以来，距今已4年有余，市场对相关制度也有一定的检验和实践，建议监管部门总结市场经验，继续完善“分道制”审核制度，持续增强市场活力。

二、顺应市场需求，增强与其他法律法规的联动性

（一）进一步明确分拆规则的适用范围

北交所自2021年9月3日成立以来，各项制度平稳运行，吸引了众多尚处于成长阶段的“专精特新”中小型企业，也已成为上海证券交易所、深圳证券交易所上市公司分拆子公司上市的重要目的地，如复旦微电分拆华岭股份、长虹美菱分拆中科美菱等。然而，关于上市公司分拆子公司在北交所上市是否适用《分拆规则》的问题，自北交所成立以来尚未有相关规则予以明确。根据《分拆规则》第二条的规定，该规则所称上市公司分拆，是上市公司将部分业务或资产，以其直接或间接控制的子公司的形式，在境内或境外证券市场首次公开发行股票并上市或者实现重组上市的行为。但根据《北京证券交易所股票上市规则》（简称“《北交所上市规则》”）的相关规定，所谓在北交所上市，指的是发行人申请向不特定合格投资者公开发行股票并在北交所上市的行为。由于《分拆规则》和《北交所上市规则》对于“上市”的概念有所不同而导致发行人在规则适用上面的疑惑，随着近年来A股分拆上市的热潮，这已成为亟待解决的问题。

（二）明确国有控股的上市公司发股价格限制

为规范上市公司国有股权变动行为，防止国有资产流失，国有控股的上市公司在并购重组交易中还应遵守《上市公司国有股权监督管理办法》等国有资产监管相关规定。相对于上市公司再融资、实施股权激励等单方主导行为，上市公司并购重组是更为市场化的交易行为，对于发行股份购

买资产的交易来说，上市公司的发股价格是交易各方关注的重点之一。

根据《上市公司国有股权监督管理办法》第十条，上市公司国有股权变动应当根据证券市场公开交易价格、可比公司股票交易价格、每股净资产值等因素合理定价。上述规定虽然给了国有控股的上市公司发股价格市场化定价的自主权，但对于何为“合理定价”没有具体解释。从实践来看，在国有控股的上市公司发行股份购买资产项目中，对于股票发行价格，除了适用《重组办法》规定的“上市公司发行股份的价格不得低于市场参考价的90%”外，还普遍在交易方案中增加了“发股价格不得低于每股净资产”的约定。由于现行有效的相关规范性文件中也未明确国有控股的上市公司发股价格是否仍有限制，上市公司及中介机构为了降低解释“合理定价”的难度，在设计交易方案中普遍沿用了旧法“股票发行价不得低于每股净资产”的相关规则，即使现行有效的国有资产管理相关法规中已无该项要求，仿佛已经是一种约定俗成的“惯例”。对于这类法律适用上的困惑或误解，建议监管部门及时予以澄清或明确，有益于上市公司并购重组业务的开展，也有利于交易各方及中小股东对于上市公司相关交易的理解。

三、增加举报途径和手段、鼓励集体诉讼，加强并购重组的事后监管

并购重组已是上市公司之间、上市公司与非上市公司之间进行资本运作的常用方式，收购或置出的标的资产价值和质量是并购重组项目的核心，但是交易的合法合规性和合理性、交易的有效执行力、交易的透明度才是交易公平、公允且共赢的关键。

为了让并购重组交易能达到有益于上市公司及其投资者的最终目的，首先，要保证并购重组的决策过程合法合规，比如关联董事、关联股东是否按照法律法规、规范性文件或实质重于形式原则予以识别，是否均回避表决，是否存在关联方非关联化的行为；其次，要能保证信息披露时点要及时、披露的信息要真实、准确、完整，缩小上市公司大股东、董事、监

事、高级管理人员、交易对方等相关人员与中小的股东之间的信息差。对于上述两点，需要监管部门做好事前、事中审查，中介机构发挥好“看门人”的作用。然而，上市公司的披露和中介机构的核查都还是局限性的，比如是否存在上市公司大股东或经营管理层私下对标的资产或交易对方做出其他利益安排的行为，这些问题都是在交易完成后才可能会暴露出来的，所以通过事前审查实质上无法完全杜绝利益相关人的“作弊”行为。事后监管可以通过拓宽监察途径、落实具体责任的方式，比如通过增加举报途径和方式，一旦发现利益相关方实际作出了未披露的其他有损于上市公司或其投资者的其他利益安排，应及时举报，而该类事件被发现或被举报后，鼓励因此被损害权益的相关主体发起集体诉讼，同时监管部门落实该等违规事件的相关参与方，重罚当事人，只有在揭示违法违规行为的手段和处罚结果两个方面同时作用，才能有效打击利用并购重组交易损害上市公司及中小投资者合法权益而谋取私利的行为，维护正常、健康的交易秩序。

第三章　上市公司并购重组市场状况

第一节　并购重组市场整体情况

一、全市场并购重组交易情况

2014～2017年，在国家“一带一路”、国企深化改革、构建多层次资本市场体系等政策背景下，中国并购重组市场热度持续走高，并购事件不断涌现，并购金额快速攀升。2017年后，证券监管机构对上市公司并购重组进行进一步规范，叠加后续的股票市场波动、全球经济复苏放缓等新旧因素，中国并购重组热度有所降温，但交易数量和交易金额仍保持较高水平，并购重组对企业盘活存量、提质增效、转型发展方面发挥着至关重要的作用。

二、审核类并购重组交易情况

（一）审核类并购重组交易情况

2014～2015年，A股指数迎来快速上涨，期间，并购事件对上市公司股价提振作用明显，大量上市公司进行审核类并购重组交易，交易数量和交易规模大幅上升。2016年起，受A股市场波动等原因影响，上市公司并购重组数量有所下滑。在此期间，部分上市公司出于市值管理、概念炒作等目的，盲目进行并购重组，出现经营不善、整合不及预期等情况，影响了上市公司健康持续发展。2016～2017 年证监会对《上市公司重大资产重组管理办法》《26 号格式准则》等法规进行了修订，完善了并购重组信息披露要求，对“忽悠式”“跟风式”重组从严监管，上市公司的并购投资逐渐回归理性。2019 年以来，A 股由科创板开始试点注册制并逐步推行至各个板块，IPO 审核效率和通过数量大幅提升，中小规模的优质公司较倾向于通过 IPO 实现证券化，上市公司并购重组的优质标的资产愈发稀缺，审核类并购重组交易数量和金额有所下滑。

2022 年，审核类并购重组审核通过案例数量和金额有所回升，较 2021 年审核通过案例数量增加 12.20%，交易金额增加 31.87%。2014～2022 年审核类并购重组审核通过情况如图 3－1 所示。

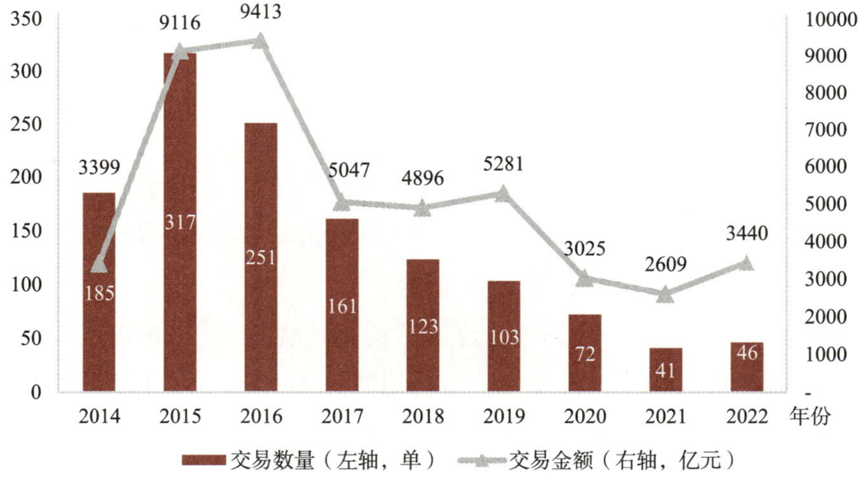

图 3－1　2014～2022 年审核类并购重组审核通过情况

数据来源：Wind 资讯。

（二）分板块情况

1. 原核准制板块

在核准制时期，上市公司审核类并购重组由证监会并购重组委审核。科创板和创业板分别于 2019 年和 2020 年施行注册制，沪深主板于 2023 年实施注册制。统计来看，2022 年 A 股上市公司并购重组交易仍集中于原核准制板块。2014～2022 年审核类并购重组审核通过情况（原核准制板块）

如图 3 – 2 所示。

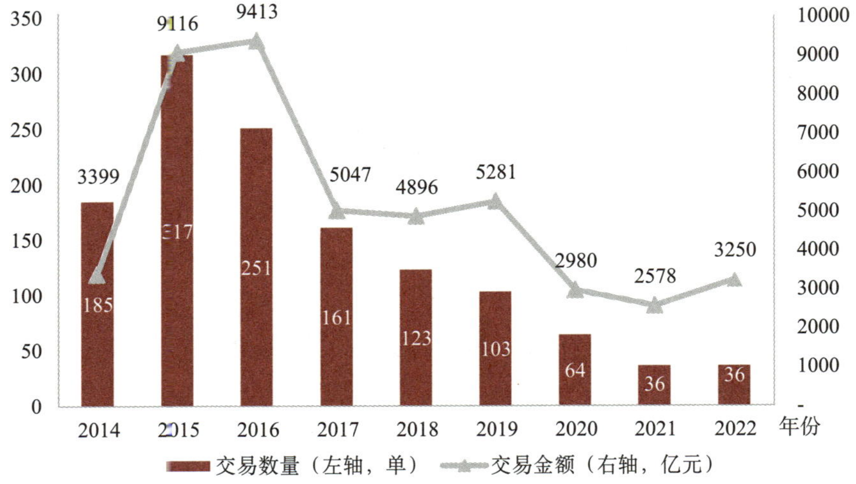

图 3 – 2　2014 – 2022 年审核类并购重组审核通过情况（原核准制板块）

数据来源：Wind 资讯。

2. 注册制板块

注册制下，科创板和创业板 IPO 保持稳定节奏，但由于板块定位、规模、成熟度较原核准制板块有所变化，并购重组交易尚不活跃。

（1）科创板审核类并购重组情况：

科创板于 2019 年 6 月开板，首单审核类并购重组于 2020 年 5 月审核通过。因科创板为新设立板块，上市公司数量相对较少，且规则要求在科创板上市公司重组标的资产应当符合科创板定位、所属行业应当与科创公司处于同行业或者上下游、且与科创公司主营业务具有协同效应，截至目前，科创板上市公司并购重组交易尚不活跃，截至 2022 年年末，仅有 3 单并购重组交易获上交所审核通过。

2020 ~ 2022 年，科创板获上交所审核通过的并购重组交易情况如表 3 – 1 所示：

表 3 – 1　　科创板获上交所审核通过的并购重组交易情况

项目	2020 年	2021 年	2022 年
交易数量（单）	1	—	2
交易金额（亿元）	10.40	—	11.07

（2）创业板审核类并购重组情况：

创业板于 2020 年 8 月起实施注册制，创业板属于存量板块改革，上市公司数量较多，为进一步支持创业板上市公司不断转型升级，相关规则要求创业板上市公司并购重组标的需符合创业板定位，或者与上市公司具有上下游协同效应，相关要求较科创板更为宽松，因此，创业板上市公司的并购重组较科创板更为活跃。

2020～2022 年，创业板获深交所审核通过的并购重组交易情况如表 3－2 所示：

表 3－2　　创业板获深交所审核通过的并购重组交易情况

项目	2020 年	2021 年	2022 年
交易数量（单）	7	5	8
交易金额（亿元）	34.74	31.27	179.59

第二节　收购类交易市场情况分析

一、整体情况

2018 年起，上市公司控制权变动数量逐渐上升，于 2020 年达到峰值并持续处于较高水平。这一阶段 A 股市场估值趋于理性，部分上市公司实际控制人由于个人资金需要、缺乏家族接班人等多种原因谋求出售控制权，又恰逢国资从“管企业”到“管资本”的转型期，许多具有深厚资金实力的国资机构将上市公司作为投资标的，国资收购上市公司控制权的交易数量大幅上升，进而推动了整体上市公司控制权变动数量的上升。

2017～2022 年上市公司完成控制权变更的案例数量如图 3－3 所示。2022 年，上市公司完成控制权变更的案例数量为 152 单，相比 2021 年略有下降，但仍处于较高水平。

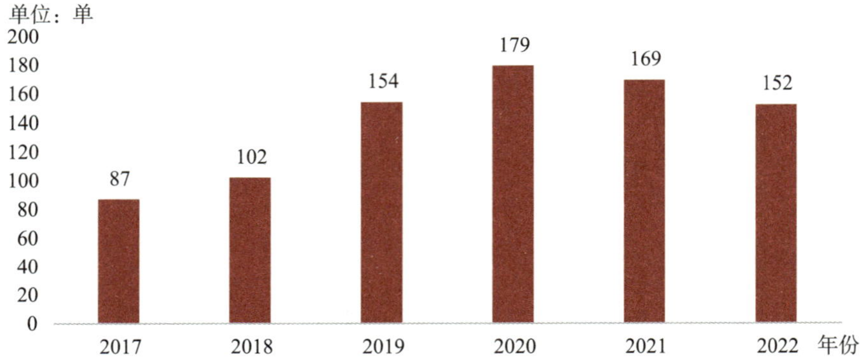

图 3－3　2017～2022 年控制权变更数量

数据来源：Wind 资讯。

二、交易主体类型分析

2017～2022 年控制权变动案例新实控人的类型分布如图 3－4 所示。在控制权变动交易中，从上市公司新实控人类型来看，民营资本一直相对活跃，超过半数；2019 年起，国资收购上市公司的数量和占比有所增加，一度超过 40%，2022 年数量略有下降。此外，2022 年上市公司控制权变动后变为无实控人的交易案例占比有所增加，由 2021 年的 11% 上升至 19%。

图 3－4　2017～2022 年控制权变动案例新实控人类型分布

数据来源：Wind 资讯。

2017～2022 年控制权变动案例原实控人类型分布如图 3－5 所示。从发生控制权变动的上市公司原实控人类型来看，民营资本出售上市公司占绝对多数，占比接近 80%，而在国有资产保值增值的大背景下，国资出售上市公司的动机较弱，占比仅在 15% 左右，且大部分新实控人同为国资机构。

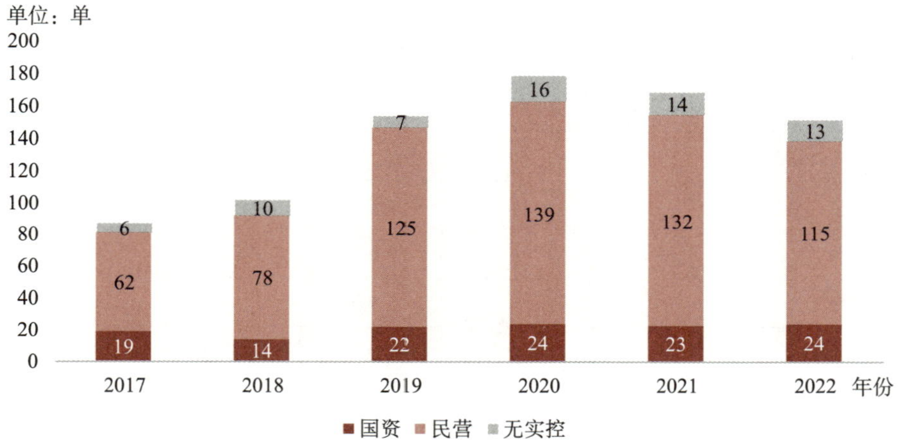

图 3－5　2017～2022 年控制权变动案例原实控人类型分布

数据来源：Wind 资讯。

三、收购方式分析

从方式上来看，控制权变更方式更为灵活多元。上市公司控制权变更以协议转让（包括协议转让加其他方式）为主，2021 年和 2022 年分别为 63 单和 44 单，占比分别为 37. 28% 和 28. 95%。同时，签署或解除一致行动协议、表决权安排也是两类较为常见的控制权变更方式，2022 年分别完成 20 单和 12 单交易，占比分别为 13. 16% 和 7. 89%。整体来看，控制权转让的主流收购方式逐渐由协议转让方式为主，向协议转让结合表决权委托、一致行动安排、锁价定增等多种方式并用转变。此外，随着破产重整制度的持续完善，重整投资人通过参与上市公司破产重整程序进行收购的情形有所增加，2022 年出现了 8 单因上市公司破产重整导致上市公司控制权变更的案例，相比2021年同类案例增加100%。

2021年和2022年上市公司控制权变更方式分布如表3－3所示。

表3－3　　2021年和2022年上市公司控制权变更方式分布

控制权变更方式	2021年		2022年	
	交易数量	占比	交易数量	占比
协议转让	28	16.57%	17	11.18%
协议转让＋其他方式	35	20.71%	27	17.76%
一致行动协议或解除	18	10.65%	20	13.16%
表决权安排或到期	20	11.83%	12	7.89%
破产重整	4	2.37%	8	5.26%
间接收购	16	9.47%	10	6.58%
司法拍卖	9	5.33%	11	7.24%
其他	39	23.08%	47	30.92%
合计	169	100.00%	152	100.00%

注：（1）“表决权安排”类型中的表决权委托可能导致协议双方被认定为一致行动人，但不存在签署一致行动协议的情形，与一致行动协议或解除类型中的案例相区分。

（2）“其他”包括原实际控制人减持、控股股东重整、董事会改选、定增、继承/离婚/家庭成员间转让、无偿划转、要约收购等。

数据来源：Wind资讯。

四、行业活跃度分析

2021年和2022年发生控制权变更的上市公司所属行业如表3－4所示，根据Wind行业分类，发生控制权变更的上市公司主要集中于工业、信息技术和可选消费三大领域，其2021年和2022年占比均超过15%；同时，材料和医疗保健领域的上市公司收购也较为活跃。房地产、金融和能源领域上市公司由于行业政策限制、规模较大等因素，控制权变动活跃度较低。

表 3－4　2021 年和 2022 年发生控制权变更的上市公司所属行业分布

上市公司所属行业	2021 年		2022 年	
	交易数量	占比	交易数量	占比
工业	38	22.49%	39	25.66%
信息技术	40	23.67%	32	21.05%
可选消费	28	16.57%	24	15.79%
材料	27	15.98%	19	12.50%
医疗保健	18	10.65%	17	11.18%
日常消费	9	5.33%	8	5.26%
公用事业	3	1.78%	4	2.63%
房地产	3	1.78%	3	1.97%
金融	1	0.59%	4	2.63%
能源	2	1.18%	2	1.32%
合计	169	100.00%	152	100.00%

数据来源：Wind 资讯。

五、交易规模分析

2017～2022 年上市公司收购市值如图 3－6 所示。按控制权变动首次披露时的上市公司市值统计，控制权交易主要集中于 40 亿元以下的小市值上市公司，随着近年 A 股市值不断分化，20 亿元以下的小市值上市公司控制权变动占比近两年有所提升。100 亿元以上的上市公司控制权变动占比不同年度有所波动，整体占 15%～20%。

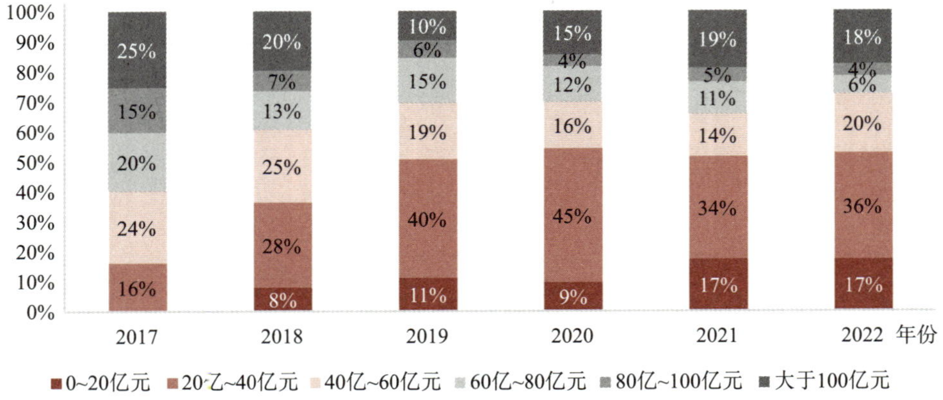

图 3－6　2017～2022 年上市公司收购市值分布情况

数据来源：Wind 资讯。

第三节　审核类并购重组情况分析

一、主体类型分析

（一）首次披露口径

2022 年全年首次披露的 80 单审核类并购重组案例中，国有上市公司共 43 单，占比 53.75%，高于 2021 年的 43.33%；国有标的公司共 39 单，占比 48.75%，同样高于 2021 年的 40.00%，2022 年是国企改革三年行动（2020～2022 年）的收官之年。通过专业化整合，国有资本进一步向重要行业关键领域集中，并购重组交易国企案例占比继续提升（如图3－7所示）。

（二）重组委审核通过口径

2021 年和 2022 年审核类并购重组主体类型（重组委审核通过口径）如图 3－8 所示。2022 年并购重组委审核通过的 46 单审核类并购重组案例中，国有上市公司共 28 单，占比 60.87%，低于 2021 年国有上市公司交易占比 75.61%。该 28 单交易中，27 单为国企上市公司收购国企标的公司，

1 单为国企上市公司收购民企标的公司。

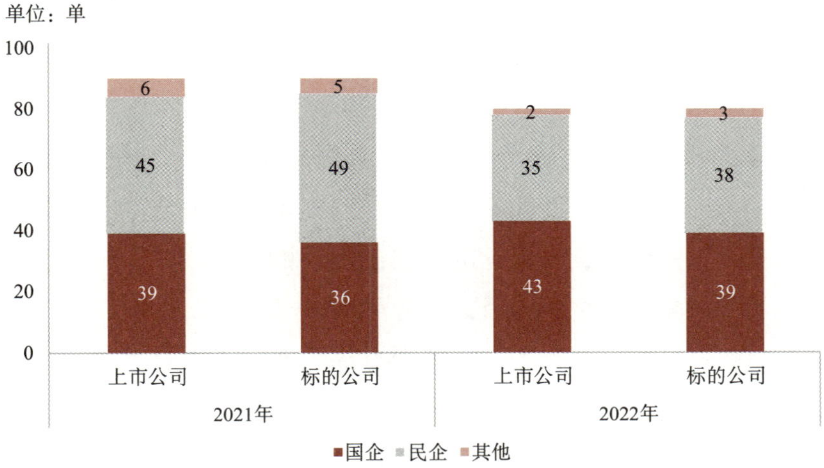

图 3－7　2021 年及 2022 年审核类并购重组主体类型（首次披露口径）

注：(1) 若一单交易涉及多个标的公司，标的公司性质按注册资本或交易对价较大的标的公司性质进行分类，下同。

(2) 上市公司主体性质中“其他”主要包括无实控人、集体企业等，标的公司主体性质中“其他”均为无实控人。

数据来源：Wind 资讯。

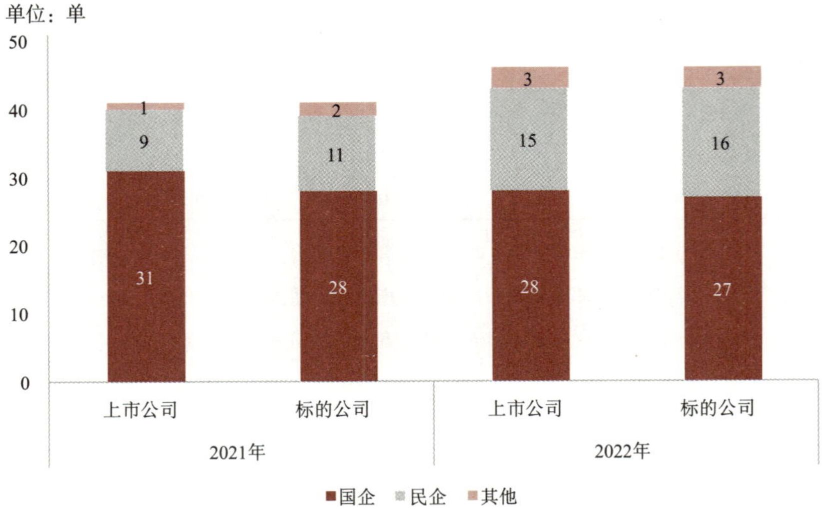

图 3－8　2021 年及 2022 年审核类并购重组主体类型（重组委审核通过口径）

注：上市公司主体性质中“其他”包括社会团体、无实控人，标的公司主体性质中“其他”为无实控人。

数据来源：Wind 资讯。

二、重组类型分析

（一）首次披露口径

2022 年首次披露的审核类并购重组案例共 80 单，主要目的为产业并购及整体上市，上市公司并购重组进一步回归本位，围绕主业开展产业整合和转型升级特征明显，多元化战略目的的并购更加审慎。分析来看，产业并购仍为并购重组的主要动因，合计 42 单，占比 52.50%，高于 2021 年同期的 50.00%，其中，横向整合 36 单，纵向整合 6 单；整体上市 22 单，占比 27.50%，高于 2021 年的 24.44%。具体如表 3－5 所示。

表 3－5　2021 年及 2022 年首次披露的审核类并购重组案例类型

项目		2021 年		2022 年	
		单数	占比	单数	占比
产业并购	横向整合	41	45.46%	36	45.00%
	纵向整合	4	4.44%	6	7.50%
整体上市		22	24.44%	22	27.50%
多元化战略		13	14.44%	8	10.00%
重组上市		8	8.89%	3	3.75%
资产调整		1	1.11%	0	0
其他		1	1.11%	5	6.25%
合计		90	100.00%	80	100.00%

注：（1）“产业并购”和“整体上市”均属于具有产业整合背景的重组类型，根据是否属于实控人资产注入予以区分，产业并购不包括实际控制人资产注入，系指标的资产与上市公司存在较为显著的协同效应，整体上市指注入实际控制人体内资产；多元化战略系指标的资产与上市公司的协同效应不明显。

（2）其他类为收购控股子公司少数股权，下同。

数据来源：Wind 资讯。

（二）重组委审核通过口径

2022 年并购重组委审核的审核类并购重组案例共 46 单。产业并购合计 13 单，占比 28.26%，低于 2021 年的 31.71%，其中，横向整合 12 单，纵向整合1单；整体上市29单，占比63.04%，远高于2021年的39.02%。具体如表3－6所示。

表3－6　2021年及2022年并购重组委/交易所审核通过口径的并购重组案例类型

项目		2021年		2022年	
		单数	占比	单数	占比
产业并购	横向整合	12	29.27%	12	26.09%
	纵向整合	1	2.44%	1	2.17%
整体上市		16	39.02%	29	63.04%
多元化战略		5	12.20%	1	2.17%
重组上市		2	4.88%	3	6.52%
资产调整		1	2.44%	0	0
其他		4	9.76%	0	0
合计		41	100.00%	46	100.00%

三、行业活跃度分析

（一）首次披露口径

2022年首次披露的审核类并购重组案例主要为制造业，共计50单，占比62.50%。制造业中，单数最多的三个行业是化学原料和化学制品制造业（8单）、专用设备制造业（6单）、计算机、通信和其他电子设备制造业(6单)。其次是电力、热力、燃气及水生产和供应业（5单）、交通运输、仓储和邮政业（5单）。2022年首次披露的审核类并购重组案例行业活跃度情况与2021年整体情况类似，相对活跃的均为制造业、电力、热力、燃气及水生产和供应业及交通运输、仓储和邮政业等行业。具体如图3－9所示。

（二）重组委审核通过口径

2022年并购重组委共审核通过46单交易，其中单数最多的行业为制造业，共26单；其次为电力、热力、燃气及水生产和供应业，共7单。具体如图3－10所示。

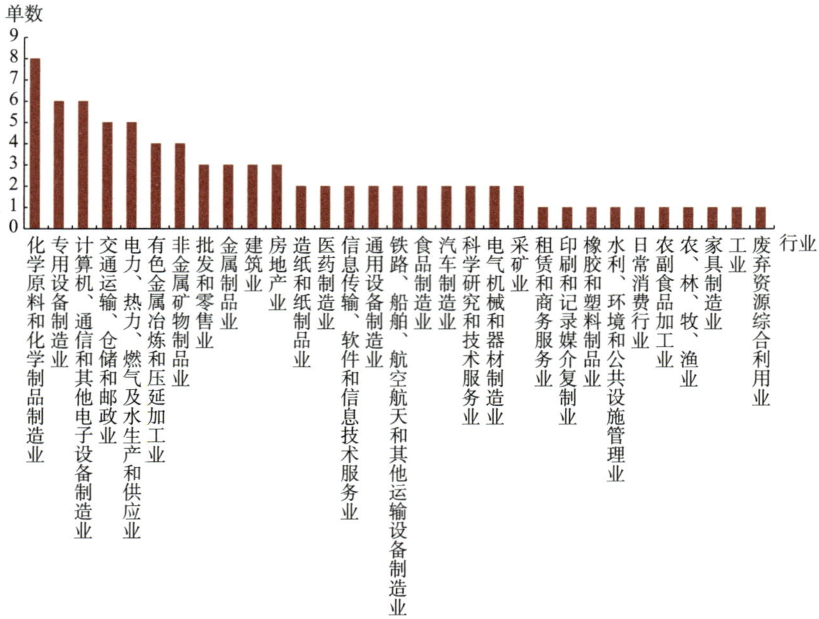

图 3－9　2022 年审核类并购重组上市公司行业分类（首次披露口径）

注：若为重组上市则按标的公司所属行业统计；制造业统计至二级行业，其他行业统计至一级行业，下同。

数据来源：Wind 资讯。

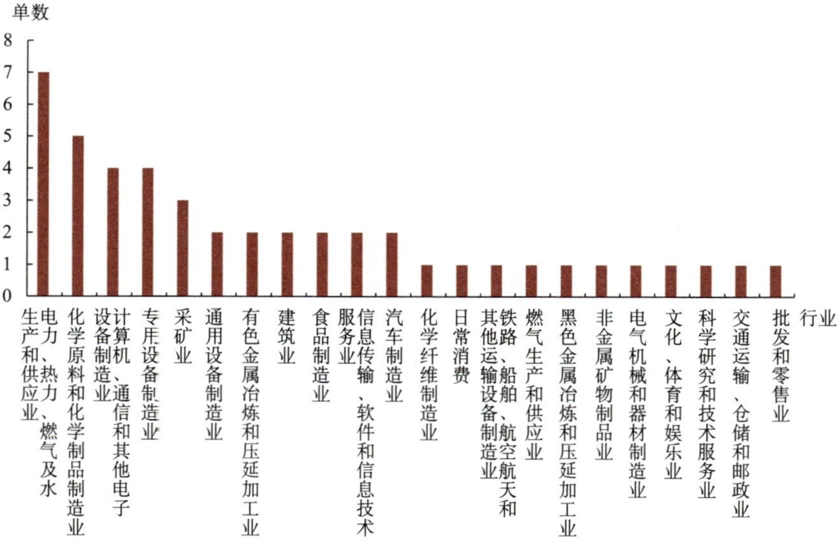

图 3－10　2022 年审核类并购重组上市公司行业分类（重组委审核通过口径）

数据来源：Wind 资讯。

四、交易规模分析（重组委审核通过口径）

2022 年并购重组委共审核通过 46 单交易，其中，16 单交易规模在 10 亿元以下（含 10 亿元），13 单交易规模在 10 亿～50 亿元（含 50 亿元），8 单交易规模在 50 亿～100 亿元（含 100 亿元），9 单交易规模在 100 亿元以上。具体如表 3－7 所示。

表 3－7　　2021 年及 2022 年并购重组交易规模

项目	2021 年		2022 年	
	单数	占比	单数	占比
10 亿元（含）以下	11	26.83%	16	34.78%
10 亿～50（含）亿元	18	43.90%	13	28.26%
50 亿～100（含）亿元	7	17.07%	8	17.39%
100 亿元以上	5	12.20%	9	19.57%
合计	41	100.00%	46	100.00%

注：若一单交易涉及多个标的公司，则将多个标的公司交易对价的合计数作为该交易的交易规模进行统计。

数据来源：Wind 资讯。

五、终止或撤回案例情况

2021 年及 2022 年审核类并购重组终止或撤回数量如图 3－11 所示。2022 年审核类并购重组终止或撤回案例共 51 单（其中，主板 34 单，科创板 4 单，创业板 13 单）。相比 2021 年 64 单交易有所下降。上市公司终止或撤回时间点主要集中在重组预案之后，草案披露之前。

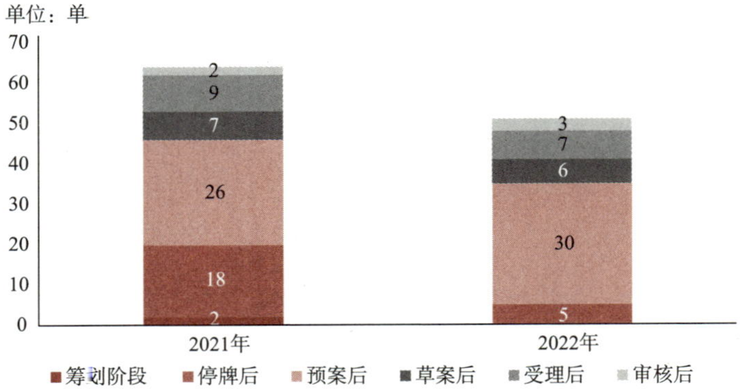

图 3－11　2021 年及 2022 年审核类并购重组终止或撤回数量

数据来源：根据上市公司披露终止或撤回事项时间统计。

第四节　非审核类重大资产重组整体情况

一、整体情况（首次披露口径）

2022 年非审核类重大资产重组共披露 57 单交易，与 2021 年持平。分板块看，主板披露 46 单交易（28 单为重大现金收购，18 单为重大现金出售），创业板披露 10 单交易（6 单为重大现金收购，4 单为重大现金出售），科创板披露 1 单交易（为重大现金收购）。具体如图 3－12 所示。

二、主体类型分析（首次披露口径）

2022 年首次披露的 57 单非审核类重大资产重组案例中，民营上市公司共 37 单，占比 64.91%，与 2021 年持平；民营标的公司共 36 单，占比 63.16%，高于 2021 年的 59.65%。具体如图 3－13 所示。

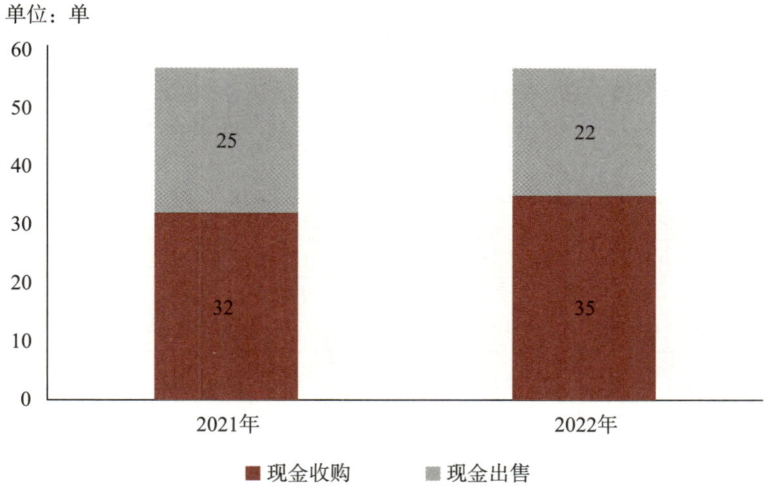

图 3-12　2021 年及 2022 年非审核类重大资产重组数量（首次披露口径）

数据来源：Wind 资讯。

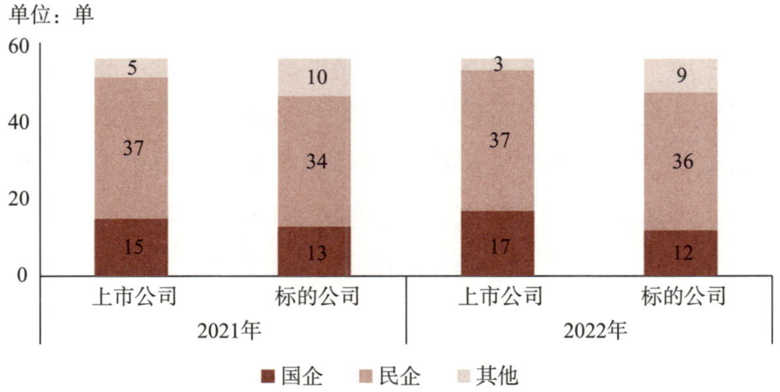

图 3-13　2021 年及 2022 年非审核类重大资产重组主体类型（首次披露口径）

注：上市公司及标的公司主体性质中“其他”主要包括无实控人、集体企业等。

数据来源：Wind 资讯。

三、重组类型分析（首次披露口径）

2022 年首次披露的非审核类重大资产重组案例共 57 单。产业并购合计 23 单，占比 40.35%，其中，横向整合 19 单，纵向整合 4 单；资产调整 22 单，占比 38.60%。具体如表 3-8 所示。

表 3－8　　2021 年及 2022 年重组类型占比（首次披露口径）

项目		2021 年		2022 年	
		单数	占比	单数	占比
产业并购	横向整合	11	19.30%	19	33.33%
	纵向整合	3	5.26%	4	7.02%
整体上市		6	10.53%	4	7.02%
多元化战略		10	17.54%	6	10.53%
资产调整		26	45.61%	22	38.60%
其他		1	1.75%	2	3.51%
合计		57	100.00%	57	100.00%

注：“资产调整”多为上市公司重大资产出售。

数据来源：Wind 资讯。

四、行业活跃度分析（首次披露口径）

2022 年非审核类重大资产重组上市公司行业分类（首次披露口径）情况如图 3－14 所示。2022 年首次披露的非审核类重大资产重组案例中，制造业占比最高，共计 26 单，占比 45.61%。制造业中，单数最多的四个行业是电气机械和器材制造业（3 单）、计算机、通信和其他电子设备制造业（3 单）、医药制造业（3 单）、汽车制造业（3 单）。制造业之外，以批发和零售业（5 单）、建筑业（4 单）、信息传输、房地产业（4 单）、软件和信息技术服务业为主（4 单）。2022 年首次披露的非审核类重大资产重组案例行业活跃度情况与 2021 年整体情况类似，较为活跃的均为制造业、批发和零售业等行业。行业分布情况与 A 股上市公司整体行业结构相匹配，也集中体现了“制造强国”的国家战略。

五、交易规模分析（首次披露口径）

2022 年首次披露的非审核类重大资产重组中，披露交易作价的 50 单，其中 29 单交易规模在 10 亿元以下（含 10 亿元），19 单交易规模在 10 亿～50 亿元（含 50 亿元），1 单交易规模在 50 亿～100 亿元（含 100 亿元），1 单交易规模在 100 亿元以上。具体如表 3－9 所示。

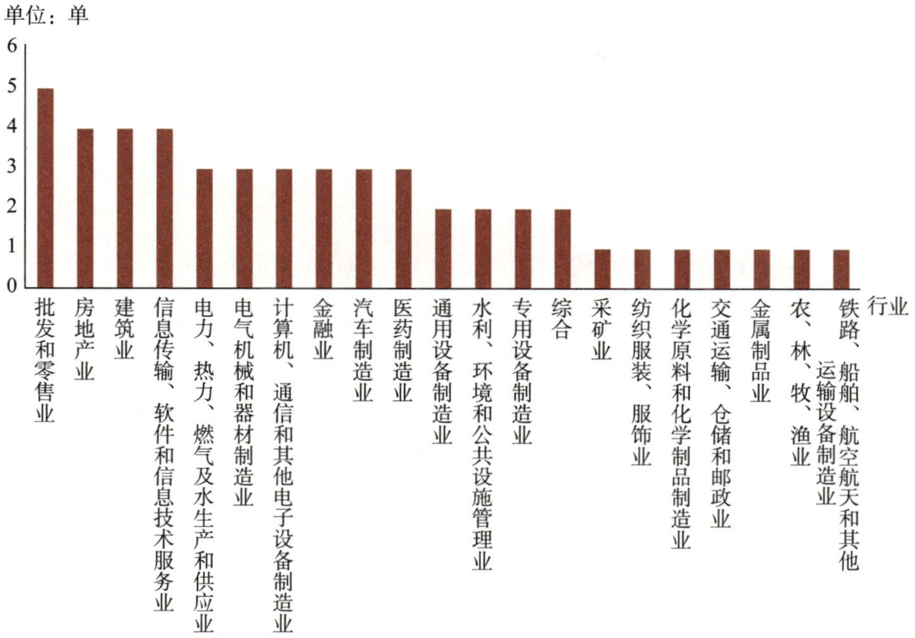

图 3-14　2022 年非审核类重大资产重组上市公司行业分类（首次披露口径）

数据来源：Wind 资讯。

表 3-9　2021 年及 2022 年非审核类重大资产重组的交易规模占比（首次披露口径）

项目	2021 年		2022 年	
	单数	占比	单数	占比
10 亿元（含）以下	29	53.70%	29	58.00%
10 亿～50（含）亿元	20	37.04%	19	38.00%
50 亿～100（含）亿元	1	1.85%	1	2.00%
100 亿元以上	4	7.41%	1	2.00%
合计	54	100.00%	50	100.00%

注：若一单交易涉及多个标的公司，则将多个标的公司交易对价的合计数作为该交易的交易规模进行统计。部分非审核类重大资产重组仅披露预案，交易作价尚未明确，此处未纳入统计。

数据来源：Wind 资讯。

第五节　上市公司分拆所属子公司境内上市

对于一些多元化经营的大型上市公司，不同业务板块业务差异较大，一些属于高科技行业、具备高成长性的子板块可能未被市场充分定价，分拆上市有助于公司进一步聚焦主业、提升专业化经营水平、拓宽子公司融资渠道、提升公司整体估值。2019 年 12 月 12 日，中国证监会发布了《上市公司分拆所属子公司境内上市试点若干规定》；2022 年 1 月 5 日，中国证监会发布《上市公司分拆规则（试行）》，《上市公司分拆所属子公司境内上市试点若干规定》随之废止，A 股上市公司分拆子公司上市的监管政策逐渐明朗，分拆上市案例不断涌现，A 股上市公司分拆至 A 上市，成为很多规模大、双主业或多主业公司的选择。2022 年，A 股市场共有 18 家上市公司披露了分拆上市预案，披露数量较 2021 年减少 1 家。

一、上市公司市值规模分析

2021 年及 2022 年拟分拆上市公司市值分布如图 3－15 所示。

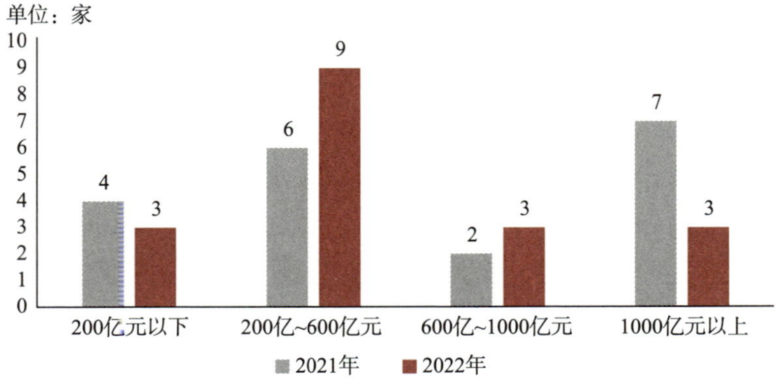

图 3－15　2021 年及 2022 年拟分拆上市公司市值分布

2022 年披露分拆预案的 18 家上市公司中，上市公司市值（公告时点）主要集中在 200 亿元以上，占比为 83.33%；其中 200 亿～600 亿元的有 9 家，600 亿～1000 亿元的有 3 家，1000 亿元以上的有 3 家，另有 3 家上市公司市值在 200 亿元以下。

2021 年披露分拆预案的上市公司共 19 家，上市公司市值（公告时点）主要集中在 200 亿元以上区间，占比为 78.95%，其中 200 亿～600 亿元的有 6 家，600 亿～1000 亿元的有 2 家，1000 亿元以上的有 7 家，另有 4 家上市公司市值在 200 亿元以下。

二、上市公司所属板块及分拆子公司拟上市板块分析

2022 年披露的 18 单分拆上市交易中，上市公司所在板块均为主板，其中，9 单拟分拆至创业板上市、4 单拟分拆至科创板上市、4 单拟分拆至主板上市、1 单拟分拆至境外上市，具体情况如表 3－10 所示。

表 3－10　　2022 年分拆上市交易所处板块

	上交所主板	深交所主板	创业板	科创板	北交所	境外
上市公司所在板块	8	10	－	－	－	－
拟分拆上市板块	3	1	9	4	－	1

2021 年披露的 19 单分拆上市交易中，上市公司所在板块均为主板，其中 9 单拟分拆至创业板上市、5 单拟分拆至科创板上市，4 单拟分拆至主板上市，1 单拟分拆至北交所上市，具体情况如表 3－11 所示。

表 3－11　　2021 年分拆上市公司所处板块

板块类别	上交所主板	深交所主板	创业板	科创板	北交所	境外
上市公司所在板块	10	9	－	－	－	－
拟分拆上市板块	1	3	9	5	1	－

三、上市公司及分拆子公司所属行业分析

分行业来看，2022 年披露分拆上市预案的 18 家上市公司行业集中在制造业（14 单），其中，电气机械和器材制造业 3 单，专用设备制造业 3 单，金属制品业 2 单，化学原料和化学制品制造业 2 单；拟分拆公司所在行业亦集中于制造业（13 单），其中，专用设备制造业 3 单，计算机、通信和其他电子设备制造业 2 单，非金属矿物制品业 2 单。

2021 年披露分拆上市预案的 19 家上市公司行业集中在制造业（15 单），其中，计算机、通信和其他电子设备制造业 5 单，汽车制造业 3 单，电气机械和器材制造业及黑色金属冶炼和压延加工业 2 单；拟分拆公司所在行业亦集中于制造业（13 单），其中，计算机、通信和其他电子设备制造业 5 单。

第六节　退市与上市公司破产重整的整体情况

一、退市整体情况

退市制度是资本市场的重要基础性制度，是保持资本市场活力、保障资本市场长远发展的基石，也是 A 股注册制改革的重要组成部分。建立常态化退市机制有利于促进资本市场优胜劣汰、提高资本配置效率、加速资本市场正常出清、降低整体交易成本。2020 年新《证券法》实施后，A 股退市制度得到进一步规范和细化，更加强调上市公司的持续经营能力，退市指标更加多元，不具备上市条件的公司应退尽退，促进资本市场不断完善。

2022 年共 46 家上市公司退市（不包含 A 股转板涉及的退市），较 2021 年同期增加 25 家，其中，财务指标退市（42 家）为上市公司退市主因，

占比 91.30%。

2021 年共 23 家上市公司退市，其中，财务指标退市（11 家）为上市公司退市主因，占比 47.83%，另有交易类退市 7 家，占比 30.43%，具体如表 3－12 和图 3－16 所示：

表 3－12　　2021 年及 2022 年上市公司退市原因

项目	财务指标退市	交易类退市	重大违法退市	其他原因退市	合计
2021 年	11	7	1	4	23
2022 年	42	1	1	2	46

注：其他原因退市包括吸收合并导致退市、不符合恢复上市条件等。

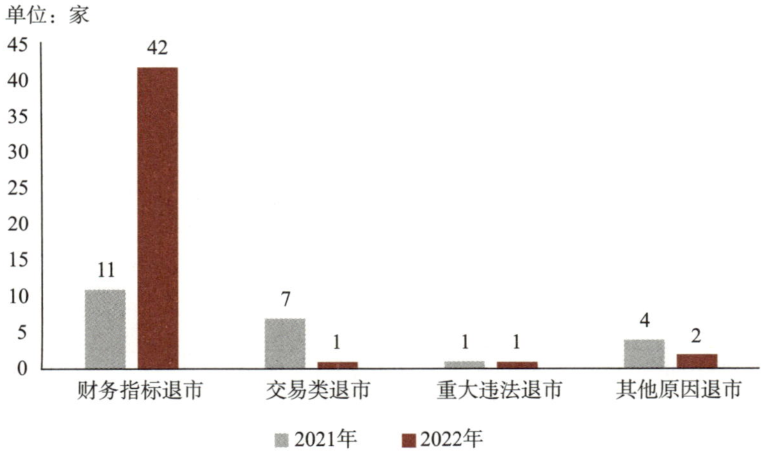

图 3－16　2021 年、2022 年 A 股上市公司退市原因

二、上市公司破产重整整体情况

破产制度是市场主体退出制度的重要组成部分，可以帮助企业摆脱财务困境、重获经营能力，是挽救危困企业的重要方式。为全面贯彻落实《证券法》相关要求，进一步规范上市公司破产事项，沪深交易所于 2022 年相继出台破产重整自律监管指引，进一步明确了上市公司破产重整信息披露相关要求，有利于发挥破产重整在促进市场主体有序进退、实现风险出清方面的积极作用。

2022 年共 10 家上市公司破产重整申请获法院受理，较 2021 年同期减少7单，其中，8家主板上市公司、2家创业板上市公司。2021年共17家上市公司破产重整申请获法院受理，其中15家主板上市公司、2家创业板公司。

上述公司所属地区及所属证监会行业分类等基本信息如表3－13所示。

表3－13　　2022年破产重整上市公司基本信息所属

序号	股票代码	股票简称	重整受理时间	所属板块	省份	所属证监会行业
2021年						
1	000564	ST大集	2021/2/18	主板	陕西省	批发和零售业－零售业
2	600221	海航控股	2021/2/18	主板	海南省	交通运输、仓储和邮政业－航空运输业
3	600515	海南机场	2021/2/18	主板	海南省	房地产业－房地产业
4	600225	卓朗科技	2021/4/22	主板	天津	房地产业－房地产业
5	002323	雅博股份	2021/4/27	主板	山东省	建筑业－建筑装饰和其他建筑业
6	600518	ST康美	2021/6/5	主板	广东省	制造业－医药制造业
7	000980	众泰汽车	2021/6/10	主板	浙江省	制造业－汽车制造业
8	002219	新里程	2021/7/9	主板	甘肃省	制造业－医药制造业
9	000523	广州浪奇	2021/9/30	主板	广东省	制造业－化学原料和化学制品制造业
10	002175	东方智造	2021/10/28	主板	广西壮族自治区	制造业－仪器仪表制造业
11	300071	福石控股	2021/10/29	创业板	北京	租赁和商务服务业－商务服务业
12	002072	*ST凯瑞	2021/11/8	主板	湖北省	信息传输、软件和信息技术服务业－互联网和相关服务
13	300278	华昌达	2021/11/19	创业板	湖北省	制造业－专用设备制造业
14	002321	ST华英	2021/11/22	主板	河南省	农、林、牧、渔业－畜牧业
15	600734	ST实达	2021/11/27	主板	福建省	制造业－计算机、通信和其他电子设备制造业
16	002766	索菱股份	2021/11/29	主板	广东省	制造业－计算机、通信和其他电子设备制造业
17	002356	赫美集团	2021/11/29	主板	广东省	批发和零售业－零售业

续表

序号	股票代码	股票简称	重整受理时间	所属板块	省份	所属证监会行业
2022 年						
1	300256	*ST 星星	2022/5/25	创业板	江西省	制造业－计算机、通信和其他电子设备制造业
2	002366	*ST 海核	2022/8/18	主板	四川省	制造业－专用设备制造业
3	600601	*ST 方科	2022/9/27	主板	上海	制造业－计算机、通信和其他电子设备制造业
4	300370	*ST 安控	2022/10/24	创业板	四川省	制造业－仪器仪表制造业
5	002427	*ST 尤夫	2022/10/28	主板	浙江省	制造业－化学纤维制造业
6	002122	ST 天马	2022/10/30	主板	浙江省	制造业－通用设备制造业
7	002076	*ST 雪莱	2022/10/31	主板	广东省	制造业－电气机械和器材制造业
8	600654	*ST 中安	2022/11/4	主板	湖北省	信息传输、软件和信息技术服务业－软件和信息技术服务业
9	603603	*ST 博天	2022/11/7	主板	北京	水利、环境和公共设施管理业－生态保护和环境治理业
10	600666	*ST 瑞德	2022/11/29	主板	黑龙江省	制造业－计算机、通信和其他电子设备制造业

第七节　上市公司股份回购和股权激励的市场情况

一、股份回购市场状况

（一）2022 年回购潮持续升温，回购制度进一步优化

股票回购能够提高每股收益，帮助公司稳定股票价格，向市场传递积极信息。2022 年以来，监管层面积极鼓励上市公司股份回购。2022 年 4 月 11 日，证监会、国务院国资委、全国工商联发布《关于进一步支持上市公

司健康发展的通知》，提出“鼓励上市公司回购股份用于股权激励及员工持股计划。支持符合条件的上市公司为稳定股价进行回购。依法支持上市公司通过发行优先股、债券等多种渠道筹集资金实施股份回购”。为更好顺应市场实际和上市公司需求，2022 年 10 月 14 日，证监会对《上市公司股份回购规则》部分条款进行了修订，包括优化上市公司回购条件、放宽新上市公司回购实施条件、优化禁止回购窗口期的规定，进一步优化和完善了股份回购条件等部分条款。沪深交易所对股份回购相关的监管指引同步进行了修订。

2022 年，沪深两市共 512 家（次）上市公司首次披露回购报告书，相比 2021 年 424 家（次）同比增加 20.8%。

（二）回购目的

上市公司股份回购的目的可分为减少公司注册资本、将股份用于员工持股计划或者股权激励、将股份用于转换上市公司发行的可转换为股票的公司债券、为维护公司价值及股东权益所必需四类。

2022 年，沪深两市共 414 家上市公司披露完成回购计划。其中，用于员工持股计划或者股权激励的占比 82.1%，用于减少公司注册资本的占比 4.6%，用于转换上市公司发行的可转换为股票的公司债券的占比 0.7%，用于为维护公司价值及股东权益所必需的占比 10.1%，多种用途的占比 2.4%。

（三）回购金额

2022 年公告完成的回购计划显示，上市公司单次回购计划的金额分布在 0.1 亿 ~ 50 亿元，平均值为 2.08 亿元，主要在 2 亿元以下，占比 75.8%。其中，回购总金额最大的为中国平安，回购金额为 50 亿元。具体如图 3 - 17 所示。

（四）回购股比

2022 年公告完成的回购计划显示，上市公司回购股比分布在 0.02% ~ 8.04%，回购比例平均值为 1.22%。绝大多数回购计划比例在 2.5% 以下，占比 90.6%。

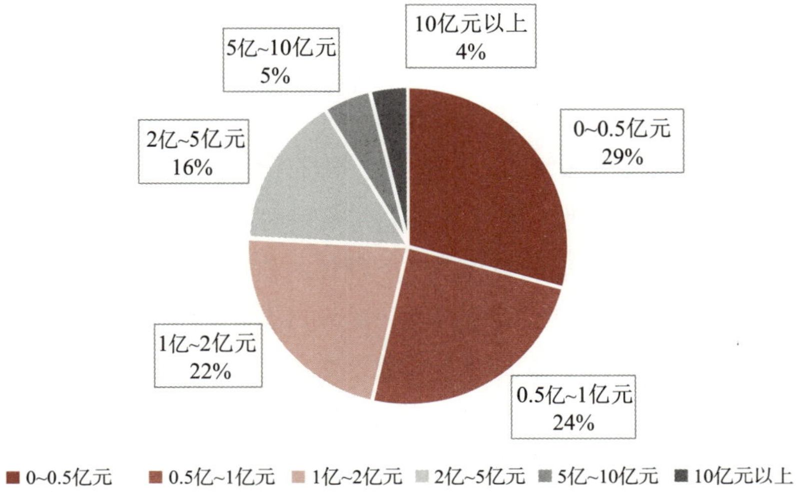

图 3-17　2022 年上市公司回购金额及占比情况

（五）回购时间

2022 年公告完成的回购计划显示，上市公司公告《回购报告书》到公告回购实施完成天数分布在 2～546 天，平均用时 205 天。其中，五家公司履行董事会或股东大会决策程序后延长回购期，导致回购天数超过 12 个月，其余公司回购天数均在 12 个月内。具体如图 3-18 所示。

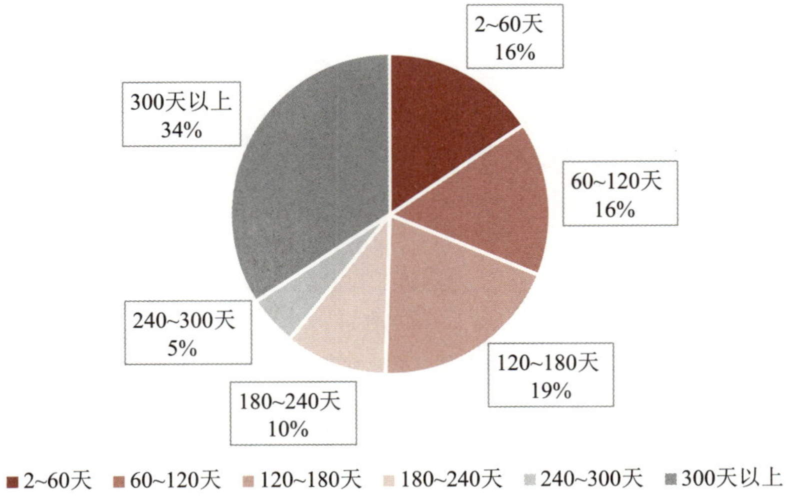

图 3-18　2022 年上市公司回购天数及占比情况

二、上市公司股权激励市场状况

（一）2022 年上市公司股权激励整体情况

上市公司实施股权激励对于改善公司治理结构、调动核心员工积极性、增强公司凝聚力和市场竞争力具有十分积极的作用。2022 年，沪深两市共 730 家上市公司公告股权激励计划预案，比 2021 年同期 810 家同比有所减少。

从公告股权激励的上市公司所处板块来看，730 家上市公司中包含主板公司 346 家，创业板公司 234 家，科创板公司 150 家，占 2022 年年初各板块上市公司数量的比例分别为 11%、21% 和 40%（如图 3－19 所示）。相对主板而言，创业板和科创板上市公司实施股权激励的热情较高，主要原因为创业板和科创板公司民营企业居多，与国有控股上市公司相比实施股权激励政策、灵活性更高，且多属于新兴行业，股权激励可以帮助企业有效地激励和留住核心员工，减少企业支付高额现金薪酬的资金压力。

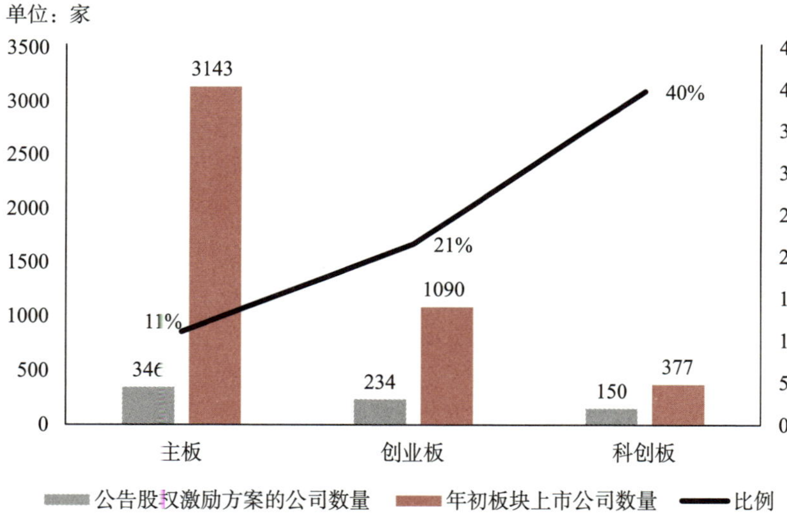

图 3－19　2022 年上市公司股权激励板块分布情况

（二）激励工具

在 730 家上市公司中，采用股票期权方案的有 118 家，采用限制性股票方案的有 546 家，采用股票增值权方案的有 2 家，同时采用股票期权、限制性股票两种激励方案的有 62 家，同时采用股票增值权、限制性股票两种激励方案的有 2 家。

多数上市公司采用限制性股票作为激励方式，主要因为根据《上市公司股权激励管理办法》，限制性股票的授予价格可以为市价 5 折，相比于期权的不打折，通常对激励对象更具有吸引力、激励效果更为显著。

在单独采用限制性股票作为激励方式的 546 家上市公司中，采用第一类限制性股票的有 240 家，采用第二类限制性股票的有 281 家，同时采用第一类限制性股票和第二类限制性股票的有 25 家。第二类限制性股票是注册制改革后创业板和科创板增设的新型股权激励制度，设立后被广泛使用。第二类限制性股票相对于股票期权而言具有价格折扣优势，相对于第一类限制性股票而言具有出资时点较晚的优势，激励对象在满足归属条件行权时才需要出资，减轻了激励对象的资金压力，且条件未达成时上市公司也无需从激励对象处回购限制性股票，节约了运行成本。上市公司股权激励情况及分类如表 3 – 14 所示。

表 3 – 14　　上市公司股权激励分类

项目	限制性段票		股票期权
	第一类限制性股票	第二类限制性股票	
含义	激励对象按照股权激励计划规定的条件，获得的转让等部分权利受限制的本公司股票	符合股权激励计划授予条件的激励对象，在满足相应获益条件后分次获得并登记的本公司股票	激励对象享有在未来一定期限内以预先确定的条件购买本公司一定数量股份的权利
授予价格	原则上不得低于市场参考价的 50%		原则上不得低于市场参考价
出资时点	激励计划授予日，出资压力相对大	满足获益条件时，出资压力相对小	满足获益条件时，出资压力相对小
获得股东权利时点	激励计划授予日，限售期内享有股东权利	满足获益条件后的登记日，此前不享有股东权利	满足获益条件且决定行权时，此前不享有股东权利
限制期间的股东权利	表决权、分红权，不得抵押、转让或者处置股票	无	无
行权条件	不低于 12 个月的限售期，并满足获益条件	可不再设置限售期，满足获益条件及可行权	不低于 12 个月的等待期，并满足获益条件

（三）激励计划的股票来源

激励计划的股票来源方面，89.1%的激励计划激励来源为定向发行股票，8.4%的激励计划激励来源为上市公司提取激励基金回购流通股，2.5%的激励计划激励来源为回购或者定向发行股票。定向发行股票的好处在于不动用上市公司资金，对上市公司资金压力较小，因此作为股权激励计划的主要来源。

（四）激励规模

根据现行法规，主板上市公司全部在有效期内的股权激励计划所涉及的标的股票总数累计不得超过公司股本总额的10%，创业板和科创板放宽到20%，而上市公司单次实行的股权激励计划通常规模较低，对股权结构产生的影响较小。2022年，上市公司设置激励股份的数量占股本总数的比例主要在0.5%～2%。2022年上市公司单次股权激励规模分布情况如图3－20所示。

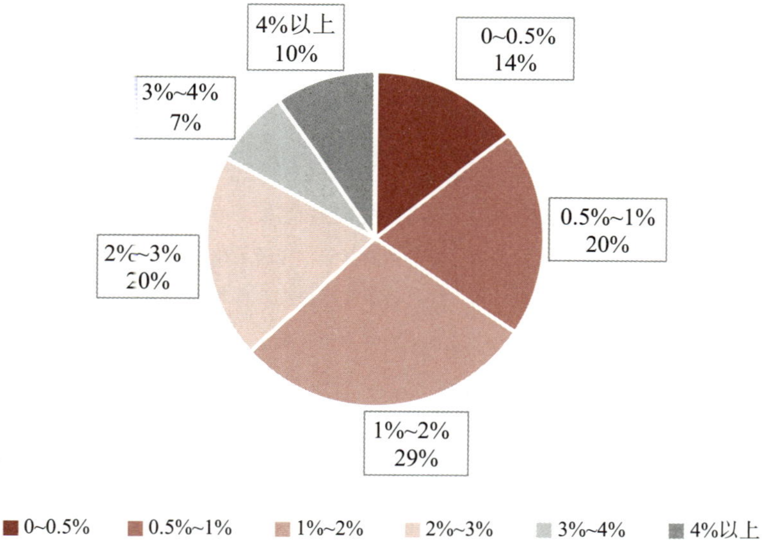

图3－20　2022年上市公司单次股权激励规模分布情况

（五）少部分激励方案终止及原因

2022 年，730 家上市公司公告激励计划预案后，已有 13 家于当年宣告停止实施，主要原因为宏观经济环境和市场环境发生了较大变化，继续实施股权激励计划难以达到预期的激励目的和激励效果，也有上市公司因控制权可能发生变更导致股权激励方案终止。

第四章　上市公司并购重组审核状况

第一节　审核类并购重组审核情况

一、主板上市公司审核类并购重组审核情况

2022 年，证监会并购重组委共审核了 41 家上市公司。其中，无条件通过 20 家，有条件通过 16 家，未通过 5 家，审核通过率 87.80%，审核通过率有所回升。2022 年审核通过案例交易金额合计 3249.70 亿元，平均交易金额为 90.27 亿元，单笔交易金额较 2021 年有所上升。具体如图 4－1 所示。

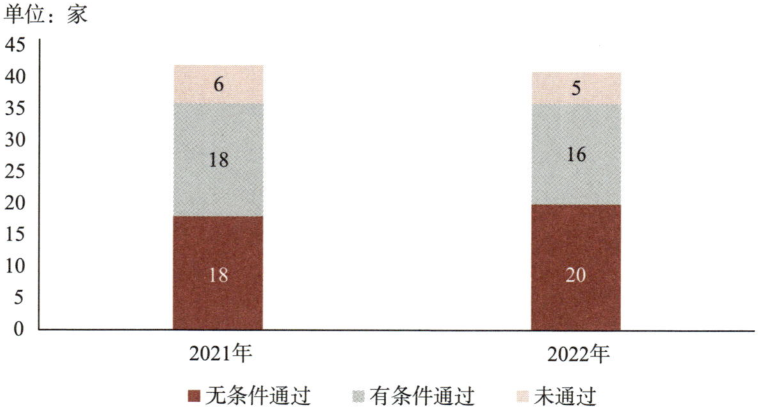

图 4－1　2021～2022 年主板审核类并购重组审核情况

2021 年，证监会并购重组委共审核了 42 家上市公司（如图 4－1 所示）。其中，无条件通过 18 家，有条件通过 18 家，未通过 6 家，审核通过率为 85.71%。全年审核通过案例交易金额合计 2577.69 亿元，平均交易金额为 71.60 亿元。

二、创业板上市公司审核类并购重组审核情况

2022 年，创业板并购重组委共审核了 8 家上市公司。其中，无条件通过 6 家，有条件通过 2 家，未通过 0 家，审核通过率为 100.00%。2022 年审核通过案例交易金额合计 179.59 亿元，平均交易金额为 22.45 亿元，其中包含注册制实施以来创业板首单重组上市交易——润泽科技通过重组上市普丽盛（300442.SZ）登陆资本市场，该笔交易金额 142.68 亿元。

2021 年，创业板并购重组委共审核了 5 家上市公司。其中，无条件通过 0 家，有条件通过 5 家，未通过 0 家，审核通过率为 100.00%。全年审核通过案例交易金额合计 31.27 亿元，平均交易金额为 6.25 亿元。

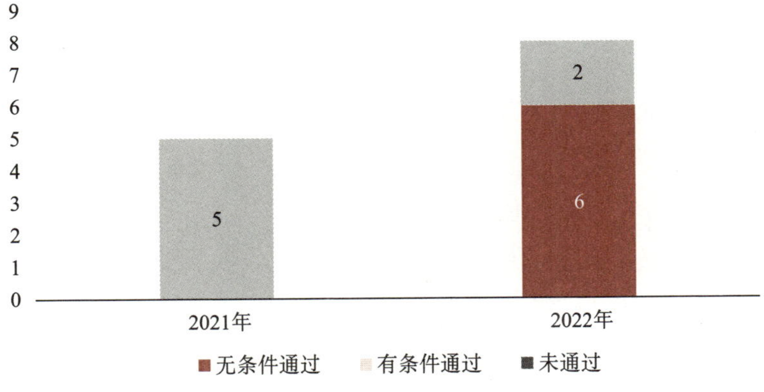

图 4－2　2021～2022 年创业板审核类并购重组审核情况

三、科创板上市公司审核类并购重组审核情况

2022 年，科创板并购重组委共审核了 2 家上市公司。其中，无条件通过 1 家，有条件通过 1 家，未通过 0 家，审核通过率为 100.00%。2022 年

审核通过案例交易金额合计 11.07 亿元，平均交易金额为 5.53 亿元。

2021 年，科创板并购重组委无审核类并购重组审核情况，全年共受理了 2 单并购重组申请，两家上市公司均于问询后终止重组事项并撤回申请文件，与主板、创业板相比并购重组交易尚不活跃。

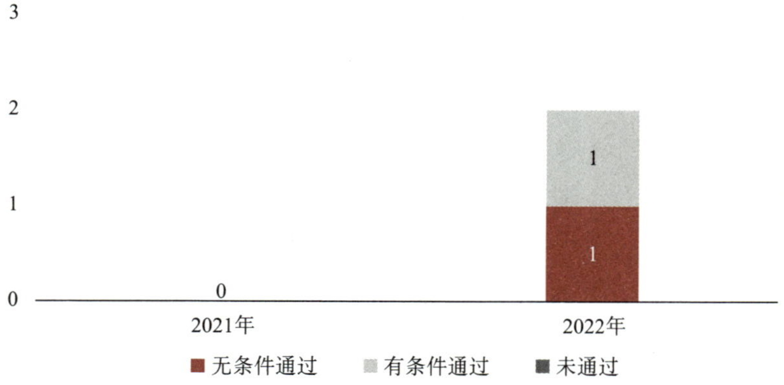

图 4－3　2021～2022 年科创板审核类并购重组审核情况

第二节　审核类并购重组否决案例简述

一、2022 年审核类并购重组否决概况

2022 年，中国证监会并购重组委共否决 5 家上市公司重组申请，基本情况如表 4－1 所示。

表 4－1　2022 年审核类并购重组否决概况

股票简称	亚钾国际	乐通股份	盈方微	福鞍股份	福达合金
重组委会议时间	2022/1/26	2022/9/16	2022/11/2	2022/11/3	2022/11/30
股票代码	000893. SZ	002319. SZ	000670. SZ	603315. SH	603045. SH

续表

股票简称	亚钾国际	乐通股份	盈方微	福鞍股份	福达合金
收购标的	农钾资源 56%股权	核三力 45% 股权、浙江启臣 100% 股权	华信科及 World Style 49% 股权	天全福鞍 100% 股权	三门峡铝业 100% 股权
重组类型	产业并购－横向	多元化	收购控股子公司少数股权	大股东资产注入	重组上市

二、亚钾国际案例简述

（一）交易方案及审核情况概要

1. 方案及审核情况

本次交易中，亚钾国际通过发行股份及支付现金方式，购买新疆江之源、劲邦劲德、凯利天壬、联创永津、天津赛富、金诚信、智伟至信合计持有的农钾资源56%股权，并向不超过35名特定投资者发行股份募集配套资金。根据交易各方签署的《购买资产协议》及其补充协议，本次交易的标的资产农钾资源56%股权交易价格为176400.00万元。上市公司拟以发行股份的方式支付交易对价168400.00万元，以现金方式支付交易对价8000.00万元。

中国证监会重组委于2022年1月26日召开2022年第1次会议，对亚钾国际发行股份购买资产并募集配套资金方案进行了审核，并作出不予核准的决定。本次交易被否的原因为交易完成后标的资产未来按期达产、运营存在较大不确定性，不符合《上市公司重大资产重组管理办法》第四十三条第一款的规定。

此次交易后续于2022年6月22日经2022年第9次并购重组委会议审核并无条件通过。

2. 评估及作价情况

根据天健兴业出具的天兴评报字（2021）第0865号《资产评估报告》，评估机构采用资产基础法和市场法两种评估方法对农钾资源股东全部权益价值进行评估，最终选用资产基础法评估结果作为评估结论。以

2021 年 3 月 31 日为基准日，经资产基础法评估，标的公司股东全部权益账面价值为 99.67 万元，评估价值为 419397.16 万元，增值额为 419297.49 万元，增值率为 420685.75%。

鉴于作为此次交易定价依据的《评估报告》使用有效期截止日为 2022 年 3 月末，天健兴业出具了《加期评估报告》，以 2021 年 12 月 31 日为基准日，农钾资源 100% 股权的评估价值为 431015.21 万元。本次交易方案中标的公司在前后两次评估基准日之间未出现贬值，加期评估结果不会对本次交易构成实质性影响。经交易双方协商，本次交易所涉及的标的资产定价仍选用 2021 年 3 月 31 日为评估基准日的评估结果作为定价依据，农钾资源 56% 股权交易价格维持 176400.00 万元不变。

3. 业绩补偿方案

此次交易未设置业绩承诺和业绩补偿安排。

（二）上市公司情况

1. 上市公司简介

亚钾国际投资（广州）股份有限公司成立于 1998 年 10 月，1998 年 12 月在深交所主板挂牌上市，简称“广州冷机”。上市公司原主营业务包括钾盐开采、钾肥生产及销售、谷物贸易、国际船务及基础物流等。自 2017 年起，上市公司的海运业务收入占比逐渐减少。2020 年 4 月，公司决定对谷物贸易业务、船运业务进行剥离，调整发展战略，转型为以钾矿开采、钾肥生产、销售为一体的经营发展模式。目前，上市公司及其下属子公司中农国际钾盐开发有限公司专注从事钾盐矿开采、钾肥生产、销售业务。

2. 控股股东及实际控制人情况

截至该次重组的重组报告书草案披露日，上市公司处于无控股股东、无实际控制人状态。最近三年上市公司控制权曾出现变化，且在重组草案公告前，持股比例较高的几个股东存在放弃部分股份表决权、解除一致行动等行为。

（三）标的资产基本情况

本次交易的标的公司为农钾资源，成立于 2020 年 11 月 9 日。本次交易的标的资产为新疆江之源、劲邦劲德、凯利天壬、联创永津、天津赛富、金诚信、智伟至信合计持有的农钾资源56%股权。

1. 标的公司简介

农钾资源自身尚未开展具体业务经营活动，其核心资产为间接控制的彭下—农波矿段钾盐矿采矿权，目前尚未投入开采。标的公司未来拟主要从事钾盐矿的开采、加工和氯化钾生产。

2. 股权结构

农钾资源的股权结构如图4－4所示。

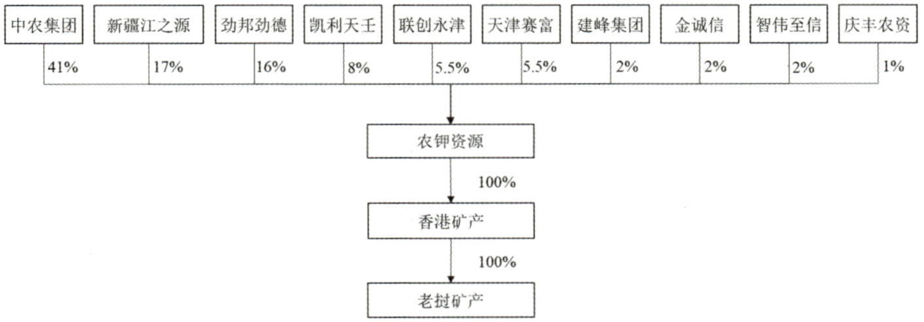

图4－4　农钾资源股权结构

（四）审核关注要点

1. 上市公司控制权稳定性

反馈关注近期上市公司控制权是否发生频繁变化，上市公司控制权变更及表决权放弃等安排是否为本次交易所做的特殊安排，从而为规避控制权认定所做安排；上市公司短期内频繁变更控制权认定缺乏审慎考虑，无控股股东、实际控制人的依据充分性不足；上市公司大部分股东股权比例比较接近，控制权稳定性存在较大风险。

2. 前次重组业绩承诺未实现引发诉讼

2015年，上市公司向中农集团、新疆江之源、劲邦劲德、凯利天壬、联创永津、天津赛富、金诚信、智伟至信及重庆建峰化工股份有限公司、庆丰农资等交易对方购买中农国际100%股权，因整体项目建设资金筹措未能落实到位致使新建工程均暂未开始实施且在业绩承诺期内，中农国际的经营管理层不稳定，加之全球钾肥价格持续下跌，业绩未实现。

本次重组与前次重组标的资产均为钾盐矿，两个标的矿权在地理位置上相邻，标的前几大股东中农集团、新疆江之源、劲邦劲德、凯利天壬、联创永津、天津赛富、金诚信、智伟至信完全相同。本次交易标的与前次交易标的情况类似，实现生产效益前需要后续投入大量资金建设。

3. 资产估值合理性论证

本次交易标的主要资产为老挝甘蒙省他曲—农波县农波矿区彭下—农波矿段钾盐矿采矿权，资产基础法中对本项目重大资产——无形资产（采矿权）已通过收益途径进行了测算，本次交易以资产基础法评估结果为依据。由于矿产资源本身复杂性等特点，造成矿产资源评估合理性论证难度大。

4. 标的资产尚未达产，标的公司盈利能力存在较大不确定性

由于采矿权开发资金没有到位，农钾资源自身尚未开展具体业务经营活动，其核心资产为间接控制的彭下—农波矿段钾盐矿采矿权，目前尚未投入开采，尚未产生收入，净利润和净资产均为负。

标的资产未来的运营存在较大不确定性，未来建设开发对上市公司存在重大依赖。标的资产未来的建设开发将有赖于上市公司在本次交易完成后利用公司对同地区东泰矿段积累的经验，并向标的资产提供必要的人员、技术、客户资源等全方位支持。尽管上市公司已经制定了向标的资产提供上述资源的计划，但若未来上市公司向标的资产提供的相关支持不足以保障标的资产达到建设开发条件，则有可能导致标的资产建设开发进度不达预期，进而使得标的资产和上市公司业绩实现受到影响。

三、乐通股份案例简述

（一）交易方案及审核情况概要

1. 方案及审核情况

本次交易中，乐通股份拟以发行股份及支付现金的方式购买大晟资产、郭虎等7名自然人持有的浙江启臣100%股权；购买南华资产、戈玉华等27名自然人持有的核三力45%股权。其中，浙江启臣为持股公司，除持有

核三力55%的股权外未开展其他业务。本次交易完成后，乐通股份将直接和间接持有核三力100%股权。同时，乐通股份拟向控股股东大晟资产发行股份募集配套资金不超过34500万元，用于支付本次交易现金对价、偿还债务、补充流动资金以及支付重组费用等。本次发行股份及支付现金购买资产与募集配套资金互为前提，若最终实施的募集配套资金金额未达本次重组支付本次交易现金对价即15990万元，则本次交易终止。若最终实施的募集配套资金高于15990万元，则本次交易正常实施。

中国证监会重组委于2022年9月16日召开2022年第15次会议，对乐通股份发行股份购买资产方案进行了审核，并作出不予核准的决定。本次交易被否的原因为上市公司未充分说明并披露本次交易标的资产评估增值率较高的合理性和定价公允性，不符合《上市公司重大资产重组管理办法》第十一条的规定。

此次交易为二次被否，前次于2021年12月15日被中国证监会重组委2021年第33次会议审议否决。未获通过的原因为上市公司未充分披露本次交易标的资产定价的公允性，未充分说明本次交易有利于提高上市公司资产质量、增强持续盈利能力，不符合《上市公司重大资产重组管理办法》第十一条和第四十三条相关规定。

此外，上述交易被并购重组委否决后，乐通股份于2022年9月30日召开第六届董事会第四次会议，审议通过了《关于继续推进发行股份及支付现金购买资产并募集配套资金事项的议案》，决定继续推进本次资产重组事项。2023年1月30日公告终止本次交易。

2. 评估及作价情况

根据华亚正信出具的华亚正信评报字〔2021〕第A07－0002号《资产评估报告》，采用资产基础法对浙江启臣截至2020年10月31日的股东全部权益进行了评估，评估价值为28235.42万元。基于上述评估结果，经交易各方友好协商，各方同意参考评估结果，确定本次交易浙江启臣100%股东权益作价25300.00万元。

根据华亚正信出具的华亚正信评报字〔2021〕第A07－0001号《资产评估报告》，采用资产基础法和收益法对核三力截至2020年10月31日的股东全部权益进行了评估，最终采用收益法的评估结果，核三力股东全部权益的评估价值为50984.32万元。基于上述评估结果，经交易各方友好协商，各方同意参考评估结果，采取差异化定价方式，本次交易核三力45%股东权益作价22975.00万元，其中南华资产交易价格对应核三力整体估值为52500.00万元；其他交易方交易价格对应核三力整体估值为46000.00万元。

3. 业绩补偿方案

浙江启臣股东大晟资产及郭虎等7名自然人股东承诺：

（1）核三力公司经审计的扣除非经常性损益后的净利润在2021年度不低于4000万元、2022年度不低于5000万元、2023年度不低于6000万元。若本次交易在2022年实施，则业绩承诺期顺延一年至2024年，即核三力公司经审计的扣除非经常性损益后的净利润在2021年度不低于4000万元、2022年度不低于5000万元、2023年度不低于6000万元、2024年度不低于6000万元。

（2）浙江启臣经审计的扣除非经常性损益后归属于母公司的净利润在2021年度不低于2200万元、2022年度不低于2750万元、2023年度不低于3300万元。若本次交易在2022年实施，则业绩承诺期顺延一年至2024年，即承诺浙江启臣经审计的扣除非经常性损益后的净利润在2021年度不低于2200万元、2022年度不低于2750万元、2023年度不低于3300万元、2024年度不低于3300万元。

（二）上市公司情况

1. 上市公司简介

乐通股份2009年12月在深交所中小企业板上市，从事的主要业务分为油墨制造业务和互联网广告营销业务。在油墨制造方面，公司主要从事各类印刷油墨技术开发、生产、销售，主要产品包括中高档凹印油墨、柔印油墨、网印油墨等，广泛应用于饮料包装、食品包装及卷烟包装，少量应用于电子制品等行业；互联网广告营销业务方面，公司主要是通过为广告主提供互联网平台的媒介采买精准投放、创新制作、设计方案、技术支持、代理推广等服务，满足广大客户营销需求，协助广告主完成品牌树立规划。

2. 控股股东及实际控制人情况

乐通股份与控股股东、实际控制人之间的控制关系如图 4－5 所示。

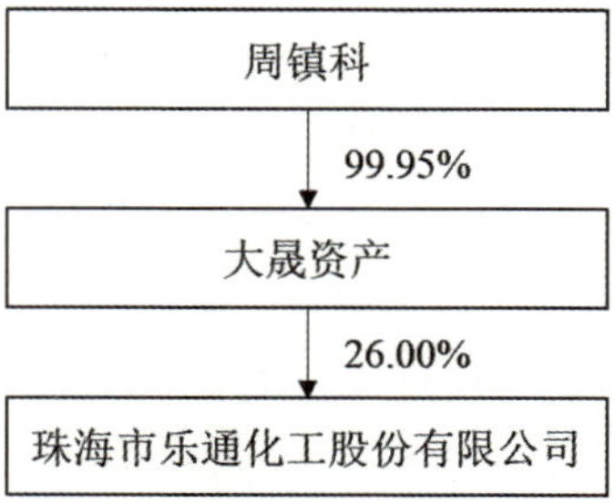

图 4－5　乐通股份控股股东及实际控制人情况

（三）标的公司情况

1. 标的公司简介

本次交易标的为浙江启臣 100% 的股权和核三力 45% 的股权，其中浙江启臣为持股公司，除持有核三力 55% 的股权外未开展其他业务，故本次交易的实际标的为核三力 100% 的股权。

2. 股权结构

浙江启臣和核三力的股权情况如图 4－6 所示，浙江启臣的第一大股东为大晟资产，无实际控制人。核三力的控股股东为浙江启臣，无实际控制人。

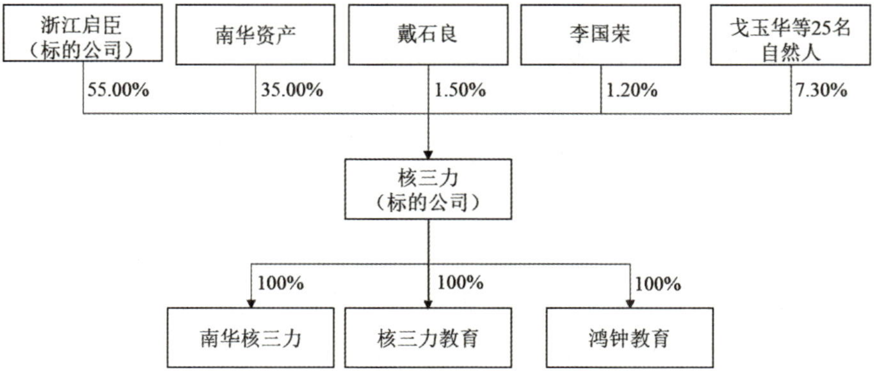

图 4－6　浙江启臣和核三力股权结构

（四）审核关注要点

1. 标的资产的估值定价问题

标的公司下游烟草行业已经饱和、稳定，难以支撑起未来收入持续增长；是否无法对标的公司估值和未来业绩可实现性形成有力支撑。

（1）高增值、高商誉。本次交易中，核三力较净资产评估增值率为671.21%。根据《备考审阅报告》，本次交易完成后，上市公司将新增32235.70万元商誉，占最近一年末备考总资产的比例为26.31%，占最近一年末备考净资产的比例为75.37%，商誉占比较高。

（2）标的公司业绩预测合理性。下游烟草行业与同行业可比公司营收增长率均低的情形下，核三力收入增长率较高的合理性待论证，同时对其毛利率的预测较高。

2. 跨界收购带来的整合风险、“双主业、多主业”运营风险

上市公司主营业务为油墨制造业务和互联网广告营销业务，标的公司主营智能风力控制及核应急防护等设备的研发、生产和销售，两者无相关性。上市公司原有主业疲软，本次交易属于跨界转型。上市公司与标的公司在行业特点、业务模式、主要市场及客户分布、渠道资源、专业能力等方面均存在较大差异。上市公司面临对标的公司的整合风险以及“双主业、多主业”运营风险。

3. 认定标的公司缺乏实控人的合理性

本次交易认定浙江启臣、核三力均无实控人，审核关注其依据及合理性。

关于浙江启臣，根据反馈回复，大晟资产持股比例为45.45%，郭虎持股比例为36.55%，两者持股比例较为接近，《公司章程》规定股东会会议由股东按照出资比例行使表决权的规定，各股东持股比例均未超50%，任一股东均无法控制股东会，同时其他自然人股东未与郭虎签订一致行动协议及其他相关协议安排。郭虎虽然是第二大股东，但直接持股36.55%，担任经理及执行董事，负责日常事务，且是核三力核心技术人员之一。反馈回复从任一股东均无法控制浙江启臣股东会的层面进行了论证，未从董事会构成、重大事项决策机制、相关协议安排等方面进一

步说明合理性。

关于核三力，根据反馈回复，浙江启臣对核三力具有控制权，而浙江启臣无实际控制人，因此核三力也无实际控制人。审核还关注核三力 2020 年 7 月 16 日前的实际控制关系及判断依据，根据反馈回复，核三力 2020 年 7 月 16 日前的实际控制人为郭虎，判断依据是浙江启臣持有核三力 55% 的股权且占据半数以上董事会席位，为核三力控股股东。在大晟资产入股前，郭虎持有浙江启臣 67% 的股权且担任执行董事和总经理，为浙江启臣实际控制人，因此认定郭虎通过浙江启臣间接控制核三力，为核三力的实控人。

4. 上市公司财务与运营情况

上市公司主业疲软，业绩增长乏力；过往收购标的表现不佳，存在商誉减值，收购的轩翔思悦在业绩承诺期满仅一年后即大幅计提商誉减值准备；资产负债率较高，偿债风险大，审核关注上市公司最新债务逾期情况，是否存在债务偿付风险；控制权稳定性也同时存在问题，审核关注其依据及合理性。

四、盈方微案例简述

（一）交易方案及审核情况概要

1. 方案及审核情况

本次交易中，上市公司拟采用发行股份的方式向虞芯投资购买其持有的华信科 39% 的股权及 World Style 39% 的股权，向上海瑞嗔购买其持有的华信科 10% 的股权及 World Style 10% 的股权。本次交易前，上市公司已持有华信科 51% 股权、World Style 51% 股权。本次交易完成后，华信科及 World Style 将成为上市公司全资子公司。标的公司 49% 股权的交易价格为 63185. 18 万元，并以定价发行的方式向上市公司第一大股东舜元企管非公开发行股份募集配套资金，募集配套资金总额不超过 40000 万元。

中国证监会重组委于 2022 年 11 月 2 日召开 2022 年第 18 次会议，对盈方微电子股份有限公司发行股份购买资产交易进行了审核，并作出不予核准的决定。本次交易未获通过的原因为上市公司未充分说明本次交易不存在损害上市公司股东合法权益的情形，不符合《上市公司重大资产重组管理办法》第十一条关于“重大资产重组所涉及的资产定价公允，不存在损害上市公司和股东合法权益的情形”的相关规定。

2. 评估及作价情况

根据中联评估出具的《资产评估报告》（中联评报字〔2021〕第1102号），本次交易中，中联评估对华信科和World Style 100%股权采用了收益法和资产基础法两种方法进行评估，并选用收益法评估结果作为本次评估结论。截至评估基准日2020年12月31日，华信科和World Style股东全部权益账面值32948.85万元，评估值128949.22万元，评估增值率291.36%。

3. 业绩补偿方案

本次盈利补偿期间为2022年度和2023年度。根据上市公司与虞芯投资、上海瑞嗔签署的《盈利预测补偿协议》《〈盈利预测补偿协议〉之补充协议》《〈盈利预测补偿协议〉之补充协议（二）》的约定，虞芯投资、上海瑞嗔承诺标的公司2022年、2023年经审计的模拟合并口径归属于母公司（即模拟合并口径的标的公司）的净利润（以扣除非经常性损益前后孰低者为准，且应扣除本次交易的募集配套资金投资项目对标的公司的损益影响）分别不低于13300万元和13880万元。

（二）上市公司情况

1. 上市公司简介

盈方微电子股份有限公司于1992年8月12日成立，1996年11月28日在深交所中小企业版上市，是一家以集成电路芯片设计销售，和电子元器件分销为双主营业务的深市主板上市公司。2019年，舜元集团通过股权拍卖，成为股份公司大股东。2020年9月，公司完成对深圳市华信科科技有限公司及World Style Technology Holdings Ltd. 51%股权的收购，由此进入电子元器件分销的新业务。

2. 控股股东及实际控制人情况

本次发行股份购买资产和募集配套资金互为前提，共同构成本次交易不可分割的组成部分。本次交易前，舜元企管持有上市公司 124022984 股股份，占上市公司总股本的 15.19%，为上市公司第一大股东，上市公司无控股股东。

本次交易完成后，考虑募集资金认购，舜元企管将持有上市公司 367925423 股股份，占上市公司总股本的 26.24%，较本次交易完成后第二大股东虞芯投资持有的 18.62% 高 7.62%，舜元企管将成为上市公司控股股东，陈炎表将成为上市公司的实际控制人。

舜元企管通过认购上市公司募集配套资金取得上市公司控制权，舜元企管有能力对认购配套募集资金所需资金和所得股份锁定作出切实可行的安排，并已出具相应承诺，能够确保按期、足额认购且取得股份后不会出现变相转让的情形。根据交易各方约定，本次发行股份购买资产和募集配套资金互为前提，共同构成本次交易不可分割的组成部分。因此，如果募集配套资金未获得所需的审批或实施，则本次重大资产重组自始不生效，亦不会构成《重组管理办法》第十三条规定的情形。

综上所述，本次交易前，上市公司无控股股东，无实际控制人；本次交易完成后，舜元企管将成为上市公司控股股东，陈炎表将成为上市公司实际控制人。

（三）标的公司情况

1. 标的公司简介

深圳市华信科科技有限公司成立于 2008 年 11 月，从事电子产品的技术开发与销售及其他国内贸易。World Style 成立于 2014 年 9 月为依据英属维尔京群岛法律设立的公司，是一家投资控股型公司，通过下属子公司开展实际业务。

2. 股权结构（见图 4－7）

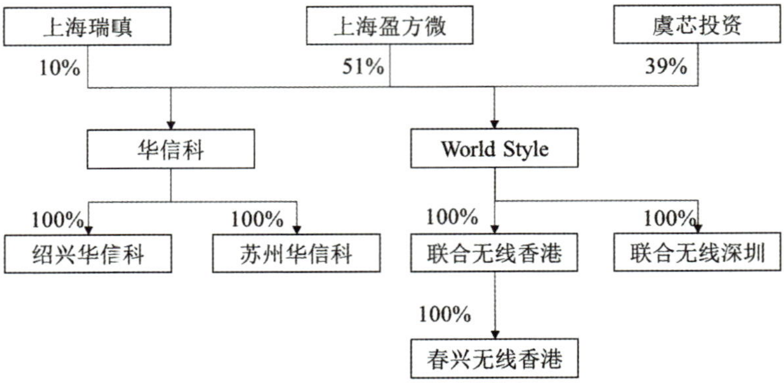

图 4－7　华信科和 World Style 股权结构

注：两家标的公司共同开展业务，股权结构一样，是不可分割的完整业务体系，为同一资产组，故将华信科和 World Style 及全部子公司进行模拟合并及合并评估。

（四）审核关注要点

1. 标的公司持续盈利能力问题

标的公司为专业的电子元器件分销商，在产业链中处于代理分销环节。

标的公司 2021 年实现营业收入 288421.44 万元、净利润 3535.99 万元；实际数较预测数分别低了 14.69% 和 5.10%。2022 年 1～5 月实现营业收入 109382.23 万元、净利润 3535.99 万元，均不足盈利预测的 30%。

2019 年和 2020 年，标的公司的毛利率分别为 4.3% 和 6.77%，预测期毛利率达到 7%～7.29%，高于报告期平均毛利率。反馈回复解释标的公司预测毛利率高于历史毛利率的原因主要为公司对未来经营策略的调整，增加毛利率较高的被动元器件占比。但实际 2022 年 1～5 月，标的公司毛利率 6.27%，未达到盈利预测的 7.28%。

报告期内，标的资产前五名客户销售收入占当期销售总额的比例分别为 92%、82%、79%，显著高于上市公司 30% 左右的均值水平，且 2022 年 1～5 月对某单一客户的单家销售收入占比提升到 50%，存在显著的大客户依赖。

从供应商角度而言，报告期内标的公司前五大供应商采购占比分别为 93%、92%、91%，同期同行业可比上市公司均值在 60% 左右，存在一定差异。此外，标的公司 2020 年第一大供应商对其采购额从 2020 年的 210889.66 万元下跌到 2022 年 1～5 月的 17236.23 万元。

综上，标的公司在 2021 年、2022 年 1～5 月均未实现评估预测利润，其评估定价的公允性需要进一步的依据支撑。

2. 股份发行价格的合理性

本次交易中，发行股份购买资产部分的发行价格为 1.85 元/股，为董事会前 20 个交易日股票交易均价的 90%；配套募集资金部分的发行价格为 1.64 元/股，为董事会前 20 个交易日股票交易均价的 80%。发股价格虽然符合重组管理办法规定，但由于首次董事会时上市公司已经暂停交易，因此导致按照法规计算的发股价较低。

同时，上市公司于 2021 年 4 月 26 日公告本次重组草案，5 月 10 日向深交所提出恢复上市申请。上市公司后于 2022 年 8 月 22 日完成恢复上市，首日收盘价为 13.24 元/股，目前股价维持在 9 元左右。在恢复上市尚存在不确定性的 2022 年 6 月 9 日至 10 月 20 日期间上市公司申请了重组中止审核，在恢复上市完成后恢复审核，此时上市公司股价已经开始大幅上涨，本次重组如成功，大股东的巨大收益已经锁定。同时，如重组成功，上市公司其他 A 股股东的持股比例从 84.81% 降至 49.40%，因较低的发股价，本次重组对现有股东股权稀释较大，而购买控股公司的少数股权所带来的收益有限，可能存在损害上市公司其他股东利益的情形。

3. 上市公司控制权稳定性

本次发行股份购买资产是否与募集配套资金足额认缴互为前提，虞芯投资在交易后 36 个月内有无增持上市公司股份的计划，其履行不谋求控制权承诺的约束措施，本次交易后舜元企管能否对上市公司形成有效控制。

4. 本次交易后交易对方持股穿透锁定情况

对虞芯投资各合伙人逐层穿透披露至其最终出资的自然人或非专为本次交易设立的法人，以及穿透后是否存在超 200 人的情形。关注虞芯投资、上海瑞嗔及其各级出资人是否专为本次交易设立，是否以持有标的公司为目的，如是，进一步补充披露交易完成后各级出资方（直至非专为本次交易设立的出资方）持有权益的锁定安排。

5. 业绩承诺

关注现行业绩承诺方案下业绩承诺期实际仅 1 年、承诺金额按两次交易合并计算等各要素的设置是否合理，是否足额覆盖标的资产未来经营风险，是否充分保护上市公司和中小股东利益，是否存在保障上市公司长期稳定发展的业绩承诺调整安排。

6. 标的公司模拟合并

反馈关注华信科和 World Style 模拟报表的编制基础及假设，二者之间内部交易产生的资产、负债、收入和费用以及现金流量抵消过程及依据，是否符合《企业会计准则》相关规定和模拟报表的编制要求，是否存在滥用会计政策情形。反馈要求公司对照《26 号准则》，分别完整披露华信科和 World Style 两家标的公司的相关财务分析内容。

五、福鞍股份案例简述

（一）交易方案及审核情况概要

1. 方案及审核情况

本次交易中，上市公司拟发行股份及支付现金购买福鞍控股、李士俊、李晓鹏、李晓飞、魏福俊、魏帮合计持有的天全福鞍 100% 股权，交易作价确定 36 亿元，其中以发行股份的方式支付对价 293500.00 万元，占交易对价的 81.53%，以支付现金的方式支付对价 66500.00 万元，占交易对价的 18.47%。同时，拟向不超过 35 名特定投资者非公开发行股票募集配套资金不超过 10.65 亿元。

中国证监会重组委于 2022 年 11 月 3 日召开 2022 年第 19 次并购重组委会议，对福鞍股份发行股份购买资产并募集配套资金交易进行了审核，并作出不予核准的决定。本次交易被否的原因为公司未充分说明并披露本次交易定价的公允性以及评估增值的合理性，不符合《上市公司重大资产重组管理办法》第十一条的相关规定。

收到不予核准的决定后，福鞍股份决定继续推进此次资产重组，并于

2023 年 1 月末披露重组报告书（草案），方案大幅下调了交易对价，天全福鞍 100% 股权交易作价 22.5 亿元，相较前次 36 亿元的交易作价下降 37.5%。

2. 评估及作价情况

本次交易的评估基准日为 2022 年 3 月 31 日。根据中企华评估出具的《评估报告》，本次评估采用收益法和市场法两种方式对天全福鞍 100% 股权进行评估，最终采用收益法确定评估结论。经收益法评估，天全福鞍股东全部权益的评估值为 355808.64 万元，相对于天全福鞍经审计后合并口径归属于母公司股东权益 28551.37 万元，评估增值 327257.27 万元，增值率为 1146.21%。

较 2022 年 6 月 30 日经审计的合并报表归属于母公司所有者权益 39921.72 万元，标的公司 100% 股权本次评估增值额为 315886.92 万元，增值率为 791.27%。

2023 年 1 月末披露的新方案中，交易评估基准日设置为 2022 年 10 月 31 日。经收益法评估，天全福鞍股东全部权益的评估值为 225669.96 万元，相对于天全福鞍经审计后合并口径归属于母公司股东权益 49051.29 万元，评估增值 176618.66 万元，增值率为 360.07%。

3. 业绩补偿

根据上市公司与业绩补偿义务人签署的《业绩补偿协议之补充协议》，业绩补偿义务人承诺，天全福鞍 2022 年度、2023 年度、2024 年度和 2025 年度实现的净利润（指扣除非经常性损益后归属于母公司所有者的净利润数，下同）分别不低于人民币 18800.00 万元、49400.00 万元、56000.00 万元和 56100.00 万元，即 2022 年度当期累计净利润不低于 18800.00 万元，2023 年度当期累计净利润不低于 68200.00 万元，2024 年度当期累计净利润不低于 124200.00 万元，2025 年度当期累计净利润不低于 180300.00 万元。四年业绩承诺期归属于母公司所有者的累计净利润不低于 180300.00 万元。

2023 年 1 月末披露的新方案中，业绩补偿义务人承诺天全福鞍 2023 年度、2024 年度和 2025 年度实现的净利润（指扣除非经常性损益后归属于母公司所有者的净利润数，下同）分别不低于人民币 11900.00 万元、30100.00 万元、36900.00 万元，即 2023 年度当期累计净利润不低于 11900.00 万元，2024 年度当期累计净利润不低于 42000.00 万元，2025 年度当期累计净利润不低于 78900.00 万元。三年业绩承诺期归属于母公司所有者的累计净利润不低于 78900.00 万元。

（二）上市公司情况

1. 上市公司简介

福鞍股份成立于 2011 年 4 月，于 2015 年 4 月 24 日在上海证券交易所上市交易。上市公司主要从事重大技术装备配套大型铸钢件的生产和销售。上市公司产品按照用途可以分为火电设备铸件、水电设备铸件以及其他铸件，主要火电产品有：高/中压内、外汽缸；阀体/缸体；超超临界主汽调节阀；燃机排气缸、燃机透平缸等；水电产品：上冠、下环、转轮体、推力头、叶片、增能器、导叶等；轨道交通产品：内燃机转向架、矿用卡车轮毂、架体等。

2. 控股股东及实际控制人情况

截至 2022 年 6 月 30 日，福鞍控股直接持有福鞍股份 106302820 股股份，占福鞍股份已发行股份总数的 34.62%，福鞍控股全资子公司中科实业持有福鞍股份 87075363 股股份，占福鞍股份已发行股份总数的 28.36%。福鞍控股为福鞍股份的控股股东。吕世平持有福鞍控股 94.30% 的股份，为福鞍控股的控股股东及实际控制人。福鞍股份与控股股东、实际控制人之间的股权控制关系如图 4－8 所示。

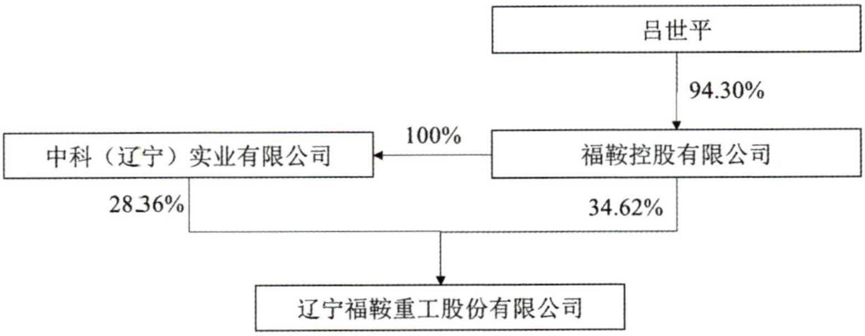

图 4－8　福鞍股份控股股东及实际控制人情况

（三）标的公司情况

1. 标的公司简介

天全福鞍碳材料科技有限公司主要从事石墨及碳素制品制造；石墨及碳素制品销售；金属矿石销售；非金属矿及制品销售；耐火材料销售；金属材料销售；工业设计服务。

2. 股权结构

天全福鞍碳材料科技有限公司股权结构如图 4－9 所示。

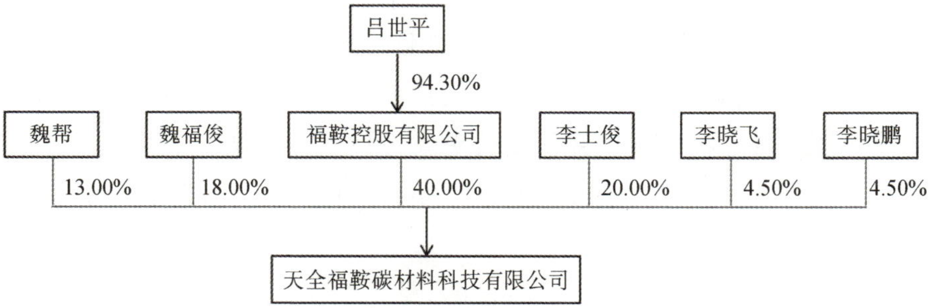

图 4－9　天全福鞍碳材料科技有限公司股权结构

（四）审核关注要点

1. 上市公司内控、治理结构是否健全有效和独立性问题

最近 5 年，上市公司多次受到监管机构纪律处分或被采取监管措施，受到监管部门重点关注。2022 年 8 月 8 日，因上市公司关联交易未按规定履行决策程序和披露义务、关联方非经营性占用上市公司资金等事项，上海证券交易所对上市公司控股股东福鞍控股有限公司予以公开谴责。2022 年 1 月 26 日，因福鞍控股干扰上市公司业务、财务和人员管理方面的独立运行，上市公司独立性不足等事项，辽宁证监局对上市公司采取责令改正的监管措施。

2. 上市公司和标的资产的业务协同性

上市公司主要经营重大技术装备配套大型铸钢件的生产和销售、烟气治理工程服务和能源管理工程服务，收购标的天全福鞍碳材料科技有限公司主要经营锂电池负极材料的石墨化加工业务。关注上市公司与标的资产的主营业务协同性，本次交易完成后上市公司战略发展规划和业务管理模式，补充披露本次交易完成后上市公司对标的资产能否实现有效整合和管控，拟采取何种措施应对主营业务多元化带来的风险。

3. 报告期和基准日后标的股东增资合理性

2021 年 10 月，标的公司原股东以 1 元/注册资本对标的资产进行增资，共认缴 15000 万元。反馈要求公司结合增资背景、作价依据及合理性、增资人资金来源，补充披露该次增资是否存在利益输送、股份代持或委托持股等情形。评估基准日（2022 年 3 月 31 日）后，魏福俊对标的公司实缴出资 4500 万元。截至 2022 年 3 月 31 日，标的公司 100% 股权的评估值为 355808. 64 万元，结合魏福俊在评估基准日后对标的公司实缴出资 4500 万元，经交易各方协商标的公司 100% 股权的交易价格确定为 360000. 00 万元。反馈要求补充披露本次评估是否考虑评估基准日前股东未实缴出资的影响，并结合本次评估方法，说明最终交易价格高于标的资产评估值的合理性。

4. 标的资产业绩承诺

标的资产成立时间较短，完整运营年度仅为 2020 年、2021 年两年，且报告期亏损或利润金额较小，而预测期业绩与报告期差异巨大。此次交易为关联交易，交易对方主要为上市公司大股东及公司高管。本次交易设定了超额业绩奖励，奖励范围包括标的资产管理团队及核心人员。

反馈关注标的资产承诺业绩及预测增长率的依据、合理性与可实现性与目前标的资产经营业绩情况，补充披露本次交易作价是否公允。

六、福达合金案例简述

（一）交易方案及审核情况概要

1. 方案及审核情况

本次交易方案包括：（1）重大资产置换：上市公司将截至评估基准日全部资产及负债作为置出资产，与锦江集团截至评估基准日所持三门峡铝业全部股份的等值部分进行置换，置出资产最终承接主体为上市公司实际控制人王达武或其指定的最终承接置出资产载体的第三方；（2）发行股份购买资产：置出资产作价为 103000.00 万元，锦江集团所持的三门峡铝业股权作价为 487711.08 万元，上述差额为 384711.08 万元，除锦江集团外，三门峡铝业其他股东持有的三门峡铝业股权作价为 1068288.92 万元，针对锦江集团所持资产的差额及三门峡铝业其他股东所持的三门峡铝业股权，由上市公司以发行股份的方式购买；（3）股份转让：王达武和王中男拟将其分别持有的上市公司 7249741 股、406560 股无限售条件股份，合计 7656301 股股份转让给杭州科创（锦江集团指定主体），转让对价共计为 19002.94 万元；（4）募集配套资金：上市公司拟采用询价方式非公开发行股份募集配套资金不超过 300000.00 万元。

中国证监会重组委于 2022 年 11 月 30 日召开 2022 年第 22 次并购重组委会议，对福达合金重大资产置换及发行股份购买资产并募集配套资金进行了审核，并作出不予核准的决定。本次交易被否的原因为上市公司未充分说明和披露本次交易有利于保持上市公司独立性，不符合《上市公司重大资产重组管理办法》第十一条的相关规定。

福达合金已于 2022 年 12 月 23 日召开第六届董事会第四十四次会议，审议通过了《关于继续推进公司重大资产置换及发行股份购买资产并募集配套资金暨关联交易的议案》，决定继续推进本次资产重组事项。

2. 评估及作价情况

本次交易的评估基准日为 2021 年 9 月 30 日。评估机构采用收益法和市场法两种方式对置出资产进行评估，并以资产基础法结果作为本次评估结论，采用资产基础法评估后的拟置出资产总额为 229678.50 万元，负债总额为 127051.42 万元，净资产为 102627.08 万元，增值为 16737.12 万元，增值率 19.49%。评估机构采用收益法和市场法对置入资产三门峡铝业股东全部权益价值进行评估，并以收益法结果作为本次评估结论，即三门峡铝业 100% 股权的评估值为 1556800.00 万元，相对于报告期末标的公司母公司所有者权益的增值额为 1002679.35 万元，增值率为 180.95%。

3. 业绩补偿

根据《盈利预测补偿协议》，三门峡铝业控股股东及一致行动人承诺：若本次交易的实施完毕时间在 2022 年 12 月 31 日之前，则 2022 年度、2023

年度和2024年度三门峡铝业所产生的扣除非经常性损益后归属于母公司股东的净利润分别为不低于159710万元、175320万元和184400万元。若本次交易的实施完毕时间在2023年，则2023年度、2024年度和2025年度三门峡铝业所产生的扣除非经常性损益后归属于母公司股东的净利润分别为不低于175320万元、184400万元、191100万元。

（二）上市公司情况

1. 上市公司简介

福达合金成立于1999年4月，于2018年5月17日在上海证券交易所上市交易。上市公司的主营业务为电接触材料的研发、生产和销售，公司主导产品包括触头材料、复层触头、触头组件三大系列，应用范围覆盖绝大部分涉及电接触的场合。近年来，受制于市场空间较小、品牌能力较弱等因素，公司原有业务增长较为乏力，需要寻求业务转型。

2. 控股股东及实际控制人情况

福达合金股权结构如图4－10所示。

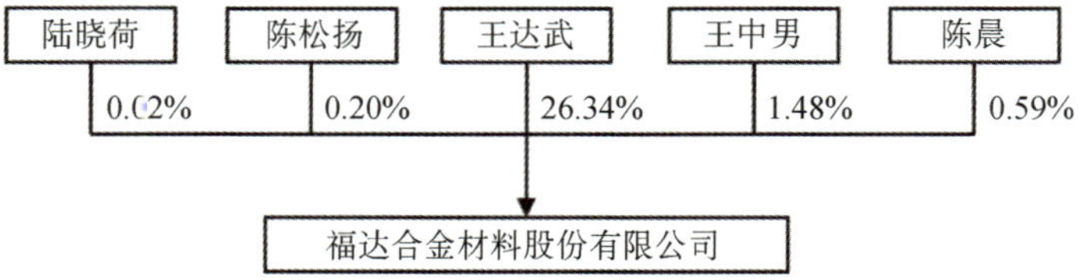

图4－10　福达合金控股股东及实际控制人情况

王达武为上市公司控股股东、实际控制人。王达武及其一致行动人王中男、陈晨、陈松扬、陆晓荷合计持有上市公司39394606股，占上市公司股本比例为28.63%。

（三）置入资产情况

1. 置入资产简介

三门峡铝业的主营业务为氧化铝、氢氧化铝、烧碱、金属镓等产品的生产和销售，是国内第一家利用国产铝土矿生产氧化铝的民营企业。公司目前拥有三门峡铝业、兴安化工、复晟铝业、锦鑫化工四家核心氧化铝企业，分布于我国铝土矿资源最丰富的省份河南省、山西省和广西壮族自治区，资源禀赋优势突出。公司同时参股华锦铝业、龙州新翔两家氧化铝企业，参股锦联铝材、华仁新材、焦作万方、宁创新材四家电解铝企业。截至2020年年末，公司氧化铝合计权益产能达788万吨/年。根据铝行业权威调研机构阿拉丁（ALD）铝产业链服务平台的统计数据，以截至2020年年末氧化铝生产能力排名，三门峡铝业氧化铝产能位居全国第四，全球第七，是国内三大氧化铝现货供应商之一，可供交易的氧化铝位居国内市场的前列。

2. 股权结构

锦江集团直接持有三门峡铝业31.3439%股权，系三门峡铝业控股股东（见图4－11）。

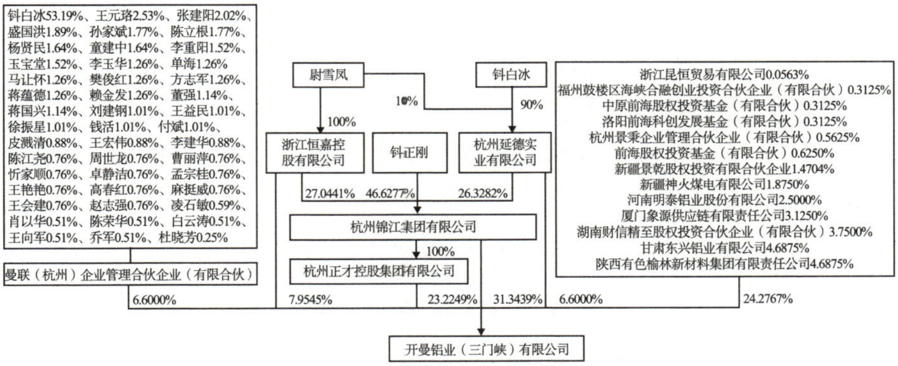

图4－11　三门峡铝业股权结构

（四）审核关注要点

1. 置入资产投资收益金额及波动幅度较大

2019年度、2020年度、2021年度和2022年度1～7月，置入资产的投资收益占同期归属于母公司所有者的净利润的比例较高。报告期内，三门峡铝业权益法核算的长期股权投资收益大幅增加，主要原因为三门峡铝业分别于2020年12月和2021年3月收购了4家参股公司股权；得益于铝行业发展态势良好，该等参股公司经营业绩良好，导致置入资产当期投资收益大幅增加。

置入资产预测期权益法核算投资收益较2021年大幅下降以及较2019年、2020年大幅上涨，审核关注其原因及合理性，以及如何保证后续投资收益测算的准确性和客观性。

2. 置入资产开展贸易业务毛利率较低及其合理性

报告期内，置入资产贸易业务剔除运费影响后毛利率较低。审核关注置入资产开展贸易业务的必要性、资产贸易业务毛利率较低的商业合理性等。

3. 置入资产存在客户和供应商重叠情况

置入资产因行业特点导致客户和供应商中均存在部分贸易商，另外置入资产与客户或供应商交易时还零星向其采购或销售极少量备品备件等。审核关注置入资产对重叠客户供应商的交易是否具备商业实质、定价是否公允，收入成本的确认、应收应付等会计处理是否符合企业会计准则规定。

4. 置入资产关联交易的合理性、公允性

报告期内置入资产与其控股股东锦江集团及其控制的企业存在关联交易。审核关注上述关联交易是否影响置入资产的经营独立性、是否构成对控股股东或实际控制人的依赖。

5. 内控有效、规范性和独立性问题

报告期内，置入资产部分管理人员或职能部门人员曾由锦江集团或其下属企业员工兼任，同时置入资产曾与锦江集团共同使用 IT 系统。审核关注置入资产是否独立于其实际控制人及关联方，公司治理是否规范。

第三节　并购重组审核的关注点分析

一、交易方案方面

上市公司并购重组交易方案的设计是平衡交易各方利益诉求的核心，通常需要符合上市公司长期发展战略，也是审核机构和信息披露监管部门的关注重点。

目的与动机层面，监管重点关注上市公司开展重组交易的目的与动机、是否为多步骤交易的一部分等问题。如广和通（300638. SZ）发行股份及支付现金购买锐凌无线 51% 股权案例中，广和通于 2018 年成立广通远驰，开始布局车载无线通信模组业务，但仍处于业务发展初期阶段；锐凌无线所经营资产为原 Sierra Wireless 全球车载无线通信模组业务，其车载无线通信模组安装量在全球位居前列。监管要求上市公司结合交易完成后的业务规划、主要客户及产品定位，说明标的资产在业务拓展、技术开发、供应链管理等方面协同效应的具体体现，进一步补充披露上市公司实施本次交易的目的和必要性。钧达股份（002865. SZ）收购捷泰科技案例中，上市公司分两次分别收购捷泰科技 51% 和 49% 股权，并于第二次收购时，同步非公开发行股票募集资金用于支付收购款。监管要求说明捷泰科技相关股东分两次转让其所持股权的原因及商业合理性，并说明首次出售捷泰科技股份前或决策时，是否存在拟出售捷泰科技全部股权的相关决策，是否存在先行出售 51% 股权后再拟所持有出售剩余股权的相关决策，说明钧达股份对捷泰科技的两次股权收购是否构成一揽子交易。

交易方案的合理性层面，监管重点关注支付形式是否综合考虑小股东利益、业绩承诺能否履行等问题。如中环装备（300140. SZ）案例中，上市公司向中国环保购买其持有的中节能环境科技有限公司 100% 股权、向河北建设投资集团有限责任公司购买其持有的中节能石家庄 19% 股权、中节能保定 19% 股权、中节能秦皇岛 19% 股权、中节能沧州 19% 股权、承德环能热电 14% 股权。本次交易由中国环保作出业绩承诺，承诺相关标的资产在 2023 年、2024 年、2025 年各年度实现的经审计的净利润分别不低于 74613. 46 万元、77259. 73 万元和 87256. 44 万元，三年累计承诺净利润合计不低于 239129. 63 万元。监管要求披露业绩承诺金额的具体计算过程、计算依据，承诺业绩是否与标的公司历史业绩变动趋势存在重大差异，如是则说明存在重大差异的原因及其合理性；承诺业绩是否与收益法预测结果相匹配，如否则分析说明原因和合理性；进一步分析承诺业绩的可实现性。此外，就河北建投未作出业绩承诺事项，监管要求说明原因及合理性，是否有利于保护上市公司和中小股东的利益；就标的公司业绩承诺达成率和业绩补偿覆盖率做敏感性分析，并提示业绩补偿义务不能得到充分覆盖的风险。

交易后的整合与控制层面，监管重点关注交易完成后上市公司是否对标的公司实现有效控制、有无巩固标的公司控制权的相关约定和计划等问题。如华电能源（600726. SH）发行股份购买锦兴能源 51.00% 股权案例中，根据标的公司锦兴能源公司章程，股东会须有代表 2/3 以上表决权的股东出席方为有效；股东会所有决议，必须经代表 2/3 以上表决权的股东通过。监管要求上市公司补充披露锦兴能源股东会审议事项范围、董事会审议事项范围以及需要 2/3 以上董事表决通过的事项范围，“三会”运作中有无一票否决权等特殊机制安排，本次交易完成后上市公司对标的公司“三会一层”公司治理结构的调整计划；并结合以上事项，补充披露华电煤业是否能够运用对锦兴能源的股东权利来影响可变回报，进而对锦兴能源实施控制；本次交易完成后，上市公司将标的公司纳入合并范围是否符合《企业会计准则》的规定；以及本次交易完成后上市公司保障对标的公司有效控制的具体举措及其有效性。2022 年 11 月 17 日，该项交易获重组委有条件通过，审核意见为：请申请人进一步披露增强对标的资产的控制权及保证其稳定性的切实措施。

交易方案层面的重点关注事项如表 4 – 2 所示。

表 4 – 2　　交易方案层面重点关注事项

关注事项	具体内容
目的与动机	• 上市公司开展重组交易的目的与动机，是否发展实体经济，是否围绕主业实施重组，实现转型升级，是否存在概念炒作、脱实向虚； • 是否为多步骤交易的一部分，包括与上市公司此前或后续的交易安排为一揽子交易，是否与上市公司自身股权转让或控制权变更等相关，或者与上市公司主要股东资本运作规划相关

续表

关注事项	具体内容
交易方案的合理性	• 标的估值上，关注是否涉及高估值高溢价高业绩承诺，是否考虑协同性或向关联方输送利益； • 支付形式上，关注是否综合考虑了双方诉求和小股东利益，综合选择现金、股份、资产置换等支付方式； • 业绩承诺与股份锁定上，重点关注承诺能否履行，避免不切实际的高额业绩承诺，股份锁定是否能保障业绩承诺的履行
交易后的整合与控制	• 重点关注交易完成后上市公司是否对标的公司实现有效控制，上市公司后续整合的战略目标是否清晰，整合方案是否紧密围绕业务整合风险点，避免整合方案难以落地； • 关注有无巩固标的公司控制权的相关约定和计划。例如，是否引入股权激励、员工持股等激励机制，绑定标的公司的核心高管和研发团队等，避免管理层频繁变动

二、财务方面

财务方面，审核主要关注标的公司会计核算的真实性和规范性，以及重要科目变化原因及合理性。

收入确认方面，监管主要关注企业收入结构与收入变化情况以及收入来源的合理性与稳定性。如豪森股份（688529. SH）发行股份购买新浦自动化 86. 87% 股权。案例中，监管在问询中主要关注标的资产对赢合科技、浙江钱江锂电科技有限公司核销的应收账款对应销售的产品、销售时间、收入确认时间、金额，各期末余额及坏账准备计提情况，核销应收账款对公司财务方面的影响。宝丽迪（300905. SZ）发行股份及支付现金购买厦门鹭意 100% 股权案例中，监管部门要求上市公司补充披露影响 2022 年 1 ~6月标的资产下游需求的具体因素，下游需求未来发展趋势及是否存在持续放缓的风险；并补充披露报告期各期主要产品的产能、产量、期末库存量、销量和销售收入，主要产品的销售数量、价格及产品结构变化对营业收入变化的具体影响，标的资产业绩变化趋势与同行业可比公司是否存在较大差异；同时关注报告期各期前五大客户的变化情况及原因，标的资产与主要客户的合作背景及过程，是否采用公开、公平的方式独立获取业务，并结合标的资产在产品质量、价格等方面的竞争优劣势、市场容量与竞争格局、下游行业集中度、主要客户的其他供应商情况等；进一步披露标的资产客户关系是否具有稳定性及可持续性，是否存在客户流失风险。

成本与费用方面，监管主要关注产品成本构成，影响的主要因素；整体毛利率的合理性；研发、销售以及管理费用及与收入变化是否配比，是否存在异常费用。如宝丽迪（300905. SZ）发行股份及支付现金购买厦门鹭意 100% 股权案例中，监管部门要求上市公司结合市场竞争情况、报告期各期主要产品销售价格、成本项目构成及其变化、原材料采购价格的波动情况等，进一步分析报告期毛利率下滑的主要影响因素；同时要求上市公司结合标的资产的业务开展模式、报告期内各期间费用项目的主要构成及变化情况，补充说明期间费用中销售和管理费用率金额较小且期间费用率远低于同行业可比公司的合理性，期间费用是否与业务规模相匹配。

应收款项及票据方面，监管主要关注应收账款账龄结构和客户构成，是否符合行业状况；实际收款情况与合同约定收款情况是否一致，客户付款能力是否发生变化，是否已足额计提坏账准备；应收票据贴现或背书转让是否满足终止确认条件。如宝丽迪（300905. SZ）发行股份及支付现金购买厦门鹭意 100% 股权案例中，监管部门要求上市公司补充说明标的资产附追索权的应收账款保理业务的开展背景，对应收账款的会计处理是否符合会计准则，是否按原有账龄计提坏账准备，是否存在终止确认情形，相关应收账款期后兑付情况，标的资产是否出现期后被追偿的情形。

存货与在建工程方面，监管主要关注存货余额变化与报告期内存货计提跌价情况；如在建工程金额较大，监管部门一般关注其费用资本化的金额是否准确；关注各项在建工程各期末的余额变动情况，关注是否存在延迟转固或停工情况，是否需要计提减值准备等。在长川科技（300604）发行股份购买长奕科技 97. 6687% 股权案例中，监管机构要求上市公司补充说明报告期各期 EXIS 是否存在发出商品退回或销售后退回的情形，如是，说明退回商品型号、数量、金额，进一步分析存货跌价准备计提是否充分。又如*ST 华源（600726. SH）发行股份购买锦兴能源 51.00% 股权案例中。监管部门要求上市公司补充披露标的资产在建工程明细、建设期间、各期投资额、资金来源、确认时点及依据，说明在建工程确认是否符合《企业会计准则》规定。

关联交易方面，监管主要关注关联交易的必要性以及交易价格的公允性；资金往来的必要性、资金用途、拆借利率、解决方案，利率是否公允以及是否存在关联方非经营性资金占用的情形，如表 4-3 所示。如中金环境（300145. SH）发行股份购买工废公司 100% 股权、固废公司 100% 股权案例中。监管部门要求公司结合关联交易必要性、定价公允性和交易的可持续性，说明关联交易对本次交易评估定价的影响。又如株冶集团（600961. SH）发行股份及支付现金购买水口山有限 100.00% 股权案例中。审核部门要求公司结合水口山有限关联采购及销售情况，说明本次交易是否有利于上市公司减少关联交易、避免同业竞争、增强独立性，并说明是否存在资金占用、违规担保等情况。

表 4-3　业务方面重点关注事项

关注事项	具体内容
收入确认	• 收入变化是否与行业发展趋势一致； • 收入结构发生变化的原因； • 若应收账款金额较大，关注是否存在提前确认收入的情形； • 客户同时为供应商的，关注合理性，是否形成资金闭环及存在利益输送； • 是否存在收入集中度较高、大客户依赖的问题
成本费用	• 产品成本构成，影响的主要因素； • 整体毛利率及各类产品毛利率波动的原因，与同行业是否存在差异； • 研发费用的会计处理方法，研发费用资本化情形及划分是否合理； • 销售费用、管理费用及明细与收入变化是否配比，是否存在异常费用
应收款项及票据	• 应收账款较高的，账龄结构和客户构成，是否符合行业状况； • 实际收款情况与合同约定收款情况是否一致，客户付款能力是否发生变化，是否已足额计提坏账准备； • 应收票据贴现或背书转让是否满足终止确认条件

续表

关注事项	具体内容
存货	• 关注存货余额变化与收入变化趋势是否一致，是否存在未及时结转成本或滞销的情况，是否应充分计提跌价准备； • 如报告期内毛利率大幅下降，关注是否应对存货计提跌价准备
在建工程	• 如在建工程金额较大，关注其费用资本化的金额是否准确； • 关注各项在建工程各期末的余额变动情况，关注是否存在延迟转固或停工情况，是否需要计提减值准备； • 关注大额在建工程的真实性，应查看其入账凭证
关联交易	• 若存在大额关联交易，关注关联交易的必要性以及交易价格的公允性； • 若存在多笔资金拆出与拆入，关注资金往来的必要性、资金用途、拆借利率、解决方案，利率是否公允； • 是否存在关联方非经营性资金占用的情形

三、法律方面

法律方面，监管机构主要关注标的资产权属是否清晰、完整，以及是否符合上市公司规范运行的要求。

资产权属方面，监管要求标的资产权属不应存在抵押、质押等担保权利限制或相关权利人未放弃优先购买权的情形；不应存在涉及诉讼、仲裁、司法强制执行或其他妨碍权属转移的争议情形，同时不应存在出资不实、抽逃出资等情形。如中船科技（600072）发行股份及支付现金购买中国海装100%股权、中船风电88.58%股权、新疆海为100%股权、洛阳双瑞44.64%少数股权、凌久电气10%少数股权案例中，监管部门要求公司补充说明标的资产权属是否清晰，是否存在抵押、质押等权利限制或涉及诉讼、仲裁、司法强制执行等重大争议或妨碍权属转移的其他情形及相关风险迹象，如是，则要求上市公司具体说明相关情况，并明确是否构成本次交易的法律障碍以及标的资产与交易对方之间的资金往来及担保情况，是否存在非经营性资金占用或关联担保。

资金管理规范方面，监管要求不存在资金被控股股东、实际控制人及其控制的其他企业以借款、代偿债务、代垫款项或者其他方式占用情形且不存在违规使用票据的情形。如金利华电（300069. SZ）发行股份购买成都润博100%股权案例中，由于标的资产存在通过转贷方式向银行申请流动资金借款的行为，标的资产其他应收款期末余额中存在应收实际控制人周明军1172.54万元，款项用于个人资金周转并全额计提坏账准备。监管部门要求上市公司补充披露标的资产应收周明军款项的形成背景、发生时间、履行的决策及审批程序、全额计提坏账准备的原因、会计处理对业绩的影响以及款项归还情况等，明确是否构成非经营性资金占用，并进一步论述标的资产内控制度是否有效设计并运行，未来规范关联方资金往来的具体措施。

行政处罚方面，监管主要关注标的公司行政处罚的数量、金额、是否损害社会公众利益、是否取得主管部门不构成至大违法违规的证明以及行政处罚是否整改完毕，如表4－4所示。如*ST华源（600726. SH）发行股份购买锦兴能源51%股权案例中，标的公司近3年共26项行政处罚，处罚金额共计1985.28万元。监管部门要求公司进一步核查并补充披露全部行政处罚事项是否均已整改完成并已取得当地主管部门认可，是否存在被责令停工停产等经营风险以及对标的资产生产经营的具体影响补充披露标的资产环境保护、安全生产等制度的执行情况是否符合法律法规和行业监管要求，本次交易完成后规范生产经营的具体举措；补充披露土地违法行为的整改情况，所涉及的耕地、林地是否已按要求恢复原状；并结合违法占用耕地、林地的具体用途，量化分析相关整改会否对标的资产生产经营产生不利影响及应对措施；补充披露标的资产被吕梁市统计局行政处罚事项的具体原因，并进一步说明该事项对报告期业绩真实性的具体影响。

表4－4　　法律方面重点关注事项

关注事项	具体内容
资产权属清晰	• 标的资产权属不应存在抵押、质押等担保权利限制或相关权利人未放弃优先购买权的情形； • 标的资产不应存在涉及诉讼、仲裁、司法强制执行或其他妨碍权属转移的争议情形

续表

关注事项	具体内容
无出资不实等情形	• 标的股权不应存在出资不实、抽逃出资等情形； • 历次股权变动履行了必要的内部决策、外部审批程序及纳税义务
资金管理规范	• 不存在资金被控股股东、实际控制人及其控制的其他企业以借款、代偿债务、代垫款项或者其他方式占用情形； • 不存在违规使用票据的情形（如使用不具有商业实质的银行承兑汇票向银行贴现等）
行政处罚	• 标的公司行政处罚的数量、金额、是否损害社会公众利益、是否取得主管部门不构成重大违法违规的证明； • 行政处罚是否整改完毕，整改所需金额是否纳入评估考虑

四、业务方面

业务方面，审核主要关注标的资产是否具备持续经营能力，客户供应商集中度情况和合理性，涉及特定行业的、特定业务模式的，关注其业务模式是否符合行业政策及行业惯例。

持续盈利能力层面，监管重点关注标的公司成立时间短、业绩波动较大、所在市场竞争充分以及可替代风险等问题。如东风科技（600081. SH）发行股份购买东风马勒 50% 股权、上海弗列加 50% 股权、东风汤姆森 50% 股权、东森置业 90% 股权、东风佛吉亚襄阳公司 50% 股权、东风佛吉亚排气技术公司 50% 股权、东风辉门 40% 股权、东风富奥 30% 股权、东风库博 30% 股权案例中，因标的公司成立时间较短、业绩波动较大，且部分标的公司成立以来持续亏损，监管机构要求上市公司结合相关标的公司与公司主营业务的协同性、资产质量、财务状况、经营稳定性等方面，说明本次交易的必要性，是否有利于增强上市公司的持续盈利能力，并充分提示相关风险。容大感光（300576. SH）发行股份、可转换公司债券及支付现金购买高仕电研 100% 股权案例中，监管机构要求上市公司补充披露标的资产在传统油墨及喷印油墨领域的主要竞争产品，是否存在可替代风险，并补充披露标的资产主要竞争对手及标的资产主要产品的行业地位，喷印油墨业务大幅增长的可持续性及对持续盈利能力的影响。

客户、供应商集中度层面，监管重点关注客户或供应商高度集中对持续盈利能力的影响、是否符合行业惯例、相关评估定价及风险披露等问题。如润泽科技重组上市案例中，普丽盛（300442. SZ）以重大资产置换及发行股份购买资产方式取得润泽科技 100% 股权。因标的公司业务以批发型数据中心服务为主，中国电信、中国联通报告期内收入占比合计超过 90%，监管机构要求上市公司补充披露标的公司与前述重要客户合作是否具有稳定性及可持续性，客户集中度较高是否对标的公司持续经营能力构成重大不利影响，并量化分析如核心客户不能如期续约，对标的公司承诺期业绩及本次交易评估定价的影响，同时充分揭示相关风险。海汽集团（603069. SH）发行股份及支付现金购买海旅免税 100% 股权案例中，监管机构要求上市公司补充披露标的公司报告期内前五大供应商的名称、交易金额及占比、交易模式，说明是否存在对单个供应商的重大依赖，对供应商集中风险进行充分揭示。

经销商模式层面，监管重点关注经销商管理制度及执行情况、业务保障措施、收入确认方式等问题。如 * ST 吉药（300108. SZ）以现金购买普华制药 99. 68% 股权案例中，因标的公司经销商数量较大、合作金额较小、变动较频繁，规模在 50 万元以下的经销商数量近 1000 家，监管机构要求上市公司补充披露报告期内标的公司通过前述经销商确认的收入情况，并结合标的公司经销商管理制度和执行情况、业务团队人数、对经销商货款收回的保障措施等，说明标的公司收入确认的具体流程和依据；并要求中介机构说明经销商实现最终销售额的核查方式及核查覆盖的比例。

特殊行业层面，监管重点关注特殊行业的经营资质要求、收入确认方式、经营合规性等问题，如表 4 – 5 所示。如罗欣药业重组上市案例中，东音股份（002793. SZ）以重大资产置换及发行股份购买资产相结合的方式收购罗欣药业 99. 65% 股权。监管机构要求上市公司结合仿制药一致性评价的对象及时限补充披露罗欣药业须进行仿制药一致性评价的药品目录、目前申报进展以及预计通过时间、是否存在不能通过的风险；并结合罗欣药业需开展一致性评价的产品收入占比情况量化分析其不能通过一致性评价对标的公司估值的影响。易普力重组上市案例中，南岭民爆（002096. SZ）拟通过发行股份方式收购易普力 95. 54% 股权。监管机构要求说明标的公司已建、在建或拟建项目是否属于“高耗能、高排放”项目，是否符合国家或地方有关政策要求以及落实情况，是否需履行相关主管部门审批、核准、备案等程序及履行情况，以及配套生产经营资质的取得情况。

表 4 – 5 财务方面重点关注事项

关注事项	具体内容
持续盈利能力	• 关注是否标的资产成立时间较短； • 关注是否标的资产未来盈利主要依靠新开发产品； • 关注标的资产所处行业是否属于充分竞争市场的情况
客户、供应商集中度	• 标的资产是否存在严重依赖个别客户或供应商的情况，相关客户、供应商稳定性对标的资产持续经营能力的影响，是否有应对措施； • 报告期内标的资产客户、供应商持续变化的原因，对标的资产持续经营能力的影响
经销商模式	• 经销商分布及变动情况，对经销商的管控模式，双方合作的稳定性； • 涉及境外销售的，关注标的资产对特定经销商是否存在重大依赖； • 结合经销商终端销售情况及现金流收付环节对标的资产的收入真实性进行核查，收入确认时点的准确性
特殊行业	• 关注特殊行业的特殊问题，如医药类公司关注其一致性评价、两票制影响等；互联网公司关注其收入的真实性；矿业公司关注其土地房产及生产的合规性，关注是否为“高耗能、高排放”项目

五、评估方面

评估方面，审核主要关注标的估值参数的合理性，是否涉及高估值高溢价高业绩承诺。

盈利预测方面，监管重点关注行业环境、营业收入及成本预测依据、毛利率波动合理性、关键指标敏感性分析等问题。如康跃科技（300391. SZ）支付现金收购长江星 52. 75% 股权案例中，因标的公司报告期内主要原材料中药材单价波动较大，监管要求上市公司结合行业环境、长江星经营、中药材单价波动、各业务板块毛利率波动、历史业绩、在手订单等说明预测期营业收入及成本的预测依据，盈利预测是否合理、谨慎；就中药材价格变动对长江星评估值的影响程度作敏感性分析并补充披露；说明评估预测中营业收入、毛利率等参数的预测依据及合理性。

收益法关注问题方面，监管重点关注营业收入测算依据、营业收入大幅增长的合理性、折现率与环境匹配性及敏感性分析等问题。如陇神戎发（300534. SZ）发行股份及支付现金购买普安制药95%股权案例中，因标的公司以前年度曾两次进行估值，监管要求上市公司详细披露标的公司营业收入预测的依据及测算过程，并结合标的公司产品市场竞争力、历史销售数据及增长率、在手订单情况、新冠疫情对治疗咳嗽类药物的影响以及以前年度评估预测与实际数据的对比情况、同行业可比案例情况等，说明营业收入预测依据是否充分、详细预测期设定是否合理、营业收入增长率不断增大是否合理，营业收入是否可实现；补充披露本次评估及第一次评估测算折现率时相关参数的确定依据及其合理性，说明本次评估与第一次评估的折现率存在较大差异的原因及合理性，本次评估选取的折现率与未来实现盈利预测的风险是否匹配，并结合折现率变动对估值影响的敏感性分析、前述营业收入预测情况、同行业可比案例情况等，充分说明本次估值是否合理、谨慎。

资产基础法关注问题方面，监管重点关注评估增值率较高的合理性、账面未记录无形资产进行估值、与收益法估值差异比较等问题。如中瓷电子（003031. SZ）发行股份购买博威公司73. 00%股权、氮化镓通信基站射频芯片业务资产及负债、国联万众94. 60%股权案例中，资产基础法评估中博威公司无形资产评估增值2. 23亿元，增值率为10831. 32%，氮化镓资产组无形资产评估价值共计1. 22亿元。监管要求上市公司说明该部分资产未计入被评估主体资产负债表的主要原因及纳入评估范围的合理合规性，结合两家标的生产经营情况、同行业可比案例、应用专有技术生产产品的销售情况等因素说明评估过程中技术贡献率、折现率等关键评估参数选取依据及合理性，无形资产大幅度增值的原因、合理性；并说明博威公司、氮化镓资产组收益法估值与资产基础法估值存在较大差异的原因及合理性，结合标的资产的主营业务和产品、核心技术、市场竞争力、是否存在行业壁垒等情况综合说明评估增值率较高的具体原因。

市场法关注问题方面，监管重点关注可比公司、可比交易选取样本的可比性及充分性、有关价值比率调整体系构建及赋权、核心评估参数敏感性分析等问题。如华软科技（002453. SZ）以现金交易方式向舞福科技出售倍升互联 53. 33% 股权案例中。监管要求上市公司结合标的资产经营业务特点、市场可比案例情况等，补充披露本次交易最终选取市场法评估作价的合理性；结合选取的可比公司的营业范围、主要收入、利润来源及占比，分析前述公司与标的资产在业务结构、经营模式方面是否存在可比性。结合前述公司报告期内的市场占有率、主营业务收入增长率、利润率、主要财务数据的可比性等，补充说明选取上述公司作为可比公司的合理性及估值的公允性；详细说明价值比率选用市销率（P/S）的合理性；补充说明有关价值比率调整体系构建及赋权的依据，运用敏感性分析的方法量化说明各价值比率对评估结论的影响程度，并充分提示风险。

交易作价公允性方面，监管重点关注标的估值是否涉及高估值高溢价、可比上市公司的选取是否恰当等问题。如福鞍股份（603315. SH）发行股份及支付现金购买天全福鞍 100% 股权案例中，业绩补偿义务人承诺标的资产 2022 年、2023 年和 2024 年实现的净利润较 2021 年分别增长 217%、735%、846%，预测增长幅度远远高于同行业公司及市场可比案例，且 2022 年全年预测业绩截至 2022 年 3 月 31 日仅实现 15%。监管要求上市公司补充披露截至目前标的资产经营业绩情况及与预测业绩的差异情况，并分析论证其 2022 年预测业绩的可实现性；结合标的资产运营时间较短、报告期与预测期业绩差异巨大以及本次交易现金对价、业绩承诺、股份锁定等设置安排等方面，并参考市场可比案例，补充提出切实可行的保障交易各方履行业绩承诺义务的约束措施。2022 年 11 月 3 日，该项交易被重组委否决，否决原因为：未充分说明并披露本次交易定价的公允性以及评估增值的合理性，不符合《上市公司重大资产重组管理办法》第十一条的相关规定。

其他问题方面，监管重点关注评估资产权属瑕疵、重大期后事项对估值影响等问题。如宝鼎科技（002552. SZ）发行股份购买金宝电子 63. 87% 股权案例中，标的公司及其控股的子公司存在 15 处抵债房产尚未完成过户登记，监管要求上市公司补充说明标的公司 15 处抵债房产长期未能完成过户的原因，房屋产权是否还存在纠纷或潜在纠纷，相关权属证书办理进展，是否存在实质性障碍，在此基础上说明上述房产权属瑕疵对评估结论产生的影响。

评估方面的重点关注事项如表 4 –6 所示。

表 4 –6　　评估方面重点关注事项

关注事项	具体内容
盈利预测	• 预测期内主要收入是否来源于新产品，收入构成是否出现大幅波动； • 收入、成本、费用是否配比，是否与其经营模式、定价模式相符； • 各类业务毛利率是否出现大幅波动，并做敏感性分析； • 资本性支出的预计是否合理
收益法关注问题	• 在手订单是否足以支撑盈利预测； • 折现率是否与标的资产的运营风险相匹配，是否过低； • 标的资产预测增长期是否过长； • 溢余资产及负债是否均与公司的日常经营业务无关； • 子公司单独评估内部交易抵消处理
资产基础法关注问题	• 对于账面未体现的专利、商标等无形资产是否进行了估值； • 资产基础法评估中如有大额减值的资产，关注审计时是否充分计提减值； • 关注是否存在收益法评估结果低于资产基础法评估结果的情况； • 无形资产评估中分成率、折现率等
市场法关注问题	• 可比公司、可比交易选取样本的可比性、充分性（是否有故意遗漏）； • 核心评估参数的取值依据及其合理性，如修正参数、控制权溢价等； • 指标打分过程中打分原则的合理性； • 采用可比交易案例的，是否进行了特性差异调整
交易作价公允性	• 与标的资产历史期股权转让/增资作价的差异及原因； • 交易定价公允性分析中，可比上市公司的选取是否恰当，样本选取是否充分，是否与市场法或收益法中选择的可比公司一致； • 差异化定价的理由及合理性

续表

关注事项	具体内容
其他问题	• 重大期后事项对估值的影响； • 权属瑕疵的资产纳入评估范围的合理性，以及对于瑕疵资产的估值定价是否有特殊考虑； • 一次交易涉及多家标的资产的，预测过程中对同一性质参数取值是否存在差异，以及差异的合理性

第五章　上市公司跨境并购市场状况

第一节　上市公司跨境并购市场整体情况

一、跨境并购市场情况及趋势

2022 年披露金额的上市公司收购境外标的交易[①]共计 55 单，同比下降 32.93%，交易规模达 44.65 亿美元，同比下降 63.06%，平均交易金额达 0.81 亿美元，同比下降 44.93%，如图 5－1 所示。2017 年以来交易数量及交易规模整体呈下降趋势，一方面，随着部分国家和地区政策收紧，海外并购项目的监管与审批日益严格，上市公司进行跨境并购前需考虑更多因素；另一方面，2020 年暴发的新冠疫情影响下，旅行限制及地缘政治风险加剧，全球经济下行，企业交易活动减少，上市公司国际化发展面临更加复杂的挑战。

2022 年披露金额的外资对上市公司入境并购[②]共计 33 单，同比下降 45.90%，交易规模达 50.93 亿美元，同比下降 63.26%，平均交易金额达 1.54 亿美元，同比下降 32.10%，如图 5－2 所示。2017～2021 年境外对上

① 出境并购统计口径：根据 Dealogic 数据库，以公告日为基准，主要收购方为中国上市公司，主要被收购标的非中国大陆公司，已披露交易金额。

② 入境投资统计口径：根据 Dealogic 数据库，以公告日为基准，主要收购方非中国大陆公司，主要被收购标的为中国上市公司或其下属资产，已披露交易金额。

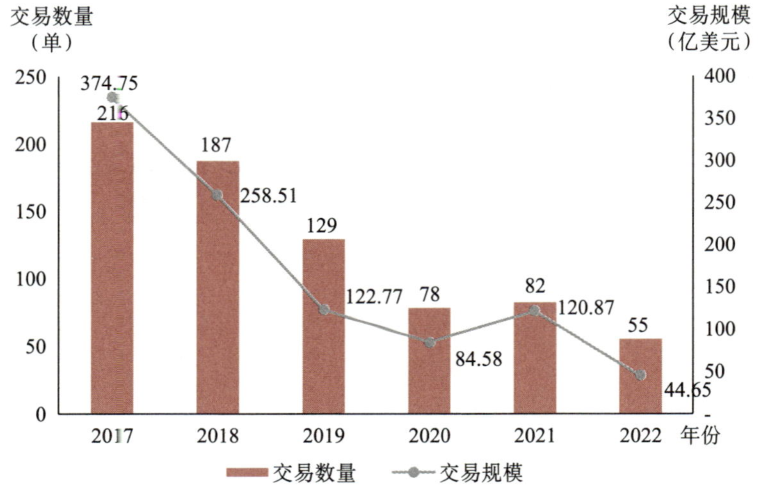

图 5－1　2017～2022 年上市公司收购境外标的交易数量及规模情况

数据来源：Dealogic。

市公司入境并购金额整体呈上升趋势，主要系中国经济长期向好的基本面始终未变，同时不断完善外商投资的利好政策和外资引入的制度体系，为外商投资营造良好环境。2022 年受疫情反复影响，外商投资大幅减少。

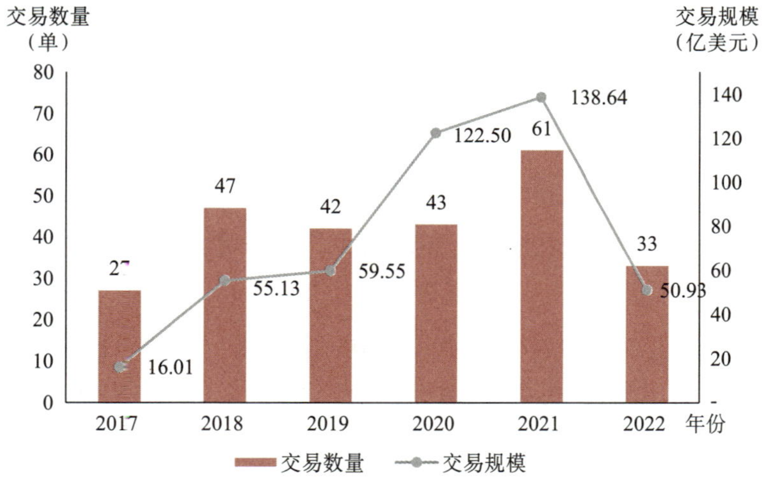

图 5－2　2017～2022 年外资对上市公司入境并购交易数量及规模情况

数据来源：Dealogic。

二、基于区域视角的分析

从被收购标的所在区域来看，2022 年上市公司对美洲、亚太、欧洲中东及非洲跨境并购交易数量分别为 13 单、24 单和 18 单，交易金额分别为 18.18 亿美元、14.97 亿美元和 11.50 亿美元。2017 年以来上市公司对各区域跨境并购交易数量以亚太地区或欧洲中东及非洲地区为主，整体呈下降趋势；对亚太地区交易规模下降幅度较大，2021 年有所回升主要由于顺丰控股收购嘉里物流 51.81% 股权，交易金额达 39.25 亿美元。具体如图 5－3、图 5－4 所示。

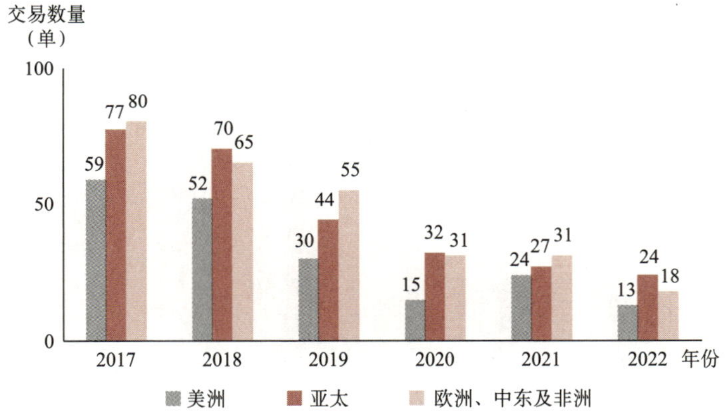

图 5－3 2017～2022 年上市公司收购境外标的交易数量分区域情况

数据来源：Dealogic。

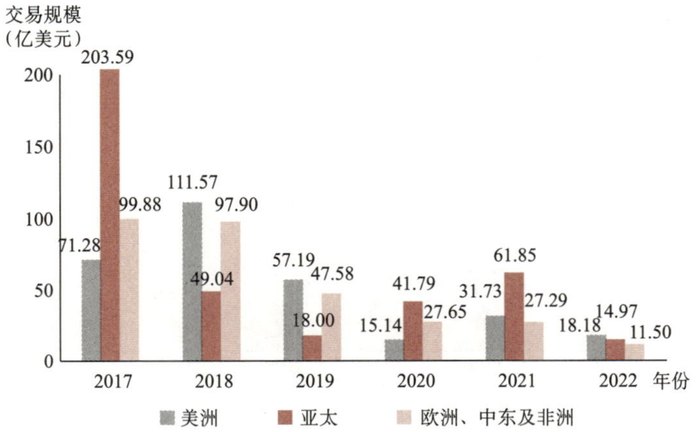

图 5－4 2017～2022 年上市公司收购境外标的交易规模分区域情况

数据来源：Dealogic。

从收购方所在区域来看，外资对上市公司入境并购中，亚太地区外资的收购交易数量占较大比例，但平均交易金额较低，2022 年完成 19 单，占入境并购总交易数量 57.58%，交易金额为 10.86 亿美元，占入境并购总交易金额 21.32%。其中，2020 年及 2021 年美洲地区境外买方对上市公司入境并购交易金额占比分别为 69.78% 和 64.81%，较 2019 年占比 21.11% 大幅上升，主要由于 Platinum Equity 于 2020 年收购海航科技下属 Ingram Micro 公司 100% 股权，交易金额达 72 亿美元，于 2021 年收购中国天楹下属 Urbaser 公司 100% 股权，交易金额达 42.58 亿美元。具体如图 5－5、图 5－6 所示。

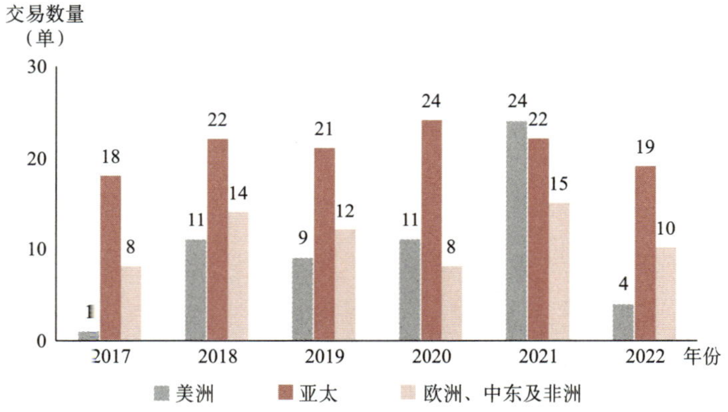

图 5－5　2017～2022 年外资对上市公司入境并购交易数量分区域情况

数据来源：Dealogic。

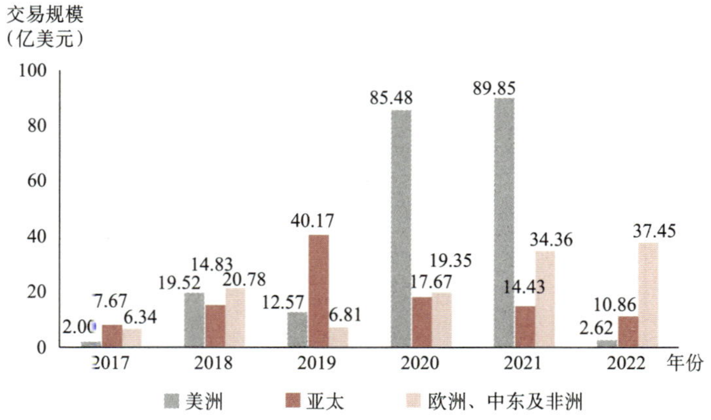

图 5－6　2017～2022 年外资对上市公司入境并购交易规模分区域情况

数据来源：Dealogic。

三、基于行业视角的分析

（一）上市公司收购境外标的

从行业角度看，2022 年上市公司收购境外标的交易中，采矿业、计算机/电子、生物医药及消费品在交易数量及交易金额上均进入前五，其中采矿业、计算机/电子、生物医药行业在往年的出境并购中亦占较大比例。从交易数量角度看，采矿业、计算机/电子行业和生物医药行业近三年来交易数量较多，2022 年交易数量分别达到 10 单、9 单和 7 单，占 2022 年总数量的 18.18%、16.36% 和 12.73%。2021 年，采矿业交易数量增长较快，由 2020 年的 6 单增长为 17 单，成为交易数量最多的行业。在 2022 年上市公司收购境外标的交易数量下降的背景下，采矿业仍为交易数量最多的行业，共完成 10 单。

上市公司收购境外标的交易数量分行业情况如表 5－1 所示。

表 5－1　上市公司收购境外标的交易数量（分行业）　单位：单

2020 年			2021 年			2022 年		
行业	数量	占比	行业	数量	占比	行业	数量	占比
计算机/电子	18	23.08%	采矿业	17	20.73%	采矿业	10	18.18%
生物医药	10	12.82%	生物医药	13	15.85%	计算机/电子	9	16.36%
机械	7	8.97%	计算机/电子	12	14.63%	化工	7	12.73%
采矿业	6	7.69%	机械	7	8.54%	生物医药	7	12.73%
专业服务	4	5.13%	汽车/卡车	5	6.10%	消费品	5	9.09%
其他	33	42.31%	其他	28	34.15%	其他	17	30.91%
合计	**78**	**100%**	**合计**	**82**	**100%**	**合计**	**55**	**100%**

数据来源：Dealogic。

从交易金额来看，采矿业、生物医药和计算机/电子行业在 2020 年、2021 年和 2022 年均为交易金额前五的行业，2022 年的交易金额分别达 19.39 亿美元、5.10 亿美元和 2.71 亿美元，分别占当期总交易金额的 43.43%、11.42% 和 6.07%。相较于 2020 年 30.09 亿美元的交易规模，上市公司收购计算机/电子行业境外标的交易金额在 2021 年和 2022 年锐减至 7.71 亿美元、2.71 亿美元。上市公司收购生物医药行业境外标的交易金额在 2021 年出现显著增长，由 2020 年的 4.73 亿美元增长到 11.61 亿美元，增速达 145.45%。

上市公司收购境外标的交易金额分行业情况如表 5－2 所示。

表 5－2　　上市公司收购境外标的交易金额（分行业）　　单位：亿美元

2020 年			2021 年			2022 年		
行业	金额	占比	行业	金额	占比	行业	金额	占比
计算机/电子	30.09	35.58%	交通运输	42.05	34.79%	采矿业	19.39	43.43%
采矿业	13.00	15.37%	采矿业	26.78	22.16%	金属/钢铁	5.21	11.67%
零售	10.56	12.49%	汽车/卡车	14.86	12.29%	生物医药	5.10	11.42%
金属/钢铁	4.77	5.64%	生物医药	11.61	9.61%	消费品	3.88	8.69%
生物医药	4.73	5.59%	计算机/电子	7.71	6.38%	计算机/电子	2.71	6.07%
其他	21.43	25.34%	其他	17.86	14.78%	其他	8.36	18.72%
合计	**84.58**	**100%**	**合计**	**120.87**	**100%**	**合计**	**44.65**	**100%**

数据来源：Dealogic。

（二）外资对上市公司入境并购

2022 年外资对上市公司入境并购中，能源行业在交易数量和交易金额上均进入前五，且在往年的外资对上市公司入境并购中亦占较大比例。从交易数量角度看，能源行业和计算机/电子行业近三年来均为交易数量前五大行业，2022 年的交易数量分别达到 6 单和 4 单，占 2022 年总数量的 18.18% 和 12.12%。生物医药行业在 2020 年和 2021 年的交易数量较多，分别为 7 单和 20 单，占当年总数量的 16.28% 和 32.79%。

外资对上市公司入境并购交易数量分行业情况如表 5－3 所示。

从交易金额来看，2022 年，化工行业为当年交易金额最高的行业，交易金额 15.59 亿美元，占比 30.61%。生物医药行业的交易金额在 2020 年、2021 年、2022 年均进入前三，交易金额分别为 10.16 亿美元、48.69 亿美元和 11.52 亿美元，占比分别为 8.29%、35.12% 和 22.62%。计算机/电子

表 5－3　　外资对上市公司入境并购交易数量（分行业）　　单位：单

2020 年			2021 年			2022 年		
行业	数量	占比	行业	数量	占比	行业	数量	占比
计算机/电子	10	23.26%	生物医药	20	32.79%	能源	6	18.18%
生物医药	7	16.28%	计算机/电子	7	11.48%	计算机/电子	4	12.12%
交通运输	5	11.63%	能源	6	9.84%	专业服务	3	9.09%
汽车/卡车	5	11.63%	金属/钢铁	4	6.56%	房地产	3	9.09%
能源	5	11.63%	金融	3	4.92%	金融	3	9.09%
其他	11	25.57%	其他	21	34.41%	其他	14	42.43%
合计	**43**	**100%**	**合计**	**61**	**100%**	**合计**	**33**	**100%**

数据来源：Dealogic。

行业在2020年和2021年均为交易金额前三的行业，交易金额分别达83.09亿美元和10.70亿美元，分别占当期总交易金额的67.83%和7.72%，2022年的交易金额出现显著下降，锐减到2.24亿美元，下降幅度达79.07%。

外资对上市公司入境并购交易金额分行业情况如表5－4所示。

表 5－4　　外资对上市公司入境并购交易金额（分行业）　　单位：亿美元

2020 年			2021 年			2022 年		
行业	金额	占比	行业	金额	占比	行业	金额	占比
计算机/电子	83.09	67.83%	生物医药	48.69	35.12%	化工	15.59	30.61%
汽车/卡车	14.17	11.57%	能源	44.72	32.26%	生物医药	11.52	22.62%
生物医药	10.16	8.29%	计算机/电子	10.70	7.72%	能源	6.66	13.08%
食品饮料	7.05	5.76%	采矿业	5.15	3.71%	采矿业	3.62	7.11%
林业造纸	2.96	2.42%	交通运输	5.01	3.61%	通信	3.20	6.28%
其他	5.07	4.14%	其他	24.37	17.58%	其他	10.34	20.30%
合计	**122.50**	**100%**	**合计**	**138.64**	**100%**	**合计**	**50.93**	**100%**

数据来源：Dealogic。

第二节　上市公司跨境并购及投资的动因分析

一、上市公司自身的国际化战略布局与业绩增长需求

随着中国经济的发展，部分上市公司不再满足于国内市场，为了业务的扩张与业绩的增长，将国际化设定为自身发展的战略，选择进入海外市场、开拓海外业务。在布局海外市场的过程中，除了发掘企业的内生式增长，外延式兼并收购海外企业，尤其是收购对方的品牌、渠道和团队等来进入当地市场成为了一种捷径。国际化战略布局与业绩增长需求是驱动上市公司跨境并购的核心驱动因素之一。典型案例有顺丰控股（002352. SZ）为布局全球化物流网络，开拓国际业务，于 2021 年收购嘉里物流 51. 81%的股权，进而扩展了全球网点布局，完善了其货运代理及国际业务的战略布局。

二、上市公司通过海外并购获取核心资源或技术的战略需求

资源合作和技术引进也是上市公司跨境并购的关键驱动因素。在资源合作方面，资源密集型企业通常会通过海外并购获取核心资源，常见行业包括能源业和采矿业等。典型案例包括 2021 年紫金矿业（601899. SH）斥资 50 亿元收购加拿大新锂公司 100% 股权，获取了标的位于阿根廷核心资产“3Q”锂盐湖项目，紫金矿业通过收购切入锂矿领域；2022 年，赣锋锂业（002460. SZ）通过其子公司以 64. 58 亿元收购 Lithea Inc. 100% 股权，获取了标的位于阿根廷的两块锂盐湖资产，测算资源量合计达 1106 万吨 LCE。

近几年，以技术引进为导向的跨境并购逐渐增多，计算机与电子、生

物医药等技术密集型行业并购金额排名靠前，技术密集型行业逐渐成为上市公司跨境并购首选行业，并购目的大多是引进高新技术，并实现行业内资源整合。由于中美双边关系的紧张，上市公司在部分领域的投资面临制约，包括半导体、5G、人工智能和物联网等领域，越来越多的上市公司将目光投向世界其他国家和地区，通过对其他地区的跨境并购分散风险。更多的上市公司可能谋求在北美之外进行技术收购。典型案例有美的集团（000333. SZ）于2015年起收购德国工业机器人制造企业KUKA股权，并于2022年完成私有化，通过跨境收购，美的获取了KUKA在机器人领域的核心的设计、开发、制造技术。

三、“一带一路”等政策支持推动上市公司跨境投资

国内企业并购交易和产业发展与政府监管的支持密切相关。总体来看，政府在过去几年中对于中国企业走出去保持着积极的态度，尤其是“一带一路”倡议驱动着中国企业跨境投资。具体而言，“一带一路”沿线国家经济的持续增长以及经济发展的不均衡创造了跨境并购投资的需求机遇。同时，国内企业在冶金（包括钢铁和有色）、建材、化工、铁路（装备）、电力、新能源、纺织服装等行业具有产能优势和国际竞争力。

在双边层面，中方同哈萨克斯坦、马来西亚等30多个沿线及其他国家签署了产能合作有关文件，把产能合作纳入机制化轨道，共同为企业间合作穿针引线、铺路架桥；在多边层面，中方积极参与和引领区域、次区域合作，推动发表《中国－东盟产能合作联合声明》《澜湄国家产能合作联合声明》等重要文件，与有关国家共同谋划产能合作的重点领域和重大项目，加快形成开放包容、多方共赢的合作格局。随着“一带一路”倡议的深化，沿线国家之间的产业重组及并购交易日渐活跃。

典型案例有中曼石油（603619. SH）于2020年收购哈萨克斯坦企业Toghi Trading FZC股权，交易对价约合人民币1. 14亿元，从而间接持有哈萨克斯坦岸边区块87%权益，进一步提升了中曼石油的油气资源优势和勘探开发业务发展潜能。

四、在不涉及核心技术和国家安全的行业，上市公司海外并购面临的监管相对温和

在国内监管方面，自2018年起并购政策相继松绑，各部委出台多项利好跨境并购的政策。第一，跨境并购的披露要求有所放松。2018年11月，中国证监会修订发布了《公开发行证券的公司信息披露内容与格式准则第26号——上市公司重大资产重组（2018年修订）》，修订内容包括了针对跨境并购、招拍挂等交易允许简化或暂缓披露相关情况。第二，跨境并购的事前审核流程有所简化。2017年12月，国家发改委发布《企业境外投资管理办法》，简化了跨境并购的事前审核流程，取消了包括：3亿美元以上跨境并购项目需要事前向发改委报送项目信息、20亿美元以上的跨境并购项目需要国务院核准等流程。第三，各部委鼓励对外投融资基金开展促进产业升级的项目。2018年4月，国家发改委、财政部、商务部等部委联合出台了《关于引导对外投融资基金健康发展的意见》，一是明确鼓励投融资基金在推动中国先进制造和产业升级方面的作用，在外汇储备下降大背景下鼓励基金进行业务创新加大股权投资和其他融资方式支持中国境内企业通过多元化融资途径实施跨境并购，二是提出了在贸易保护主义、限制投资盛行的环境下应弱化投资的战略目的，淡化企业的国资背景，强化投资的商业性和市场性，以实现盈利为投资目的，坚持市场化导向。

在境外监管方面，尽管中国直接对外投资面临复杂的全球监管环境，但不涉及核心技术或国家安全的交易通常仍能顺利进行。在欧盟，尽管需要经过欧盟委员会和成员国的两道审批，也面临更加严格的监管审查和公众监督，但中国投资依然很受欢迎。欧盟委员会在2017年发布了《欧盟境外直接投资审查框架条例》，扩大其在境外投资审查方面的作用，保护对欧洲安全有影响的产业。受此政策影响的标的行业主要为能源、交通、通信、数据、太空、半导体、机器人和人工智能等领域，其他不涉及核心技术和国家安全的行业受影响较少。典型案例包括蓝帆医疗（002382. SZ）以1. 78亿欧元收购NVT100%股权、中国外运（0598. HK，601598. SH）以

3.86亿欧元收购KLG Holding下属7家物流公司100%股权等。目前，尊重市场经济规则的主要经济体仍然欢迎中国投资者进入敏感度较低的行业领域。

第三节 上市公司跨境并购未来发展趋势

一、疫情后上市公司海外并购面临有利的宏观经济和市场环境

后疫情时代，有利的宏观经济和市场环境将推动跨境并购交易的繁荣。

第一，2021年经济不确定性有所减弱，宏观经济指标逐渐好转。从全球来看，相较于2020年3.3%的经济萎缩，2021年全球经济增速达5.8%[①]，创近48年新高，部分企业特别是大型跨国企业对经济复苏充满信心。从国内来看，我国经济总量超17万亿美元，稳居世界第二，GDP较上年增长8.1%，经济指标的回升较大程度刺激了并购交易。后疫情时代，随着宏观经济指标的好转，企业盈利增速将进一步提升，在此环境下中国企业的购买力及并购意愿将进一步提升，从而推动跨境并购交易更加活跃。

第二，全球各国的量化宽松和财政刺激措施，显著提高了市场流动性和企业的可投资金。为应对新冠疫情对经济的冲击，全球各主要经济体都推出了宽松货币政策，尤其是欧美国家还实施了零利率和负利率，使得全球利率持续保持低位。这极大地降低了企业的融资成本，促进了企业的扩张。随着中国疫情防控政策的调整，中国已开始出现强劲的复苏迹象，有可能支撑人民币汇率保持坚挺并持续走强，也变相增强了中国投资者的国际购买力。

第三，疫情好转后，部分行业将出现并购窗口期。国际市场的潜在并

① 数据来源：世界银行。

购目标也批量涌现，特别是在受疫情冲击最严重的行业，包括交通物流、旅游与酒店业、基础材料以及非必需消费品等等。历史数据显示，在重大经济危机发生后的18至24个月内，全球并购交易的估值倍数往往会出现15%至25%的折让①，这意味着通常存在约两年的“扫货”窗口。同时随着疫情的好转及各国的出入境政策放松，国际旅行和商业洽谈的受限局面将得到改善，这为跨境并购交易的推进扫除了阻碍。

二、全球不同区域的并购类型将有所分化

近几年跨境并购标的行业分布仍呈现一定的区域特征，上市公司对欧美发达市场标的的并购更多是与技术引进相关，对亚太地区的并购更多是与市场拓展相关。这些行业分布的区域特征在未来有可能继续分化。

一方面，高科技行业跨境并购将进一步从美国转移至其他国家地区。中美贸易与投资的摩擦将阻碍上市公司对美国标的并购以及美国公司对华投资。在中美贸易摩擦背景下，美方贸易保护主义愈发强烈，逐渐加强对敏感行业跨境并购案例的安全审查。2018年美国政府颁布并实施了《美国外国投资风险评估现代化法案》，表明美国针对境外并购项目，将进一步加强国家安全审查，中国企业境外并购愈发困难。如紫光股份（000938. SZ）收购美国半导体巨头美光科技、中国重汽（000951. SZ）增持新能源科技企业UQM股权等多个并购交易项目，均因考虑被CFIUS否决的风险而终止。因此，对敏感行业，例如半导体、5G、人工智能和物联网等行业的跨境并购将进一步从美国转移至欧洲等其他国家和地区。

另一方面，“一带一路”的快速发展有望使上市公司对“一带一路”沿线标的的并购热度进一步提升。随着“一带一路”倡议不断推进，上市公司跨境并购进一步向“一带一路”沿线国家延伸，“一带一路”沿线跨境并购总量逐步上升。2013～2021年，我国对沿线国家直接投资累计1613亿美元，年均增长5.4%，“一带一路”沿线国家已成为我国企业对外投资

---

① 数据来源：麦肯锡，2020年12月，《乘风破浪，激流勇进：中国企业海外并购“新常态”》。

的首选地；沿线国家在华投资设立企业 3.2 万家，实际累计投资 712 亿美元；我国在沿线国家承包工程新签合同额累计约 1.1 万亿美元，完成营业额 7286 亿美元，涵盖交通、电力等多个领域①。同时，亚洲基础设施投资银行、丝路基金等多边金融合作机构相继成立，为“一带一路”建设和双多边互联互通提供投融资支持。截至 2023 年 2 月，亚投行的成员数量由启动运营时的 57 个增至 106 个②。在上市公司在欧美等国的跨境并购审核趋严背景下，上市公司将更趋向于依托“一带一路”进行海外业务布局。

三、技术收购持续成为跨境并购的热点领域

从行业分析来看，无论是上市公司收购境外标的还是外资对上市公司入境并购，计算机/电子行业的并购交易单数及规模均较高。一方面，随着全球产业升级和对经济新动能的需要，技术密集型行业的并购活动将愈加活跃。另一方面，疫情影响下，数字化转型成为传统行业的当务之急，数据资产作为一种新型生产要素，对传统行业发展造成深远影响，“互联网+”成为各行业发展的新契机，技术型企业也愈发受到各收购方青睐。

对于上市公司而言，出境投资技术型企业更偏向战略型收购，通过引进已有成熟技术实现产能升级。2022 年，上市公司收购境外计算机/电子行业标的的 9 单交易中，收购方均为产业内企业，行业分布在计算机/电子、汽车/卡车、消费品、机械和能源。中国科技公司将在全球范围内寻求更广泛更多元的技术供应商，通过跨境并购实现技术引进和升级；而中国制造企业也逐渐从“中国制造”转变为“中国智造”，通过并购在海外新建技术中心，扩大生产基地，实现技术转型升级，向全球市场供货。各传统行业公司通过收购数字化资产，实现“传统行业+新兴科技”的数字化转型升级。

对于境外买方而言，入境投资国内技术型企业除了追求业务协同效应

① 数据来源：国家统计局，2022 年 10 月 9 日，《“一带一路”建设成果丰硕 推动全面对外开放格局形成》。

② 数据来源：亚投行官网，2023 年 1 月 9 日，《AIIB Welcomes Mauritania as New Prospective Member》。

外，也看中其巨大的成长潜力。2017 年以来外资对计算机/电子行业上市公司入境并购的 38 单交易中，有 18 单收购方为投资机构。其中，2022 年的 4 单交易中，仅有 1 单收购方为投资机构，其余 3 单收购方均为计算机/电子行业公司。

第四节　上市公司典型跨境并购交易模式分析

一、合资合作模式引入外资

上市公司与境外买方在中国境内进行合资合作是外资入境并购的典型交易模式之一，交易方案通常由多个交易组成，包括境外买方的中国境内投资子公司收购上市公司股权、上市公司收购外资的中国境内子公司股权、上市公司与外资成立合资子公司等。典型案例为：

（一）英力士（INEOS）与中国石化（600028. SH）的股权合作

1. 交易方背景

（1）英力士及其五家附属公司。

英力士是全球性的石化产品制造商，致力于石油化学品、特殊化学品和石油制品的生产制造，在全球 29 个国家拥有 36 个业务板块和 194 家生产基地。英力士的控股股东为 James Ratcliffe 爵士。

本次交易涉及的英力士附属子公司包括英力士上海、英力士控股、英力士苯领、INEOS Quattro Financing Limited、英力士天津均为英力士的附属公司，其中英力士上海注册地为中国境内，其余注册地均为境外。

（2）中国石化及其控股子公司。

中国石化由中国石化集团于 2000 年 2 月独家发起创立，于 2000 年 10 月在香港、纽约、伦敦三地上市，于 2001 年 8 月在上交所上市。中国石化的实际控制人为国务院国有资产监督管理委员会。

上海赛科化工，其股东包括中国石化及中国石化的控股子公司高桥石化、上海石化，分别持股 30%、50%、20%。上海赛科成立于 2001 年 10 月 29 日，主要从事生产及销售乙烯、聚乙烯、苯乙烯等及其副产品。上海赛科拥有设计能力为 109 万吨/年乙烯裂解、65 万吨/年苯乙烯、60 万吨/年芳烃抽提等大型化工装置。2021 年度上海赛科的税前利润达 40.66 亿元，净利润达 30.26 亿元。

2. 交易方案

中国石化与英力士的资产交易主要包括三个交易，具体交易内容包括：

（1）赛科交易。

英力士上海收购中国石化及其控股子公司高桥石化分别持有的上海赛科 15%、35% 股权。赛科交易前的股权结构如图 5－7 所示。

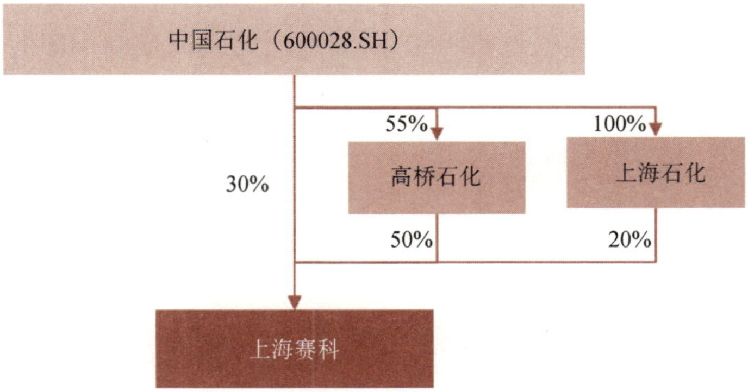

图 5－7　赛科股权结构（交易前）

赛科交易后，英力士上海将持有上海赛科 50% 的股权，具体股权结构如图 5－8 所示。

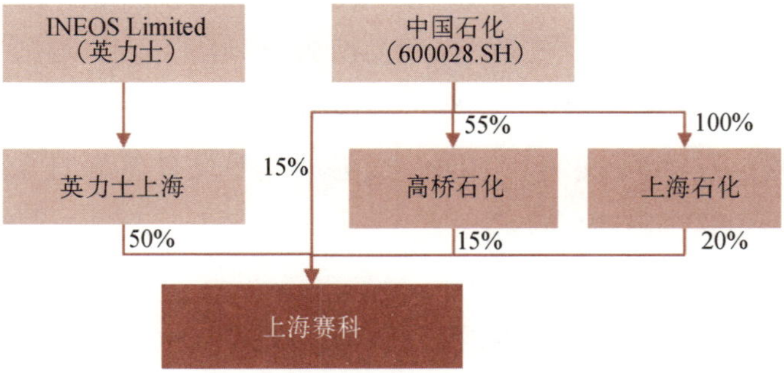

图 5－8　赛科股权结构（交易后）

（2）ABS 交易。

中国石化收购英力士苯领持有的宁波苯领 50% 股权，本次 ABS 交易前后的具体股权结构如图 5 –9 所示。

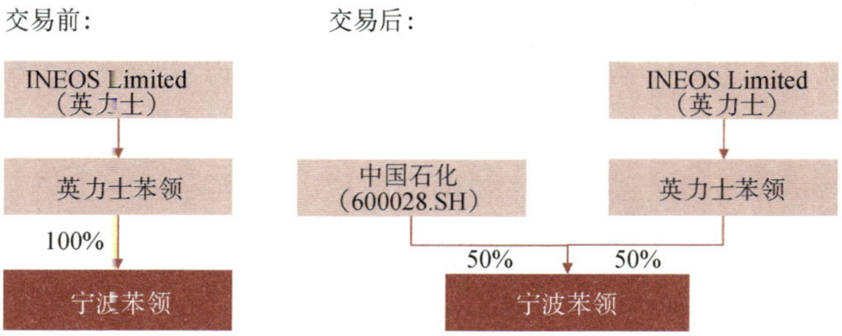

图 5 –9　英力士苯领股权结构（交易前后）

（3）HDPE 交易。

中国石化与英力士天津按照 50%∶50% 比例共同成立 HDPE 合资公司，于中国天津建造 50 万吨/年高密度聚乙烯（HDPE）项目，交易完成后的股权结构如图 5 –10 所示。

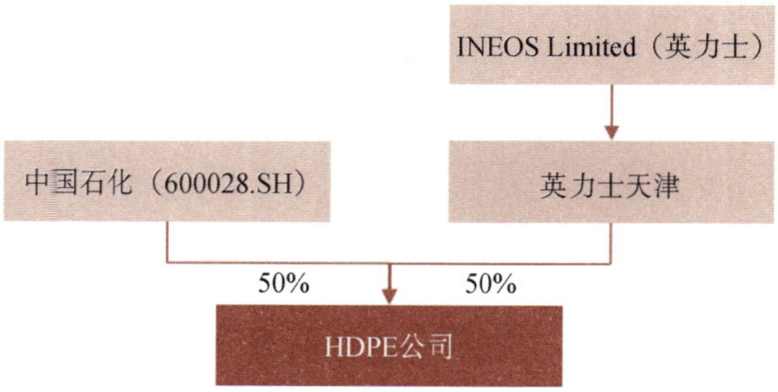

图 5 –10　HDPE 公司股权结构（交易后）

赛科交易采取在上海联合产权交易所公开挂牌方式，通过公开挂牌程序确定受让方为英力士上海，交易对价包括基准对价人民币 10521.90 百万元和股权利息额；ABS 交易和 HDPE 交易的交易文件签署且未被撤回或终止是赛科交易的交割先决条件之一。

3. 交易意义

本次交易的规模大，影响深远。首先，本交易涉及的一系列合资合作协议总价值约 70 亿美元，预期实现合计年产能将达 700 万吨，每年创造约

100 亿美元的销售额。其次，对上市公司中国石化而言，本次交易引入英力士作为战略合作伙伴，有利于延长并增强上市公司的化工产业链，拓展市场空间，提高上市公司在相关业务领域的综合竞争力，进一步支撑中国石化高质量发展。通过本次交易，中国石化将获得英力士多项世界领先的下游技术许可。最后，对英力士而言，本次与中国石化的一系列合资合作有利于英力士扩张其在中国市场的业务规模，重塑英力士在中国的石化产业生产和技术布局，并且推动中国的石油化工行业进一步发展。

二、上市公司出海并购

通过海外全资子公司现金收购海外公司 100% 股权，能够直接获得标的公司的资产或技术，优化上下游产业链。典型案例为：

（一）赣锋锂业（002460. SZ）收购 Lithea Inc.

1. 交易方背景

（1）上市公司：赣锋锂业于 2000 年成立，于 2010 年 8 月在深交所主板上市（002460. SZ），于 2018 年在香港联交所上市（1772. HK），成为中国锂行业第一家“A + H”同步上市公司。

（2）标的公司：Lithea 公司成立于 2009 年 7 月，注册地址为英属维京群岛，最终控股股东为荷兰矿业企业 Pluspetrol Resource Corp BV。Lithea 公司主要从事收购、勘探及开发锂矿业权，旗下的主要资产 PPG 项目是位于阿根廷萨尔塔省的锂盐湖项目，包括 Pozuelos 和 Pastos Grandes 两块锂盐湖资产。

2. 交易方案

本次交易前，Lithea 公司的股权结构如图 5 – 11 所示。

本次交易中，赣锋锂业通过其全资子公司 GFL International 以现金收购 Lithea 公司最多 100% 股权及债权，交易总对价不超过 9. 62 亿美元，该收购总对价包含 Lithea 公司全部股权价值及将承担的相关债务的价值。本次交易完成后，赣锋锂业将通过 GFL International 持有 Lithea 公司最多 100% 股权，Lithea 公司股权结构如图 5 – 12 所示。

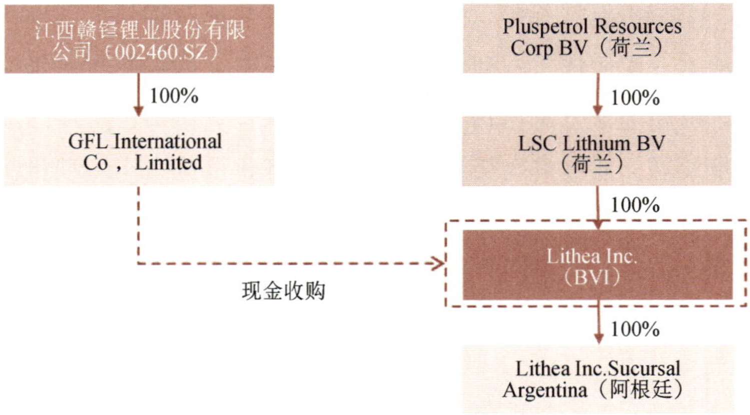

图 5－11　Lithea 公司股权结构（交易前）

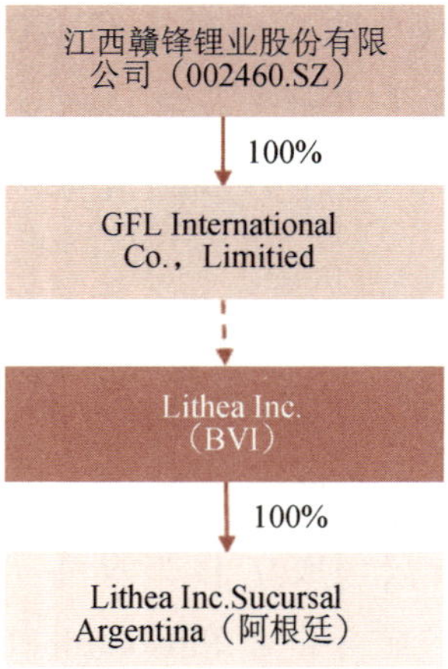

图 5－12　Lithea 公司股权结构（交易后）

3. 交易意义

本次交易是赣锋锂业历史上交易规模最大、也是近两年阿根廷盐湖交易中规模最大的一笔收购交易。

PPG 盐湖的主要产品为含锂卤水生产的碳酸锂，主要作为生产锂电池正极材料的原材料。PPG 项目规划了 3 万吨碳酸锂的年产能，并且视项目所在地自然资源条件情况可扩建至年产 5 万吨碳酸锂。PPG 项目优质的储量、质量与产能扩张潜力使得其成为阿根廷最大的锂盐湖项目之一。本次收购有利于提高赣锋锂业的资源自给率，增强核心竞争力，符合公司上下游一体化和新能源汽车产业发展战略，并有利于公司业务拓展及纵向产业链的战略实施，可有效提高公司核心竞争力。本次交易符合公司上下游一体化的“赣锋生态系统”发展战略，帮助公司打造锂资源、锂盐、锂电池、锂电池回收的全产业链模式。

此次收购前，赣锋锂业已先后收购国际锂业、阿根廷 Mariana、爱尔兰 Blackstair、澳大利亚 RIM 等国内外公司，布局全球优质锂源，2021 全年锂盐产能合计 12.6 万吨，产量 8.9 万吨。本次收购后，公司产能将进一步扩张，增加企业业务规模，掌握的权益锂资源将达到 4700 万吨，几乎可以比肩全球在运营规模上最大的智利 Atacama 盐湖的资源量。在全球从化石能源向可再生能源过渡的背景下，电动汽车制造商和可再生能源运营商对锂电池有庞大的需求，而碳酸锂是锂电池的关键成分，存在供不应求的局面。收购标的公司后赣锋锂业将更好地满足产业链下游企业需求，在扩大业务规模的同时可提升企业盈利能力。

（二）迈瑞医疗（300760. SZ）收购 HyTest Oy

1. 交易方背景

（1）上市公司：迈瑞医疗于 1991 年成立，于 2006 年 9 月在纽交所上市，成为第一家登陆美国的中国医疗器械公司，2016 年完成私有化交易从美股退市，2018 年于深交所创业板上市（300760. SZ），主要从事医疗器械的研发、制造、营销及服务，主要产品覆盖生命信息与支持、体外诊断以及医学影像，致力于为全球医疗机构提供优质产品和服务。

（2）标的公司：Hytest Invest Oy 的间接子公司 HyTest Oy 成立于 1994 年，总部位于芬兰，主营体外诊断用抗原抗体等试剂原材料的研究、开发、生产、销售及抗体服务，是全球体外诊断行业（IVD）最重要的原材料供应商之一。

2. 交易方案

本次交易前，标的公司及下属子公司股权结构如图 5－13 所示。

本次交易中，迈瑞医疗通过全资子公司香港全球及香港全球的全资子公司迈瑞荷兰以现金形式收购 Summa Equity AB 下属基金、Spartak CoInvestment AB 持有的 Hytest Invest Oy 公司的 100% 股权和若干自然人股东持有的 Hytest Holding Oy 公司及 Hytest Oy 公司的全部少数股权，收购总价预计约为5.45亿欧元。本次交易完成后，公司将间接持有 Hytest Invest Oy 及其下属子公司100%的股权，标的公司股权结构如图5－14所示。

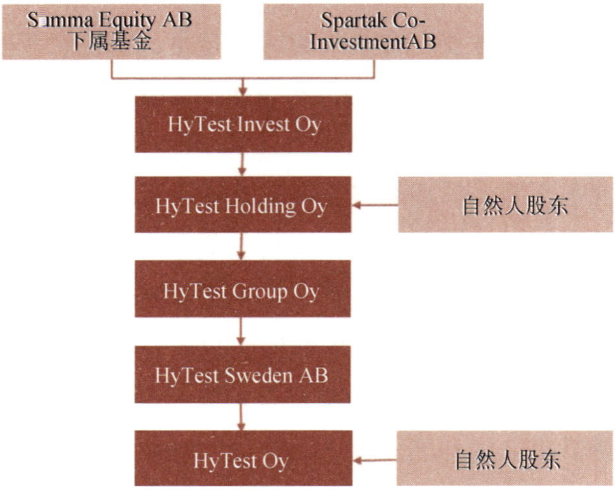

图5－13　HyTest Oy 股权结构（交易前）

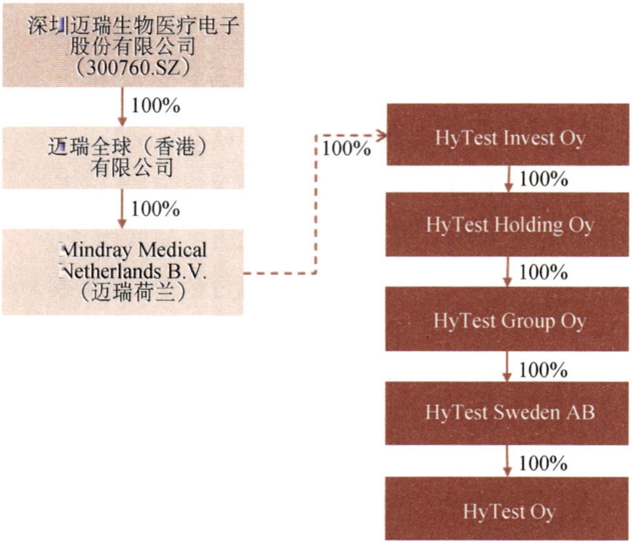

图5－14　HyTest Oy 股权结构（交易后）

3. 交易意义

体外诊断业务是迈瑞医疗的核心发展战略之一，化学发光产品是迈瑞医疗体外诊断业务的重要分支。HyTest 是迈瑞医疗体外诊断业务的重要原料供应商之一，通过此次收购，迈瑞医疗有望降低化学发光产品原料成本，提升公司盈利水平，同时保障公司上游产品供应链安全。此次收购进一步加强迈瑞医疗化学发光产品及原料的核心研发能力建设，优化上下游产业链的全球化布局，有利于公司更好地整合资源，完善化学发光产品研发及供应链平台建设，提升其体外诊断核心业务的综合竞争力，符合公司长远发展规划及全体股东利益。

三、跨国企业入华资本运作

上市公司引入外资战略投资者是外资入境并购的典型交易模式之一，交易方案的常见类型包括股份协议转让、非公开发行股票等。典型案例为：

（一）国轩高科（002074. SZ）引入战略投资者大众汽车

1. 交易方背景

（1）上市公司：国轩高科股份有限公司（简称“国轩高科”）成立于2006年5月，系国内最早从事新能源汽车动力锂离子电池自主研发、生产和销售的企业之一，主要产品为磷酸铁锂材料及电芯、三元材料及电芯、动力电池组、电池管理系统及储能型电池组。产品广泛应用于纯电动乘用车、商用车、专用车、轻型车等新能源汽车领域，同时为储能电站、通信基站等提供系统解决方案。

（2）认购方：本次交易的认购方为大众汽车（中国）投资有限公司（简称“大众中国”），大众集团（Volkswagen AG）为大众中国的控股股东、实际控制人。大众汽车集团成立于1938年，总部位于德国沃尔夫斯堡，是欧洲最大的汽车公司，也是世界汽车行业中最具实力的跨国公司之一。大众中国系大众集团在中国设立的投资公司。

2. 交易方案

本次交易包含股份协议转让及非公开发行股票两部分：

（1）股份协议转让：国轩高科控股股东珠海国轩将其持有的上市公司2.2%的股份、实际控制人李缜将其持有的上市公司2.8%的股份协议转让给大众中国；大众中国从珠海国轩及李缜合计受让上市公司56467637股人民币普通股股份，占签署日公司总股本的 5.0%。

（2）非公开发行股票：国轩高科向大众中国定向发行已发行总股本的 30%，大众中国以现金的形式认购。

本次交易前，国轩高科的股权结构图如图 5－15 所示。

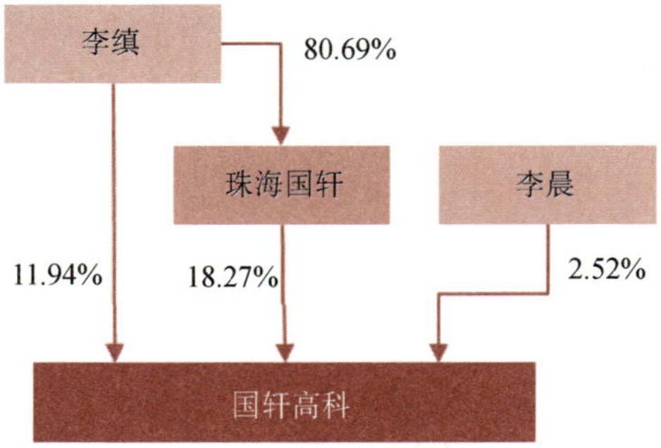

图 5－15　国轩高科股权结构（交易前）

本次交易后，大众汽车将通过大众中国间接持有国轩高科 26.47% 的股权，国轩高科的股权结构如图 5－16 所示。

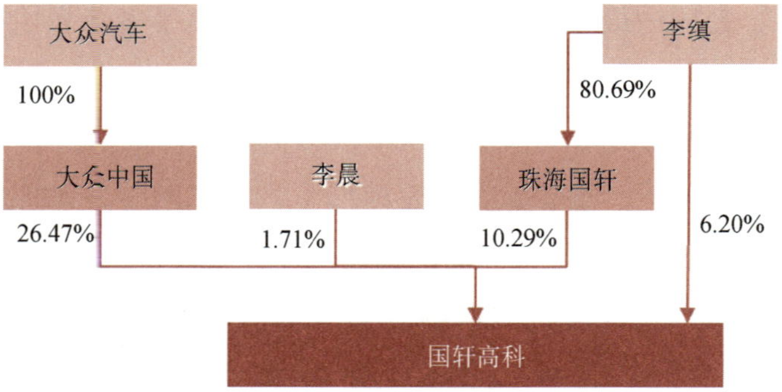

图 5－16　国轩高科股权结构（交易后）

3. 交易意义

本次交易影响力大，且交易方案创新性强。首先，本次交易为 2020 年新《外商投资法》实施以及证监会再融资新规颁布以来，在新的法律及监管框架下中国上市公司引入国际知名公司战略投资的示范案例，交易采取了一系列具有创新性的安排。其次，对上市公司业务而言，国轩高科通过引入大众中国作为战略投资者，将进一步在新能源电池领域获得研发支持，优化其产业链布局，扩大动力锂电池与正极材料产业的优质产能，提升公司市场竞争力，从而更好地维护客户、开拓市场。同时，对上市公司发展战略而言，本次引入战略投资者，提升了上市公司在新能源电池业务领域的核心竞争力，提升了上市公司的整体业绩水平，并实现了国轩高科及大众汽车在新能源电池业务领域的协同效应，为上市公司未来战略发展带来新的机遇。最后，本项目的成功落地得益于中国促进外商投资和资本市场改革的一系列政策举措，为资本市场注入了新的活力。

（二）重庆啤酒（600132. SH）合并嘉士伯中国啤酒

1. 交易方背景

（1）收购方：本次交易的收购方为重庆啤酒股份有限公司，前身为重庆啤酒厂，成立于 1958 年。1997 年，重庆啤酒在上海证券交易所挂牌上市，成为中国国内为数不多的上市啤酒公司之一。通过多次股权收购，嘉士伯在重庆啤酒的持股比例于 2013 年底达到 60%，成为重庆啤酒的控股股东。

（2）交易标的：本次的交易对方为嘉士伯咨询、嘉士伯香港及嘉士伯啤酒厂。嘉士伯为全球领先的啤酒生产制造商，旗下拥有超过 140 个啤酒品牌。本次交易的具体标的包括以下三类：a）嘉士伯香港持有的重庆嘉酿 48. 58% 的股权；b）A 包资产，包括嘉士伯咨询持有的嘉士伯工贸 100% 的股权、嘉士伯重庆管理公司 100% 的股权、嘉士伯广东 99% 的股权、昆明华狮 100% 的股权；c）B 包资产，包括嘉士伯啤酒厂持有的新疆啤酒 100% 的股权、宁夏西夏嘉酿 70% 的股权。

2. 交易方案

本次交易方案包括股权转让、增资和购买资产三部分：

（1）股权转让：嘉士伯香港向重庆啤酒出售和转让重庆嘉酿 48. 58% 的股权，转让价款以现金方式支付，交易对价 643442100. 00 元；

（2）重庆嘉酿增资：重庆啤酒以重啤拟注入业务（对价为 4365300000. 00 元）、嘉士伯咨询以 A 包资产（对价为 5375544224. 04 元）共同认购重庆嘉酿新增注册资本；该增资完成后，重庆啤酒和嘉士伯咨询分别持有重庆嘉酿 51. 42% 和 48. 58% 的股权；

（3）购买 B 包资产：嘉士伯啤酒厂向重庆嘉酿出售和转让 B 包资产，

购买价款以现金支付，对价为 1794440000.00 元。

本次交易前的股权结构如图 5－17 所示。

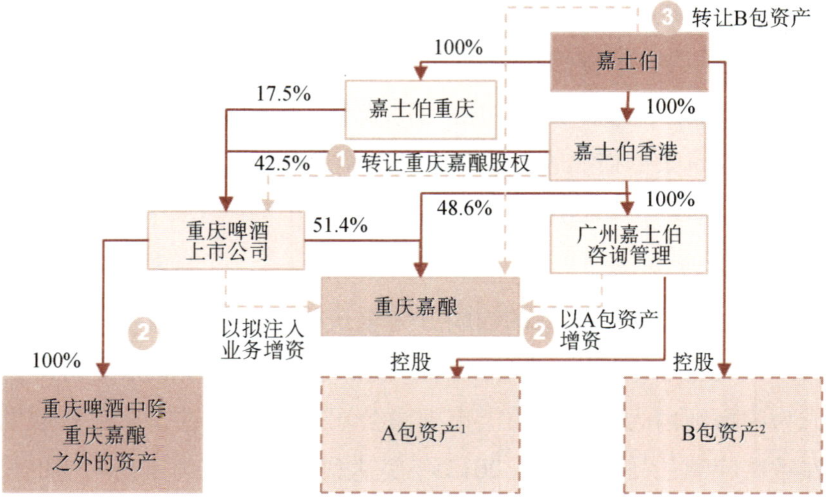

图 5－17　重庆啤酒合并嘉士伯股权结构（交易前）

本次交易后的股权结构如图 5－18 所示。

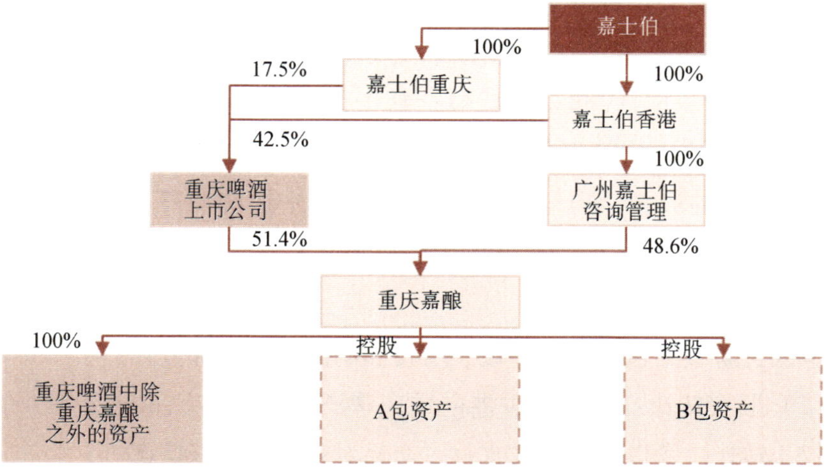

图 5－18　重庆啤酒合并嘉士伯股权结构（交易后）

3. 交易意义

本次交易是中国本土强势品牌与国际高端品牌的强强联合，有效推进了产品结构升级，增强了上市公司的持续盈利能力。通过本次交易，嘉士伯将上市公司体系外的中国优质资产注入到上市公司体系内，有利于上市公司整合优质资源，充分发挥规模效应优势。

从产品品牌来看，上市公司的品牌矩阵将会进一步扩大，强化品牌组合，国际高端品牌与核心区域市场中独特的本地强势品牌互补，满足消费者对于不同消费场景和价格区间的需求。从产能安排来看，嘉士伯拟注入资产的啤酒厂布局，能够与上市公司的啤酒厂布局形成互补，覆盖至更为广泛的中国市场，优化产能利用率，进一步提高生产、物流等供应网络的运营效率。从市场布局来看，上市公司的核心优势区域市场将从重庆、四川、湖南等地扩展至新疆、宁夏、云南、广东、华东等全国市场，增强区域市场竞争力。从销售渠道来看，嘉士伯拟注入资产所处市场的分销网络将补强上市公司的现有分销渠道，有利于上市公司旗下品牌拓展其在相关市场的市场份额。从品牌推广来看，交易完成后双方的营销资源基础将更加丰富，推动数字化营销发展，持续提升品牌知名度，巩固并提高品牌价值。

总体而言，本次交易将整体增强上市公司在中国啤酒市场中的竞争优势，进一步提升上市公司盈利能力，助力实现长期高质量发展。

四、收购港股上市公司

收购港股上市公司的典型交易模式包括要约收购和协议安排。其中，要约收购适用于收购港股上市公司控股权；协议安排适用于私有化港股上市公司，通常是对控股港股上市公司的其他股东持有股份进行收购，以达成上市公司退市。收购港股上市公司典型案例为：

（一）要约收购：顺丰控股（002352. SZ）收购嘉里物流

1. 交易方背景

（1）上市公司：顺丰控股于 2017 年 2 月在深交所主板重组上市（002352. SZ），围绕物流生态圈，专注快递物流综合服务，为客户提供国内及国际端到端一站式供应链服务，同时致力于构建数字化供应链生态，成为全球智慧供应链的领导者。

（2）标的公司：嘉里物流于香港联交所上市（0636. HK），核心业务包括综合物流、国际货运代理及供应链解决方案，是以亚洲为基地、拥有高度多元化业务及强大亚洲网络覆盖的国际第三方物流服务供应商，是海南地区规模最大的货运代理商，亦为各大世界龙头品牌承担亚洲地区的供应链分销环节整体服务。

2. 交易方案

本次交易前，嘉里物流的股权结构如图 5－19 所示。

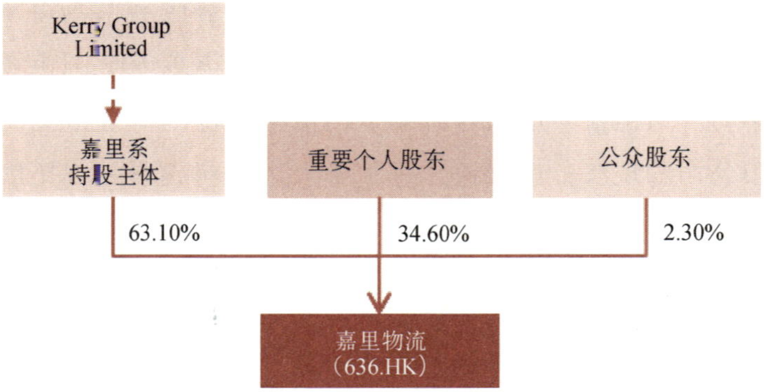

图 5－19　嘉里物流股权结构（交易前）

本次交易中，顺丰控股通过境外全资子公司 Flourish Harmony 向嘉里物流合资格股东及购股权持有人发出自愿有条件部分要约和购股权要约，以现金方式收购嘉里物流 51.8% 股权及注销相应购股权。自愿有条件部分要约价格为 18.8 港元/股，购股权要约价格为港币 8.6 港元/股，交易总对价为 175.55 亿港元（未考虑特殊分红）。本次交易后，嘉里物流的股权结构如图 5－20 所示。

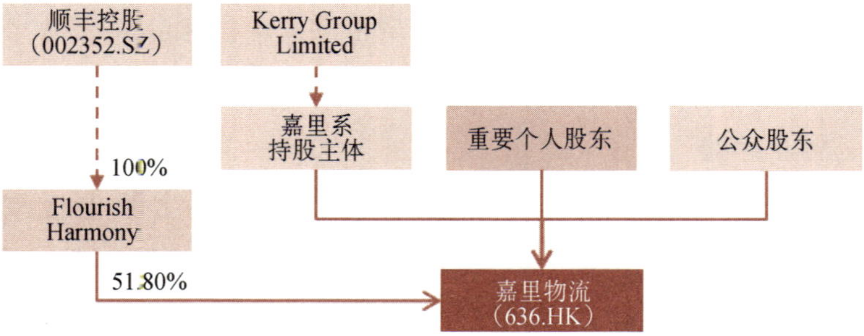

图 5－20　嘉里物流股权结构（交易后）

3. 交易意义

嘉里物流总部位于香港特别行政区，拥有横跨六大洲遍及全球的网络，包括位于大中华及东盟地区的最大规模之一的配送网络和枢纽业务。同时，嘉里物流为各大世界龙头品牌承担亚洲地区的供应链分销环节整体服务，掌握大量国际头部 B 端品牌客户资源，涵盖电子科技、医药、国际时装、快消品等多个行业。

本次收购后，顺丰控股将借助嘉里物流的全球据点及丰富 B 端客户资源，扩展全球网点布局，孵化 B 端物流供应链服务能力，加强国际运输业务能力，在东南亚快速搭建高度协同的快递网络，进一步提升一体化综合物流解决方案能力，完善其货运代理及国际业务的战略布局，打造全球物流品牌。

（二）协议安排：海尔智家（600690. SH）私有化海尔电器

1. 交易方背景

（1）收购方：海尔智家于 1993 年在上交所主板上市（600690. SH），2018 年在法兰克福中欧所 D 股市场上市（690D. DF），为海尔集团下综合白电业务平台，主要业务包括国内冰箱、空调、厨电和小家电等产品，并负责一二线重要客户渠道销售以及海外家电产业。

（2）标的公司：海尔电器注册于百慕大，于 1997 年在香港联交所主板上市（1169. HK），主要负责国内洗衣机、热水器、净水器业务，以及国内市场的渠道分销业务等。

2. 交易方案

本次交易前，海尔集团及其一致行动人合计持有和控制海尔智家 40. 03% 的股权，海尔智家及全资子公司合计持有海尔电器 45. 68% 的股权，海尔集团附属公司持有海尔电器 11. 95% 的股权。

本次交易中，海尔智家通过协议安排方式私有化海尔电器，计划股东为海尔电器除海尔智家及其任何全资子公司以外的所有股东。协议安排生效后，海尔电器计划股东可获得海尔智家新发行的 H 股股份作为私有化对价，换股比例为 1∶1. 60，即每 1 股计划股份可以获得 1. 60 股海尔智家新发行的 H 股股份。同时，作为私有化方案的一部分，海尔电器向计划股东以现金方式按照 1.95 港元/股支付现金付款。本次交易规模为 581.93 亿港元。

私有化协议安排提议将以海尔智家以介绍方式在联交所上市方案通过为先决条件，同时，海尔智家在联交所上市以私有化协议安排方案通过为先决条件。

交易完成后，海尔电器即成为海尔智家全资子公司，并从香港联交所退市；海尔智家新发行的 H 股通过介绍方式在香港联交所主板上市并挂牌交易；海尔电器计划股东成为海尔智家 H 股股东。

本次交易的交易结构如图 5－21 所示。

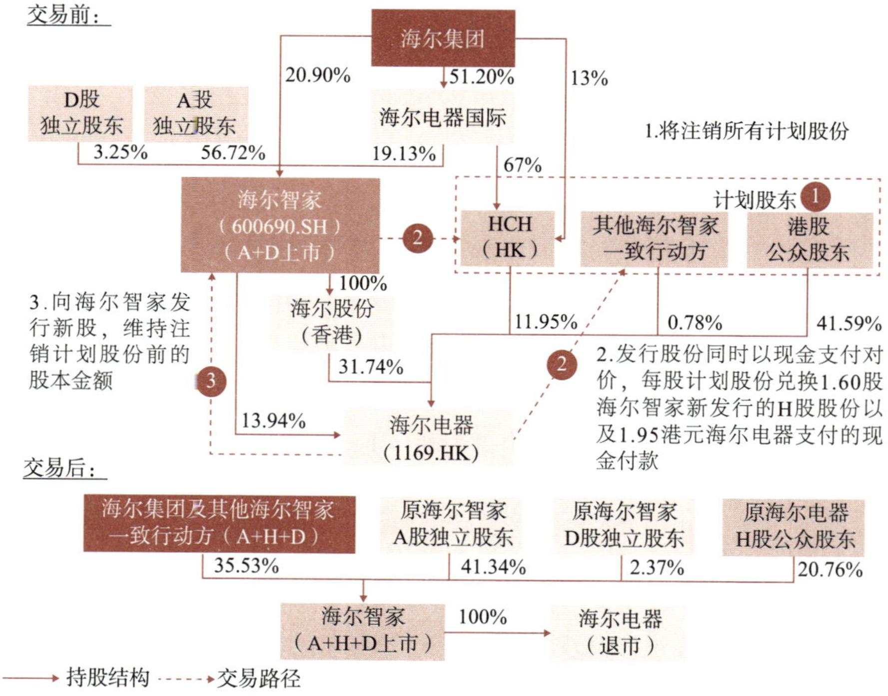

图 5－21　海尔智家私有化海尔电器交易结构

3. 交易意义

本次交易系家电行业历史上最大的港股私有化交易，2020 年规模最大的港股私有化交易，历史上规模最大的 H 股介绍上市项目。本次交易的交易结构创新，是历史上第一单 A 股上市公司发行 H 股私有化港股同步实现

H 股介绍上市的交易，打造了全球第一家上海、香港、法兰克福三地同时挂牌的上市公司，开创了 A 股公司私有化港股公司的新模式，亦为 A 股上市公司境外上市开创了新思路，预计将成为此类交易的经典方案。

通过本次交易，海尔智家将解决公司之间关联交易问题，提高公司管理效率，在全球范围内优化资源配置，放大全流程的平台价值，提升全球化布局的竞争优势，进一步加速海外市场份额提升。此外，本次交易将有效改善公司股权及管理架构，实现管理团队、员工、股东的利益一致。境内各品类实体将统一于海尔智家下，有利于实现资金的统一管理、筹划，并逐步改善资本结构，增强股东回报。本次交易后，海尔智家将拥有与统一的全球业务发展平台相适应的 A + H + D 全球资本市场平台，可建立统一的资本市场形象，灵活运用境内外平台提高资本运作效率，也可实现为公司全球员工提供股权激励工具。

第六章　上市公司并购重组的业务创新与典型案例

第一节　服务于国家重要战略的并购重组及经典案例

一、整体上市

整体上市是企业将其主要资产和业务整体改制为股份有限公司进行上市，或控股股东将其主业资产一次性或逐步注入上市公司的资产重组行为。对于企业整体上市，国家长期以来持鼓励态度。早在2005年8月，证监会、国资委、财政部等部门就联合出台了《关于上市公司股权分置改革的指导意见》，提出“在解决股权分置问题后，支持绩优大型企业通过其控股的上市公司定向发行股份实现整体上市；支持上市公司以股份等多样化支付手段，通过吸收合并、换股收购等方式进行兼并重组，推动上市公司做优做强”。2015年8月，中共中央和国务院又联合出台了《关于深化国有企业改革的指导意见》，明确要“加大集团层面公司制改革力度，积极引入各类投资者实现股权多元化，大力推动国有企业改制上市，创造条件实现集团公司整体上市”。

随着国有资产质量和经营管理能力的不断提高，2022年以来央企、国企整体上市的案例不断涌现。一方面，整体上市能够有效解决关联交易和同业竞争问题，保持上市公司的独立性。另一方面，整体上市也有利于更好地利用和发挥集团的资源、管理优势，完善公司产品结构，提高盈利水平，从而使上市公司获得业绩增长和估值溢价双方面的好处。此外，对于国企而言，其整体上市不仅能够提高国有资产的证券化率水平，也便于企业以更市场化的管理方式提高运营效率和规范水平，为我国资本市场长久的繁荣提供保障。

在具体操作模式上，整体上市包括资产注入和吸收合并。就资产注入而言，集团内上市公司可以通过发行股份、可转债、支付现金或几类支付手段相结合的方式收购未上市的资产，实现整体上市。该模式的优点在于企业可择机、分层选取优质资产注入上市公司，也可以选择仅将主业注入上市公司、保留集团中的辅业在上市公司体外。以上海机场为例，2022 年上海机场向控股股东机场集团发行股份购买其持有的虹桥公司、物流公司和浦东第四跑道，实现了上海机场航空主业的竞争性业务和资产整体上市。

相比于资产注入，吸收合并的优势在于可以一次性地将集团资产都纳入上市公司，资源统一整合效率较高，同时可以彻底解决关联交易和同业竞争的问题。以徐工机械为例，其通过吸收合并母公司徐工有限的方式实现了徐工集团工程机械主业整体上市。作为近年来国内装备制造行业最大规模的吸收合并交易，该次重组有利于徐工机械打造更具国际竞争力的机械装备产业集群，更好地参与全球化竞争，加速成为国际顶尖装备制造企业。

需要注意的是，如果通过子公司吸收合并母公司实现整体上市，则涉及权利义务承继、债权人同意、职工安置和业务转移等问题，如果不能妥善解决则可能引发矛盾纠纷，影响企业生产经营效率。在徐工机械吸收合并徐工有限的方案中，上市公司徐工机械作为存续方承继及承接了徐工有限的全部资产、负债、业务、人员及其他一切权利与义务，同时双方履行了对各自债权人的通知和公告程序，并按照债权人的要求向其提前清偿债务或为其另行提供担保。

以下选取徐工机械吸收合并徐工有限作为经典案例进行整体介绍，详见以下分析。

徐工机械吸收合并徐工有限

（一）项目背景

上市公司所处的工程机械行业是一个高度市场化竞争的行业，市场需求将进一步专业化细分，行业进入寡头竞争时代，国内市场竞争更加激烈，中外企业在中端、高端产品线上全面开始正面竞争。

本次重组将实现徐工有限资产整体上市，徐工集团核心资产将集中到上市公司中，将有助于建立国有资本有序进退、合理流动的资本布局和机制；有助于壮大上市主体，打造更具国际竞争力的机械装备产业集群，进一步降低经营风险、提高公司的竞争优势，更好地参与全球化竞争，加速成为国际顶尖装备制造企业。

（二）项目基本情况

1. 基本方案介绍

徐工机械向徐工有限的全体股东徐州工程机械集团有限公司、天津茂信企业管理合伙企业（有限合伙）、上海胜超股权投资合伙企业（有限合伙）等合计 17 名股东（以下简称“交易对方”）发行股份吸收合并徐工有限。上市公司为吸收合并方，徐工有限为被吸收合并方。本次吸收合并完成后，上市公司作为存续公司承继及承接徐工有限的全部资产、负债、业务、人员及其他一切权利与义务，徐工有限的法人资格将被注销，徐工有限在本次交易前持有的上市公司股份将被注销，交易对方将持有吸收合并后上市公司的相应股份。

2. 公司业务变更情况

本次交易前，上市公司的主营业务为起重机械、铲运机械、压实机械、路面机械、桩工机械、消防机械、环卫机械和其他工程机械及备件的研发、制造、销售和服务工作。

本次交易完成后，徐工有限实现整体上市，上市公司将承接及承继被合并方徐工有限的全部资产、负债、业务、人员及其他一切权利与义务，徐工有限旗下挖掘机械、混凝土机械、矿机、塔机等工程机械生产配套资产将整体注入上市公司，有利于优化产业结构、完善产业布局。

（三）项目特点

1. 实现徐工集团核心主业整体上市，提升上市公司综合竞争力

徐工集团是徐州市国资委下属集团公司，成立以来聚焦于工程机械的研发生产，是中国工程机械领域的龙头企业之一。徐工有限是徐工集团的主体核心企业，聚焦工程机械及核心零部件主业，本次交易完成后，徐工有限将实现整体上市，可以借助资本市场的资金支持，进一步促进业务协同，提高运营效率，上市公司将实现工程机械全产品覆盖，公司治理结构得到进一步优化，管理及运营效率进一步提高，有助于提升上市公司综合竞争力及抗风险能力，助力公司加速成为全球工程机械行业领军企业。

2. 优化治理结构，精简管理层级

本次吸收合并作为徐工有限混合所有制改革的延续，旨在简化上市公司管理层级，从而进一步提高上市公司的决策效率、优化公司治理结构。本次交易完成后，公司治理机制更为扁平化、组织架构进一步精简，进一步激发公司的运营活力和内生动力。

3. 完善激励机制，维护核心团队稳定

本次交易完成后，公司将进一步完善公司治理和决策流程，进一步完善市场化的用人选聘和薪酬激励机制，进一步激发核心员工的动力和创业热情，有助于维护公司核心管理团队的稳定，有助于提升上市公司的核心竞争力，保障企业的长期稳定发展。

（四）项目意义

本次交易是装备制造行业最大规模的吸收合并交易，是国有企业拥抱资本市场的改革创新典范；本次交易也是徐工有限混改的延续，是继续深化国企改革的重要体现。作为国企改革“双百企业”和江苏省首批混合所有制改革试点企业，徐工有限积极践行国企改革领导小组改革精神，推动本次吸收合并，以实现挖掘机械、混凝土机械、矿业机械、塔式起重机等优质资产注入上市公司徐工机械，完成徐工集团工程机械主业整体上市。

本次交易完成后，徐工集团核心资产将集中到上市公司徐工机械，有助于建立国有资本有序进退、合理流动的资本布局和机制，有助于徐工机械优化产业结构、完善产业布局，提高综合竞争实力和盈利能力，打造更

具国际竞争力的机械装备产业集群，更好地参与全球化竞争，加速成为国际顶尖装备制造企业。

二、混合所有制改革

混合所有制改革是国企改革的重要举措之一。自2016年12月中央经济工作会议明确提出“混合所有制改革是国企改革的重要突破口”以来，不管是央企还是地方国企，混改步伐明显加快。国家发改委公布的数据显示：仅2018年至2020年，中央企业新增混合所有制企业超过3000户，引入社会资本共计5000多亿元；中央企业所有者权益中，引入社会资本形成的少数股东权益由2012年的3.1万亿元增加到2019年的8.4万亿元，少数股东权益占比提高10多个百分点[①]。2020年6月《国企改革三年行动方案（2020—2022年）》发布后，混改进入新一轮提速升级。

实践中，国企混改采用的方式主要包括产权转让、增资扩股、首发上市、上市公司资产重组等。混改并非国企加速发展的单行道，而是国企和民企的“双赢”策略。通过混改，民企在市场机制、效率效益、科技创新等方面的优势与国企的资本、资源、技术、管理优势实现有机融合，迸发出勃勃生机与强劲发展动能。国有资本和民营资本的优势互补，切实提升了二者在混改中的优势叠加价值。

在混改推进的过程中，市场化的正向激励是需要关注的重点之一。国资委2019年出台的《中央企业混合所有制改革操作指引》指出，要“用足用好用活各种正向激励工具，构建多元化、系统化的激励约束体系，充分调动企业职工积极性”。通过混改，企业可以建立市场化的、有针对性的正向激励体系。通过并购重组使标的企业进入上市公司后，可使用更加市场化、具有流动性的激励手段，例如上市公司可制定差异化的员工持股方案，让关键核心人员享受到限制性股票、股票期权等股权激励计划。此外，

① 中华人民共和国国家发展和改革委员会：《混合所有制改革如何“混”怎么“改”》，报道链接 https://www.ndrc.gov.cn/wsdwhfz/202112/t20211231_1311180.html?code=&state=123，最后访问日期2022年12月13日。

还可以将员工绩效考核机制与上市公司业绩挂钩，从而使员工收入与企业发展紧密关联，提高其工作积极性。

2022 年是国企改革三年行动的收官之年，上市公司积极践行国家战略，涌现出了一批通过并购重组促进混改的案例。例如，中航泰达通过收购包钢节能少数股权参与包钢集团的大型国企混改项目，既有利于中航泰达拓宽业务范围提高盈利能力，也有利于包钢集团引入民营资本进一步深化混合所有制改革。该案例是北交所企业参与国企混改第一单，也是北交所企业重大资产重组第一单，以下进行详细介绍。

中航泰达收购包钢节能少数股权

（一）项目背景

1. 包钢节能加速推进混合所有制改革

包钢集团未来拟以包钢节能为主体，开展危废处置、工业水处理、工业废气处理、环境检测、节能改造、园林绿化及工业节能咨询等钢铁行业节能环保业务。

为进一步加快包钢节能发展，促进其体制机制创新，优化其资本和股权结构，实现国有和民营资本优势互补、协同发展，进一步提升公司治理效能、发展活力、市场竞争力和经营绩效，增强其利润贡献力，按照国有企业深化混合所有制改革相关要求，包钢集团对包钢节能实施混合所有制改革。

2. 实现优势互补，发挥协同作用，提高上市公司的竞争和盈利能力

包钢集团系上市公司重要客户之一，上市公司参与本次大型国企混改项目，有助于拓展业务范围，降低被同行业公司替代或挤占的风险，提升上市公司的市场竞争力及行业地位。本次交易完成后，包钢节能为上市公司提供了新的业务领域，有助于提升上市公司盈利能力，增强上市公司抗风险能力。

（二）项目基本情况

1. 交易对方

本次交易上市公司的交易对方为包钢集团的控股子公司北方稀土。本次交易前，北方稀土持有包钢节能 100.00% 的股权。

2. 交易标的

上市公司以 20853.00 万元认购包钢节能新增注册资本 12816.84 万元，同时以 25937.64 万元受让北方稀土持有包钢节能的 15942.00 万元注册资本。本次交易完成后，上市公司直接持有包钢节能 34.00% 的股权，而北方稀土并没有丧失对包钢节能的控制权，包钢节能仍纳入北方稀土的合并报表范围。

（三）项目特点

1. 北交所第一单实施完成的重大资产重组交易

中航泰达是国内领先的工业烟气治理领域综合服务商，本次重大资产购买是北交所第一单实施完成的并购重组交易，具有开创性。

2. 项目处于精选层到北交所的过渡期间

本次交易是处于精选层变更为北交所过渡期内的一单交易。本次交易首次公告为 2021 年 8 月 30 日。2021 年 9 月 14 日，中航泰达召开 2021 年第三次临时股东大会，审议通过参与竞买的议案。

北京证券交易所于 2021 年 9 月 3 日注册成立、2021 年 11 月 15 日正式开市，中航泰达是北交所首批上市企业，根据北交所重组规则，本次交易构成了重大资产重组。2022 年 1 月 4 日，中航泰达召开第三届董事会第八次会议，审议通过了《关于公司符合重大资产购买条件的议案》《关于公司本次重大资产购买方案的议案》《关于签署附生效条件的〈增资扩股及股权转让协议〉议案》等文件，并进行了公告。

3. 本次交易通过产权交易所完成

本次交易的标的公司为国资企业，其增资及股权转让需进行公开挂牌披露，因此本次交易在内蒙古产权交易中心挂牌，履行了产权交易所预披露、正式披露、摘牌等程序。同时，本次交易构成了重大资产购买，需履行重大资产重组程序，通过北交所进行公告，上市公司在收到内蒙古产权交易中心出具的《增资结果通知书》后，披露了预案。

（四）项目难点

1. 本次交易标的为少数股权

上市公司本次重大资产重组收购的是少数股权，但少数股权与上市公司现有主营业务具有显著协同效应。

虽然上市公司与标的公司不属于同行业或上下游，但是标的公司作为包钢集团旗下唯一节能环保平台的定位，与上市公司成为钢铁行业全产业链的节能环保低碳解决方案供应商和资产运营商的战略目标高度一致；同时上市公司为包钢股份服务十年之久，未来在绿色发展和“双碳”目标达成的过程中，可以彼此协同发展。

2. 标的公司部分资产权属存在瑕疵

标的公司多项房屋未取得产权证书，部分建筑物、车辆产权证书记录与标的公司所称不一致，部分在建工程、办公地等系无偿使用包钢集团土地。

包钢集团和北方稀土针对瑕疵资产均出具了相关说明，明确了包钢节能及其控股子公司在包钢集团及其控股子公司拥有使用权的土地上自建房屋均不存在被行政处罚、构成重大违法行为的情形，不会对包钢节能及其控制的公司生产经营造成影响。同时，本次交易完成后，如包钢节能其控股子公司因房产等资产瑕疵遭受任何损失，北方稀土将积极采取有效措施（包括但不限于安排搬迁并承担相应费用等），以减轻或消除不利影响。

（五）项目意义

本次交易是北交所企业参与国企混改第一单，也是北交所首单重大资产重组，对市场具有示范效应，中航泰达也受到了极大的关注，树立了其在资本市场的良好形象。

三、上市平台资源整合

全面深化国有企业改革是我国当前经济发展的重要任务之一。2020 年 6 月，《国企改革三年行动方案（2020～2022 年）》进一步推进国有资本布局优化和结构调整，聚焦主业，发展实体经济，推动高质量发展，提升国有资本配置效率。

近年来，随着全面注册制改革实施，上市公司壳资源稀缺性不复以往，在全面深化国有企业改革的时代背景下，央国企发展上市公司从原本的注重数量逐渐发展到更注重质量。为了提升上市公司的整体价值，打造头部上市公司平台，提高可持续发展能力，越来越多的国有控股上市公司采取了上市公司之间吸收合并的策略，资本运作思路从“做大”到“做强”转变。例如，中航电子换股吸收合并中航机电，交易双方分别为国内航空电子系统、航空机电系统的龙头企业，本次交易能够进一步整合双方的优势资源，充分发挥协同效应，提升航空工业机载系统的核心竞争力，把握机载系统产业发展的战略机遇；辽港股份换股吸收营口港；宝钢股份换股吸收合并武钢股份等。

A 股上市公司之间的吸收合并由于牵涉利益方众多、交易方案复杂等因素，在实际操作时需要注意的事项也较多，其中最核心的事项为换股价格的确定以及异议股东的保护机制安排。换股价格由吸并方换股价格及被吸并方换股价格得出，一般为定价基准日前 20 个交易日、60 个交易日或者 120 个交易日吸并双方 A 股股票交易均价之一，具体换股价格定价基准日的选取由双方商议确定。除了换股价格外，异议股东的保护机制安排也是交易方案的核心条款，同时也事关交易最终能否成功落地。现金选择权的设置可以充分保障股东的利益，从而推动交易的顺利进行。

A 股上市公司之间吸收合并的审核关注点主要围绕着交易方案的细节，具体包括如下方面：首先是中小股东保护方面，侧重于定价的合理性、现金选择权提供方是否有足够的资金实力而具备履约能力等；其次是债权人保护方面，主要会关注债务情况，以及已经取得债权人同意函的情况、无法履约时债权人的保护措施、提前还贷对公司经营的影响等；再次是被收购方资质、资产的承继以及人员的安置；最后是交易的必要性，即交易的达成是否可以使得交易双方充分发挥协同效应，产生 1 +1 >2 的效果。

以下选取中航电子换股吸收合并中航机电作为经典案例进行整体介绍，详见以下分析。

中航电子换股吸收合并中航机电

（一）项目背景

“十四五”规划明确指出，要加速武器装备升级换代和智能化武器装备发展，推动武器装备现代化水平加速迈入世界先进行列。航空装备作为现代化强国的标志和国家综合实力的体现，是现代化国防建设的重点方向，也会带动提升航空装备产业链景气度，其中机载系统作为产业链的核心组成部分，迎来良好的发展时机。

中航电子和中航机电分别为国内航空电子系统、航空机电系统的龙头企业，本次交易能够进一步整合双方的优势资源，充分发挥协同效应，提升航空工业机载系统的核心竞争力，把握机载系统产业发展的战略机遇。

（二）项目基本情况

本次交易的具体实现方式为：中航电子以发行 A 股方式换股吸收合并中航机电，中航电子为吸收合并方，中航机电为被吸收合并方，即中航电子向中航机电的换股股东发行 A 股股票，交换该等股东所持有的中航机电股票。同时，本次换股吸收合并完成后，机载公司将其原持有中航电子的股份以及原持有中航机电的股份按照换股比例换成的中航电子股份对应的表决权委托给中航科工。另外，中航电子拟采用询价的方式向包括中航科工、航空投资、中航沈飞、航空工业成飞在内的不超过 35 名特定投资者非公开发行 A 股股票募集配套资金不超过 50.00 亿元。

本次换股吸收合并完成后，中航机电将终止上市并注销法人资格，中航电子将承继及承接中航机电的全部资产、负债、业务、人员、合同及其他一切权利与义务。中航电子因本次换股吸收合并所发行的 A 股股票将申请在上交所主板上市流通。

根据机载公司与中航科工签署的《表决权委托协议》，本次换股吸收合并完成后，机载公司将其原持有中航电子的股份以及原持有中航机电的股份按照换股比例换成的中航电子股份对应的表决权委托给中航科工。交易完成后，中航科工仍为存续公司的控股股东。

（三）项目特点

1. 历史上最大的军工央企上市公司重组项目

中航电子和中航机电分别为国内航空电子系统、航空机电系统的龙头企业，截至重组草案披露日，中航电子和中航机电市值分别为 362.12 亿元和 453.36 亿元。航空工业集团通过做“减法”聚焦专业化整合，采取中航电子换股吸收合并中航机电的方式，成为历史上最大的军工央企上市公司

重组项目

2. 符合机电一体化行业发展趋势，有助于打造具有国际竞争力的航空机载产业

本次交易是贯彻落实党中央、国务院深化国企改革指导思想的重要举措，推动存续公司内强质地、外塑形象，实现国有资产保值增值；顺应航空机载产业呈现系统化、集成化、智能化的发展趋势，聚焦专业化整合，发挥协同效应，做强做精主业，打造具有国际竞争力的航空机载产业，助力航空工业高质量发展。

（四）项目难点

1. 平衡各方利益诉求

中航电子和中航机电涉及不同的证券交易所，注册地亦处于不同的省份。由于本次交易采用吸收合并的方式，其中被吸并方将终止上市并注销法人资格，因此重组方案要充分平衡各方之间的诉求。在经协调各方并充分研究后，本次重组方案由中航电子吸收合并中航机电，募集资金主要用于中航机电下属公司的募投项目建设，最终实现多方共赢，并保证国有资产保值增值。

2. 重组涉及内外部单位众多，协调工作难度大

本次重组的前期策划、审批和实施过程涉及国务院国资委、国防科工局、证监会、上交所、深交所等众多外部主管部门以及中国航空工业集团有限公司内部对相关事项的支持、协调和审批工作。因此，本项目在整个过程中涉及的方案设计以及内外部协调、沟通、汇报工作均存在极大的挑战。

（五）项目意义

1. 顺应产业发展趋势，助力航空工业高质量发展

本次交易顺应全球航空机载产业发展趋势，响应航空工业产业融合发展模式，有助于提升我国机载系统的整体研制水平和综合实力，实现机载系统关键技术领域的重大突破，有利于更好地承担国家机载重大专项任务，进一步加强对航空产业链下游企业的供应保障能力，助力航空工业高质量发展。

2. 将存续公司打造成为世界一流的航空机载企业

本次交易是从合并双方发展战略出发，通过核心军工资产及业务的专业化整合，能够更好地协调合并双方的技术、人员、供应链、客户等资源，发挥协同效应，实现优势互补，有效提升存续公司核心竞争力，做强做精主业，将存续公司打造成为世界一流的航空机载企业。

3. 利用资本市场推动存续公司高质量发展

本次交易通过市场化手段推动合并双方深化混合所有制改革，并通过募集配套资金适当引入社会资本，进一步促进存续公司治理结构改善、经营机制转换，实现产业经营与资本运营融合发展、相互促进，推动存续公司高质量发展，更好地实现国有资产的保值增值、维护全体股东的利益。同时，交易完成后存续公司的资产规模和盈利能力大幅提升，有助于充分发挥上市平台融资功能和资源配置作用，提升融资效率，增强资本运作反哺产业发展的能力，为存续公司的长远发展提供保障。

第二节　产业整合类并购重组及其经典案例

一、产业链纵横向整合

上市公司并购重组主要有以下类型：一是产业链整合，即围绕产业链进行横向或纵向整合；横向整合为同属一个产业或行业、生产或销售同类产品的企业之间发生的收购行为；纵向整合即生产过程或经营环节紧密相关的公司之间的收购行为；二是资产及业务调整，即通过购买新的资产以引入新的业务完成对原有业务的替换或者业务多元化发展。

通过收购同类资产的横向整合，其目的在于消除同业竞争、扩大市场份额和增加垄断实力或者形成规模效应。在横向整合的并购重组类型下，标的资产的主业往往与上市公司的主业具有高度的相似性。通过收购与上市公司自身生产过程或经营环节紧密相关的资产的纵向整合，其目的主要在于降低进行正常生产经营的成本。横向整合有利于上市公司在所处赛道中确立优势、扩大优势，A 股市场中通过横向整合进行并购重组的案例不胜枚举。例如，沃尔德作为超硬刀具领域的领导企业之一收购 3C 行业的先进刀具企业；星湖科技发行股份收购食品添加剂标的伊品生物；上海机场发行股份收购机场管理标的虹桥公司。

纵向整合也称垂直整合，是指生产过程或经营环节紧密相关的公司之间的收购行为。纵向整合的好处是，一方面可以使供应方稳定销售渠道，另一方面使购买方稳定材料、半成品或者产品的来源，从而降低生产经营的成本，提高企业的生产效率。且由于收购双方往往是原材料供应者或产成品购买者，对彼此的生产状况比较熟悉，有利于收购后的相互融合。纵向整合在 A 股市场的并购重组案例十分常见，例如新奥股份发行股份购买天然气标的资产，实现首个民营 LNG 接收站通过资产注入；宏昌电子发行股份购买覆铜板及半固化片标的无锡宏仁；神马股份发行股份、可转债购买尼龙 66 盐研发生产标的尼龙化工公司；泰和新材发行股份购买芳纶纸研发生产标的民士达；南钢股份发行股份购买高炉炼铁矿石标的金江炉料等。

以下分别选取了横向整合、产业链纵向整合的沃尔德发行股份购买资产、新奥股份发行股份购买资产两案例进行整体介绍，具体分析选取了部分具有代表性的相关案例，详见以下分析。

（一）沃尔德发行股份购买 3C 精密加工标的公司

1. 项目基本情况

（1）本次交易方案概况。

本次交易由发行股份及支付现金购买资产和募集配套资金两部分组成。沃尔德通过发行股份及支付现金方式，向张苏来、钟书进等 31 个交易对方购买其所合计持有的鑫金泉 100% 股权，并向 10 名符合条件的特定投资者发行股份募集配套资金总额约 4.87 亿元。本次交易构成重大资产重组，构成关联交易，不构成重组上市。

2022 年 8 月 5 日，标的公司整体变更为有限责任公司，于 2022 年 8 月 22 日，标的公司就本次交易资产过户事宜办理了工商变更登记手续，标的公司 100% 股权全部过户登记至上市公司名下。

2022 年 11 月 4 日，本次配套募集资金发行新增股份的登记托管及限售手续已在中国结算上海分公司办理完成。

（2）本次交易支付方式。

①发行股份及支付现金购买资产。结合承担利润补偿责任、股份锁定等因素，根据本次交易各方的协商结果，本次交易拟对交易对方转让标的公司股权采取差异化定价。该差异化定价系交易对方内部的利益调整，不会损害上市公司及中小股东的利益。本次交易中针对不同的交易对方涉及的差异化定价情况如表 6－1 所示。

表 6－1　不同交易对方的差异化定价情况

涉及的交易对方	对应鑫金泉 100%股权估值（万元）	合计持股比例	相应交易对价（万元）
前海宜涛	63000.00	5.00%	3150.00
其他交易对方	70000.00	95.00%	66500.00
合计		100.00%	69650.00

本次交易，上市公司以发行股份方式支付交易总价款的 70%，以现金方式支付交易总价款的 30%。

②发行股份募集配套资金。本次向 10 名特定对象发行股票的实际发行数量为 14163757 股，募集资金总额为 486949965.66 元，未超过本次拟以发行股份方式购买资产的交易总价款 100%。

（3）标的资产的评估作价情况及定价方式。

本次交易，上市公司聘请中企华评估以 2021 年 9 月 30 日为评估基准日对鑫金泉 100% 股权进行了评估，评估值为 70332.16 万元。在此基础上，交易各方参考评估结果并经充分协商，确定本次交易标的资产鑫金泉 100% 股权的最终交易总价款为 69650.00 万元。

2. 项目特点

（1）本次重组项目系科创板并购重组委审核通过第一单。

本次交易是上交所科创板并购重组委设立以来，审议通过的第一单项目。本次收购完成后，上市公司借助标的公司在 3C 精密加工行业的供应链资源、品牌知名度、市场响应机制、销售网络等，可以获得更加全面的行业信息，拓展上市公司产品线，完善行业布局，进一步提高上市公司的综合实力。

（2）终止 IPO 辅导程序，选择并购重组。

标的公司原计划在创业板 IPO 上市，然而在 2021 年 11 月，标的公司终止上市计划。基于交易双方的商业因素考虑，标的公司后续拟通过重大资产重组方式登陆资本市场、加深与刀具行业优秀企业合作并进一步推进标的公司自身发展。具体背景及原因如下：

其一，标的公司 IPO 计划耗时较长。标的公司报告期内收入及盈利规模相对较小、业绩增长较为平稳，因此基于整体规模考虑，以 2019 ~ 2021 年作为上市申报基准报告期，于 2022 年上半年申报。若 IPO 项目顺利推进，标的公司预计于 2023 年下半年成功创业板上市。此外，成功上市时间还受申报企业数量、审核进度、发行计划情况等诸多因素影响，导致标的公司上市耗时长短具有较大不确定性。

其二，标的公司独立上市存在估值不高的风险。标的公司整体经营规模相对较小，且整体运营发展较为平稳。作为独立主体上市后，在二级市场存在投资者关注度不够、估值不高的风险，也可能影响标的公司上市后的后续融资计划推进。

其三，上市公司及标的公司的合作有利于国产刀具企业做大做强。我国刀具企业在生产规模、产品种类、业务范围等方面较国际头部厂商还存在一定差距。标的公司与沃尔德从事刀具业务多年，均长期看好行业发展前景，并力图提升国内刀具企业在行业的竞争力和话语权，持续推进刀具行业的进口替代，推动我国现代制造业的自主发展。标的公司在与沃尔德多轮深入交流沟通中，对沃尔德经营理念、管理风格和发展战略表示高度认同，并对双方合作前景产生了较好预期。

3. 项目难点

（1）科创板重组项目中对于标的公司符合科创板定位的论述。

标的公司符合科创板定位。标的公司主要产品按照材料的不同可分为超硬刀具和硬质合金刀具。根据国家统计局发布的《战略新兴产业分类（2018）》，标的公司超硬刀具属于“2. 高端装备制造产业”之“2.1 智能制造装备产业”之“2.1.3 智能测控装备制造”产业；硬质合金刀具属于“3. 新材料产业”之“3.2 先进有色金属材料”之“3.2.8 硬质合金及制品制造”产业。

根据《上海证券交易所科创板企业发行上市申报及推荐暂行规定》，标的公司超硬刀具业务属于“高端装备领域，主要包括智能制造、航空航天、先进轨道交通、海洋工程装备及相关服务等”的行业分类。同时，标的公司硬质合金刀具业务亦属于“新材料领域，主要包括先进钢铁材料、先进有色金属材料、先进石化化工新材料、先进无机非金属材料、高性能复合材料、前沿新材料及相关服务等”的行业分类。

（2）并购完成后，标的公司管理及业绩考核安排。

其一，标的公司及惠州鑫金泉的主要管理及经营安排。本次交易完成后，惠州鑫金泉将作为独立实施本次募投项目、独立对该项目进行经济核算的法人主体，在募投项目建设完成后，将拥有独立的生产厂房、生产设备与工作人员，可以自主从事主营业务，包括超硬刀具、硬质合金刀具的生产与销售等。

本次交易完成后，各方在高效推进刀具业务发展过程中，将严格依照《公司法》、相关法律法规及上市公司、标的公司、惠州鑫金泉各自《公司章程》的规定，划清各公司股东会、董事会、经营管理层的职责边界，从机构、人员、财务、资产、业务等方面保证标的公司和惠州鑫金泉的独立运营。

其二，保障本次交易业绩承诺考核准确性的措施。本次交易配套融资中，上市公司拟使用募集资金 22000.00 万元用于标的公司惠州鑫金泉精密刀具制造中心建设项目。根据本次交易协议，在计算标的公司实现净利润数额时：本次交易交割后，惠州市鑫金泉不纳入业绩考核专项审计；不包括本次交易的交割日后上市公司对标的公司及其下属企业新增投入所产生的利润或亏损。

因此，募投项目由独立法人主体惠州鑫金泉进行运营与核算，上市公司与业绩承诺方就业绩考核核算范围及人员进行了清晰约定，相关主体划分明确。

4. 项目意义

上市公司专注于超高精密、高精密超硬刀具及超硬材料制品的研发、生产和销售业务，主要产品及服务定位于全球高端刀具市场，同时致力于金刚石功能材料新兴应用领域的产业化。标的公司专注于中高端精密刀具研发、生产与销售，具有较强的非标产品定制化能力，并且在3C行业拥有一定的竞争优势。

上市公司与标的公司均主要从事超硬精密刀具、超硬材料制品的研发、生产，具有较高的协同效应。双方借助对方在精密加工行业的供应链资源、品牌知名度、市场响应机制、销售网络等，可以获得更加全面的行业信息，进一步提高企业的综合实力。

（二）新奥股份发行股份购买天然气标的资产

1. 项目背景

2021年下半年以来，包括中国在内的全球多个国家出现电力短缺，我国江苏、广东等地区出现限电停产的情况，主要原因为全球处于“脱碳”早期阶段，导致能源尤其是电力市场出现了不稳定。在此背景下，充分发挥天然气发电效率高、运行灵活、启停速度快、建设周期短、占地面积小等特点，将气电调峰作为构建以新能源为主体的新型电力系统的重要组成部分，从而助力能源碳达峰，构建清洁低碳、安全高效能源体系就迫在眉睫。

LNG接收站作为我国LNG进口的唯一窗口，在整个天然气产业链中具有接收、气化和调峰功能，是产业链上的重要基础设施，截至2021年，我国已投运LNG接收站22座，仍较为稀缺，未来其在稳定天然气能源供应方面的作用愈加突出。

2. 项目基本情况

（1）本次交易概况。

上市公司拟以发行股份及支付现金相结合的方式购买新奥科技、新奥集团和新奥控股持有的新奥舟山90%股权，其中，上市公司拟向新奥科技发行股份购买其持有的新奥舟山45%股权，按照以发行股份方式支付的交易对价427500.00万元以及17.22元/股的发行价格测算，本次交易拟发行股份购买资产的发行数量为 248257839 股，不足一股部分计入资本公积；拟向新奥科技、新奥集团、新奥控股支付现金分别购买其持有的新奥舟山 25%、15%和 5%的股权，现金对价由上市公司全资子公司新奥天津支付。

本次交易完成后，上市公司将通过全资子公司新奥天津间接持有新奥舟山上述 90%股权。根据中联评估出具的中联评报字〔2022〕第 999 号《资产评估报告》，截至评估基准日 2021 年 12 月 31 日，标的公司 100%股权的评估值为 952800.00 万元，对应标的公司 90%股权评估值为 857520.00 万元，经交易各方友好协商，确定本次交易作价为 855000.00 万元。本次交易构成关联交易，并构成重大资产重组，不构成重组上市。

（2）新奥舟山剩余股权的安排。

根据交易对方提供的往来邮件，交易对方已于 2021 年 10 月 8 日向 PrismEnergy 发出拟进行本次交易的通知，Prism Energy 于 2021 年 10 月 25 日明确回复不参与本次交易。本次交易未收购 Prism Energy 持有的标的公司股权系 Prism Energy 基于自身商业安排作出的决定，本次交易不影响 Prism Energy 与标的公司目前正在开展的业务合作。上市公司目前不存在收购标的公司剩余股权的后续规划及具体安排。

3. 项目特点

（1）首个民营 LNG 接收站通过资产注入实现证券化。

本次交易的标的公司新奥舟山建设、管理和运营的舟山接收站是首个国家能源局核准的由民营企业投资、建设和管理的大型 LNG 接收站。舟山接收站位于中国沿海经济最发达地区之一的核心位置，紧靠长江口，LNG 供应可直接覆盖华东地区和长江沿线省市。舟山接收站作为 LNG 登陆中心的重要组成部分，已成为宁波舟山 LNG 登陆中心的核心先导区之一及重点推进的“四个千万”吨级 LNG 接收基地之一。将标的资产注入上市公司有助于将其打造为 LNG 资源全球配置能力的重要平台，实现海外 LNG 资源采购长中短约的动态调整，形成更加稳定、有市场竞争力的资源池。

（2）本项目是 2021 年以来我国油气行业规模最大的并购重组。

上市公司以发行股份及支付现金相结合的方式购买新奥科技、新奥集团和新奥控股持有的新奥舟山 90%股权，交易作价为 855000.00 万元，系

2021 年以来我国油气行业规模最大的并购重组项目。

4. 项目难点

本项目在审核中着重解释了如下问题：

（1）现金对价占比高达 50% 的原因及合理性，对上市公司偿债能力的影响；

（2）标的公司盈利预测的可实现性，预测期利润增长较快的合理性。

5. 项目意义

新奥股份通过重组新奥能源完成了上游资源和下游分销业务整合，确立了“天然气产业智能生态运营商”的战略定位。通过本次交易，新奥股份收购位于浙江省舟山市的大型 LNG 接收站，能更加灵活地发挥舟山接收站的支点作用，在上游进一步获取优质资源，中游充分发挥接收、储运能力，下游进一步提升天然气分销能力和综合能源服务能力；同时在商业模式拓展、业务信息共享、运营成本降低等方面进行整合协同，打造天然气全场景数智化运营商，进一步夯实和提升新奥股份在天然气行业的领先地位。

二、资产及业务调整

（一）不构成重组上市的资产及业务调整

并购重组是实现上市公司变更主营业务、形成多元经营或实现行业赛道切换的有效途径。在产业并购的主流之下，市场中仍不乏通过并购重组扭转颓势、剥离陈旧业务模式、进入新兴“蓝海”领域的重组案例。例如，老牌天津国有控股上市公司津劝业，在传统商业零售业态下经营状况疲软，在天津国资平台公司津诚资本的统筹下，通过重大资产置换及发行股份的方式重组并入新能源电力标的国开新能源 100% 股权，实现传统商业零售到“双碳”目标下新能源发电行业的彻底切换，彻底化解经营风险并有力改善了公司基本面。类似情形下的资产及业务调整，因涉及主营业务的变更，置入资产的体量通常较大，需关注是否导致上市公司实际控制人变化、是否构成重组上市。在津劝业重大资产置换的案例中，其控股股东先行购买目标公司再注入上市公司，在巩固控股地位之余，实现了收购同一控制下的优质资产注入，避免构成重组上市。

此外，资产调整还可以体现在上市公司在保持原有资产不变的基础上，置入新的资产，以实现多元化经营的目的。例如，以大型铸锻件的研发、生产及销售为主业的上市公司宝鼎科技发行股份购买电子铜箔、覆铜板设计研发标的金宝电子，实现多元化经营，提升产品附加值和公司价值；主要从事益智玩具业务、医疗器械业务、教育业务以及精密非金属模具的研发、生产与销售的上市公司沐邦高科通过现金收购的方式购买光伏硅片、硅棒研发生产标的豪安能源，丰富了上市公司主营业务，优化了现有业务结构，提升了上市公司盈利能力。

（二）通过重组上市进行资产及业务调整

如重组交易导致上市公司实际控制人发生变化，且向新进实际控制人所购买资产的相应指标超过上市公司对应的100%或主营业务发生根本变化时，则预计将构成重组上市，即通常所说的“借壳上市”。借壳上市具有以下特点：并购目标公司为上市公司；顺利获取上市公司的控制权是借壳公司的首要目的；融入新的资产、拓宽筹资渠道是借壳的最终目的；进行资产重组后，原先被并购的壳公司依旧存在，但资产结构变化大，上市公司的主营业务也将发生巨大的改变。

受注册制加速的影响，2021年全年完成的重组上市案仅两例，分别为返利科技借壳昌九生化，以及上海外服借壳强生控股。2022年，随着并购市场的整体回暖，拟借壳标的和被借壳上市公司匹配性提高，借壳案例数量有所增加。例如，润泽科技通过“借壳”普丽盛实现重组上市，通过向新进控股股东发行股份方式注入润泽科技100%股权，完成国内大型第三方IDC数据中心服务业务的证券化；标的公司创新金属在铝加工行业具有一定竞争优势，凭借“借壳”华联综超进入A股市场，持续拓展高附加值铝市场，把握轻量化、新能源、3C等下游市场增量机遇，实现上市公司股东利益最大化；北京城乡通过资产置换置入人力资源服务资产北京外企；外服控股通过重大资产置换剥离原有交运资产并发行股份置入人力资源服务资产，上海市第一家市场化涉外人力资源服务机构上海外服实现“借壳上市”等。

以下选取了具有代表性的创新金属“借壳”华联综超案例进行整体介绍。

创新金属“借壳”华联综超

（一）项目背景

上市公司重组前的主营业务为超市零售。零售行业竞争激烈，电商、社区团购等线上业务发展迅速，给超市零售带来了挑战。本次交易将超市资产置出上市公司，是为了对超市业务进行改革和创新，探索新的经营模式、新的店铺模型，以适应市场环境的变化以及顾客需求的提高。

经过多年发展，标的公司创新金属形成了从合金成分研发、熔铸铸锭到挤压及深加工的全流程体系，凭借领先的技术与高水准服务，创新金属在高端铝合金领域构筑了坚实的护城河，伴随着下游市场需求的蓬勃向上，创新金属发展前景广阔。

（二）项目基本情况

本次交易方案包括重大资产出售、发行股份购买资产、募集配套资金三个部分。第一，华联综超拟向控股股东北京华联集团投资控股有限公司（以下简称“华联集团”）或其指定的第三方出售截至2022年4月30日上市公司全部资产和负债，置出资产交易对方以现金方式支付对价229000.00万元；第二，上市公司拟向山东创新集团有限公司（以下简称“创新集团”）、崔立新、杨爱美、耿红玉、王伟以及创新金属财务投资人以发行股份购买资产的方式购买其持有的创新金属100%股权，交易价格为1148200.00万元；第三，上市公司拟采用询价方式非公开发行股份募集配套资金，配套融资总额不超过150000.00万元，分别用于创新金属年产80万吨高强高韧铝合金材料项目（二期）、云南创新年产120万吨轻质高强铝合金材料项目（二期）。

（三）项目特点

1. 本次交易构成重组上市并同步实现亏损资产置出

由于零售行业竞争激烈、其他渠道分流以及疫情的挤压，上市公司超市零售业务收缩态势明显。2020年，公司营业收入同比下滑20.38%至95.49亿元，为10年以来营收首次低于百亿元，而归母净利润约为1.03亿元，同比增长22.38%。2021年，公司营业收入进一步下滑至83.53亿元，归母净利润由盈转亏，当年亏损2.81亿元。

借助于本次重组上市，上市公司的原有零售业务资产整体置出，转为非上市公司资产，为上市公司转变发展模式、重焕生机奠定了良好基础。同时注入盈利能力较强、行业领先的铝加工行业资产，从根本上改善上市公司的经营状况。

2. 基于市场化原则对财务投资人实行差异化定价且不参与业绩承诺

创新金属于2020年下半年启动了境内上市筹备工作，合计20名财务投资人因看好标的公司的业务发展情况，以投前估值90.8亿元的价格，合计向创新金属增资30.5亿元，并于2021年3月取得创新金属股权。

本次交易实行差异定价，对于创新金属全部财务投资人合计持有的创新金属25.1442%股权对应的创新金属股份合计作价为30.5亿元（与财务投资人2021年增资金额相等）；对于创新集团、崔立新、杨爱美、耿红玉、王伟合计持有的创新金属74.8558%股权，以对应的创新金属股份合计作价系全部置入资产价格扣除参与本次交易的财务投资人股东所持置入资产的交易价格30.5亿元之差额进行定价，即84.32亿元。

由于财务投资人不参与公司经营管理，因而不参与业绩承诺，未对财务投资人设置业绩补偿相关约束条款。

3. 被重组方股东为上市公司控股股东购买置出资产提供担保承诺

本次交易置出资产作价22.9亿元，承接方北京华联集团投资控股有限公司（以下简称“华联集团”）将分期向上市公司支付现金对价。为避免华联集团无法支付对价，创新金属控股股东创新集团向上市公司出具《承诺函》：“为保障上市公司及中小股东的利益不受损失，如发生华联集团未按交易协议的约定向上市公司支付置出资产交易对价的情形，则本公司同意在华联集团应付未付之日起20个工作日内向上市公司提供支持，向上市公司指定的银行账户转入与华联集团当期应付未付金额相等的款项。”

（四）项目难点

1. 标的资产报告期存在大额资金占用

报告期内，创新金属存在较大金额资金被控股股东非经营性占用的情形。2020 年以来，创新金属筹备境内上市相关工作，并开始引入战略投资者，逐步对资金占用情况进行规范。截至 2021 年 1 月末，控股股东对创新金属的非经营性资金占用全部解决，创新金属的控股股东已清理对创新金属的非经营性资金占用，对报告期内非经营性资金占用支付了相应利息费用，且创新金属的实际控制人与控股股东作出承诺未来不会通过直接或者间接的方式非经营性占用创新金属资金。同时，创新金属建立了与内部资金管理相关的完善的内控制度。

2. 本次交易估值作价的合理性

本次交易采用资产基础法和收益法对创新金属股东全部权益价值进行评估，收益法下评估值为 1148200.00 万元，增值率 159.24%；资产基础法下评估值为 561349.94 万元，增值率 43.35%。本次交易最终选取收益法的评估结果作为评估结论。

然而，受 2021 年国内“能耗双控”政策导致的上游原材料价格上涨和部分能源价格上涨等因素影响，创新金属当年采购的硅、镁等合金辅材短期内大幅上升，天然气价格亦呈持续上涨态势，进而导致产品成本有所上升，2021 年度，创新金属实现扣除非经常性损益后的净利润为 82231.76 万元，低于 2021 年 3 月财务投资人增资时创新金属承诺的净利润，差异金额为 21768.24 万元。因此，结合原材料与能源价格变动以及盈利预测数据说明收益法结论合理性是本项目难点之一。

（五）项目意义

借助于本次重组，创新金属实现借壳上市。创新金属是国内领先的铝合金材料企业，连续六年入围“中国企业 500 强”，棒材和铝杆线缆的国内市场份额分列第一和第二。通过本次交易，上市公司将注入盈利能力较强、行业领先的优质资产，从根本上改善上市公司的经营状况，增强公司的持续盈利能力和发展潜力，提高公司的资产质量和盈利能力，以实现上市公司股东的利益最大化。同时，创新金属将在资本市场的助力下，重点拓展高附加值铝市场，把握轻量化、新能源、3C 等下游市场增量机遇，并进一步巩固科技研发能力，提升综合竞争力，实现上市公司股东利益最大化。

第三节　并购重组的业务模式创新及其案例

2022 年的并购重组市场实践中，出现了部分交易模式具有独创性和创新性的案例，反映出包括上市公司、标的企业、中介机构及监管机构在内的等各市场参与主体的专业化能力和市场化共识。

一、上市公司作为战略投资者参与另一上市公司锁价定增并构成重大资产重组

为更好引导市场参与者规范有序地开展锁价定增再融资，中国证监会于 2023 年 2 月发布了《〈上市公司证券发行注册管理办法〉第九条、第十条、第十一条、第十三条、第四十条、第五十七条、第六十条有关规定的适用意见——证券期货法律适用意见第 18 号》（以下简称“《再融资办法适用意见》”）。《再融资办法适用意见》整合了 2020 年 2 月发布的《发行监管问答——关于上市公司非公开发行股票引入战略投资者有关事项的监管要求》（以下简称“《非公开战投监管要求》”）的相关规定，明确要求参与锁价定增的战略投资者应当“具有同行业或者相关行业较强的重要战略性资源，与上市公司谋求双方协调互补的长期共同战略利益，愿意长期持有上市公司较大比例股份，愿意并且有能力认真履行相应职责，提名董事实际参与公司治理，提升上市公司治理水平，帮助上市公司显著提高公司质量和内在价值，具有良好诚信记录，最近三年未受到中国证监会行政处罚或者被追究刑事责任”。

2021 年第一季度，韵达股份（002120. SZ）战略认购德邦股份（603056. SH）和宁德时代（300750）战略认购先导智能（300450. SZ）两个锁价定增成功过会，成为 2020 年 3 月“再融资新政”之后首批“战略投资者参与锁价定增”的案例，体现出行业龙头上市公司对业内优质上市公

司的战略性看多、积极赋能。从案例的方案中，可见战投方就合作内容进行了翔实细化的论证，部分方案中直接列出了具体的合作项目，也出现被监管要求量化计算战投入股对业绩影响的情况。

2021 年 5 月，云南白药（000538. SZ）拟作为战略投资者参与上海医药（601607. SH）的锁价定增，并认购其 2021 年度非公开发行的 665626796 股 A 股股票，占上海医药发行后总股本的 18. 02%。因收入占比超过自身 50%，云南白药本次参与锁价定增根据《上市公司重大资产重组管理办法》构成了重大资产重组。值得注意的是，虽然 2020 年年初颁布的再融资新规中对于锁价定增的投资者认购股份锁定期规定为 18 个月，但云南白药参与认购上海医药的相应股份字眼承诺锁定 36 个月，体现出《非公开战投监管要求》中要求的“愿较长时间内持有上市公司股份”，也与此前非公开发行的监管实务中大部分战略投资者锁定期为 36 个月相符。

此外，对于云南白药而言，本次重大资产重组的交易对方为上海医药，交易标的为上海医药本次非公开发行的股票，因此重组报告书中针对交易对方、标的资产基本情况、评估估值、财务会计均主要围绕上海医药作为上市公司的公开披露信息进行编制与撰写，保证双方信息披露的一致性。例如，标的公司主营业务中报告期内主要客户、供应商的披露采用了隐去实际名称，仅标明“客户/供应商 1、2、3”，保持商业机密不直接对外披露；标的资产估值情况中，利用可比公司、可比评估基准日等方式，印证锁价定增定价的合理性，符合其已发行的 A 股流通股在二级市场上已经形成历史交易价格趋势。

以下选取了云南白药作为战略投资者参与上海医药锁价定增案例进行整体介绍。

云南白药作为战略投资者参与上海医药锁价定增

（一）项目基本情况

1. 本次交易方案概况

云南白药作为战略投资者，以现金 16. 39 元/股认购上海医药非公开发行的 665626796 股 A 股股票，本次认购股份的价格为定价基准日前二十个交易日上海医药 A 股股票交易均价的 80%。交易完成后，云南白药持股占上海医药发行后总股本的 18.02%。同时，云南白药作为战略投资者根据与上海医药签署的《战略合作协议》的约定向上海医药提名 1 名执行董事候选人、1 名非执行董事候选人以及 1 名监事候选人。

本次交易构成重大资产重组，不构成重组上市，构成关联交易。

2. 本次交易支付方式

云南白药通过自有资金、自筹资金等方式筹集交易价款，按照约定认购上海医药 2021 年度非公开发行的股票。

（二）项目特点

1. 横向并购促进协同发展，不影响双方主营业务方向

上海医药是国内领先的大型医药产业集团，具有较为完整的医药产业生态，经营业绩稳步增长，且保持了良好的现金分红水平；云南白药作为国有企业混合所有制改革的标杆案例，借助混改后的多元化股权结构，有效实现了理顺体制、激活机制的改革目标。通过本次交易达成双方的战略合作，有利于夯实云南白药既有战略基础，促进主营业务的持续健康发展。

2. 双方优势互补，实现“双赢”局面

近年来，云南白药在生物医药细分赛道力量不足，而上海医药坐拥上海国资委旗下所有医药工业的资产，拥有丰富产线可补缺其短板。另外，上海医药零售端偏弱，且上游原材料供给有所欠缺，云南白药可以将其补齐。

（三）项目难点

上海医药系一家于上交所及联交所上市的公司。根据相关法律法规以及中国证监会、上交所及香港证监会、联交所的相关要求，上海医药日常应当以法律法规所规定的方式和渠道面向所有投资者履行信息披露义务。因此，本次交易中，云南白药及相关中介机构主要依据上海医药的公开披露信息、文件以及上海医药提供的有限资料开展尽职调查，并基于前述尽调结果进行信息披露，确保与上海医药的公开披露信息不存在实质差异。

（四）项目意义

1. 建设品牌中药，促进产业链合作及消费品协同

云南白药依托云南得天独厚的气候及地理条件优势，稳步推进战略药

材种植繁育基地建设，上海医药则在全国各省市已建立多个中药材标准化种植基地。通过战略合作，双方可联合打造中药资源产业生态圈等，更好地发展中药材种植及饮片业务。同时借助战略合作，云南白药能利用其在品牌建设、销售渠道等方面具有的较强优势和丰富经验，有效发掘上海医药旗下品牌中药、中药消费品资源，打造新的品牌消费品，促进现有优质产品向全国推广。

2. 新药研发、生产、销售协同

通过本次交易，云南白药与上海医药可以在新药研发、生产、销售方面，通过 MAH 等模式，实现协作，加速新药业务布局，推进云南白药大健康产业向智能化、国际化发展，借助上海的区域和资源优势，加速建立先进研发中心基地，培育新型业务板块，逐步构建覆盖研发、生产、市场推广等业务发展的平台。

3. 积极响应健康中国战略，推动中国药企走向世界

通过战略合作，双方共同响应国家“健康中国 2030”战略，依托双方优质资源，建立联合研究院或产品创新合作平台，聚焦疾病预防与治疗的创新研究，在药品、生物制品、医疗器械、健康食品、医疗及康养服务等方面进一步挖掘现有产品和资源价值，共同研发新产品、新服务，进一步推动传统医药与现代科技结合，推动中国制药企业走向世界。

二、上市公司参与司法重整完成重大资产购买

上市公司并购重组中最常见的参与方式实际为非公开协议转让，即基于交易双方的谈判协商，就收购估值、支付方式、业绩承诺等核心条款达成一致，由上市公司作为资产收购方与交易对方签署协议，通过发行股份、可转换公司债、支付现金或相结合的方式购买资产。部分案例中，交易对方因属国有控股等原因，需采取进场交易的方式，在产权交易所进行挂牌转让，由上市公司摘牌受让。

随着并购重组市场和参与者的愈发成熟，参与模式也同样不拘泥于上述传统方式，上市公司可参与司法重整或破产重整，作为重整投资者进入

标的公司，如指南针通过参与司法重整、成为重整投资人的方式收购网信证券 100% 股权。

通过司法重整方式进行重大资产购买的具有一定的特殊性和优势：标的公司因债务负担较重处于司法重整过程中，客观上需要重整投资人投入资金，方可制订以债务清偿方案为核心的重整计划，从而达到通过债权人会议、重整计划获得法院裁定从而实现债务风险化解的目的；因此从谈判地位而言，上市公司作为买方一般可具有更优的主动权和议价权。另外，在司法重整过程中，法院通常已指定清算组作为管理人，购买方在谈判和尽调过程中与管理人沟通协调，更易获得相对独立、客观的判断。

但与此同时，参与司法重整实现对标的资产购买也存在一些特有的风险及不确定性：标的资产在破产重整程序中，债权人是否同意债务清偿方案、出资人是否同意权益调整方案，均将影响重整计划是否可由法院最终裁定并执行，继而将影响上市公司的资产购买是否可以推进。更重要的是，标的资产处于“触底反弹 涅槃重生”过程中，如可顺利通过重整削减财务重负、轻装上阵恢复盈利能力，则对购买方而言将有利于重组目标的实现；但如因行业周期、经营管理等因素，导致重整后标的公司仍未能彻底改善盈利能力，对购买方而言则可能意味着业绩拖累、商誉减值等经营风险。由于处在破产重整重大的并购标的存在一定特殊性，要求上市公司作为收购方对收购目标、估值对价、标的实际情况、未来盈利改善等有非常明确的判断。

以下选取了指南针通过司法重整收购网信证券案例进行整体介绍。

指南针通过司法重整收购网信证券

（一）项目背景

1. 指南针战略升级，发挥业务协同效应

指南针自成立以来即以证券工具型软件终端为载体，以互联网为工具，向投资者提供及时、专业的金融数据分析和证券投资咨询服务；同时，指南针基于自身在金融信息服务领域积累的客户资源、流量入口优势及营销优势，积极拓展广告服务业务，保持保险经纪业务。

2. 网信证券资不抵债，具备重整价值

重整前，网信证券发展陷入困境。自 2018 年以来网信证券连续亏损，严重资不抵债，不能清偿到期债务。2019 年至 2021 年网信证券连续 3 年在证券公司分类评价中被评为 D 类 D 级，排名垫底，日常经营难以为继，发展受阻。在此背景下，沈阳中院于 2021 年 7 月受理了网信证券的破产重整申请。网信证券业务资质较为齐全，业务发展潜力较大，具有较好的重整价值。

（二）项目基本情况

1. 本次交易方案概况

网信证券因债券交易业务造成重大经营风险，严重资不抵债，无法清偿到期债务。2021 年 7 月 16 日，沈阳中院裁定受理网信证券破产重整一案，并于 2021 年 7 月 28 日指定国浩律所与德恒律所联合担任网信证券管理人。指南针于 2021 年 9 月报名参与网信证券有限责任公司破产重整投资人的招募和遴选。经市场化遴选流程，指南针于 2022 年 2 月 10 日被确定为重整投资人。

依据管理人制定的《重整计划草案》，联合创业集团、盛京金控及恒信租赁作为网信证券原股东在网信证券中的出资人权益将调整为零，重整投资人将投入人民币 15 亿元重整投资款用于网信证券债务清偿，并取得重整后网信证券 100% 股权。

本次交易构成重大资产重组，不构成重组上市，不构成关联交易。

2. 本次交易支付方式

本次交易的资金来源全部为指南针的自有资金，不涉及发行股份，亦不涉及募集配套资金。

3. 标的资产的评估作价情况及定价方式

截至重整受理日，网信证券资产总额为 8.98 亿元，以重整受理日为基准日网信证券全部资产清算价值为 3.04 亿元。经重整投资人竞争性遴选、市场化谈判等环节，确定本次交易作价为 15 亿元。上述作价综合考虑了标的公司业务情况、与指南针之间的业务协同、资源互补等因素。

由于标的公司近年来一直处于非正常经营状态，历史财务数据无法反应标的公司真实价值，而本次交易后指南针将成为标的公司控股股东。在综合考虑指南针与标的公司的业务协同、客户转化、业务重构等因素后，根据北方亚事以 2021 年 12 月 31 日作为估值基准日对网信证券全部股东权益出具的估值报告显示，标的公司 100% 股权的估值为 182330.45 万元。

（三）项目特点

1. 上市公司作为破产重整投资人，且构成重大资产重组

近年来，作为破产重整投资人参与破产重整的上市公司数量逐渐增多，但同时构成上市公司重大资产重组的案例并不常见。

2021 年 7 月 16 日，沈阳中院裁定受理网信证券破产重整一案。上市公司指南针经市场化遴选流程，于 2022 年 2 月 10 日被确定为网信证券重整投资人。指南针作为网信证券重整投资人以现金方式出资 15 亿元，并在网信证券重整完成后取得网信证券 100% 股权。

指南针最近一个会计年度资产总额 20.46 亿元，资产净额 12.82 亿元，本次交易相关财务指标占比分别达到 73.33% 和 117.00% 。根据《重组管理办法》相关规定，本次交易构成上市公司重大资产重组。

2. 指南针主业高速发展，预计协同效应明显

作为我国金融信息服务行业经验丰富的提供商之一，指南针通过证券工具型软件为投资者提供及时、专业金融数据分析和证券投资咨询服务。整合网信证券后，各项证券公司业务将成为指南针公司业务链条中的重要环节，网信证券的未来发展也将直接决定公司业务布局的完善进程。

（四）项目难点

1. 关于指南针符合证券公司股东资格的分析

《证券公司股权管理规定》第九条对证券公司控股股东、第一大股东作出了一系列要求，包括净资产不低于 5000 万元人民币、不存在净资产低于实收资本 50% 、或有负债达到净资产 50% 或者不能清偿到期债务的情形、开展金融相关业务经验与证券公司业务范围相匹配等要求。

《证券公司股权管理规定》第十条的规定，证券公司从事的业务具有显著杠杆性质，且多项业务之间存在交叉风险的，其第一大股东、控股股东还应当符合下列条件：最近 3 年持续盈利，不存在未弥补亏损；最近 3

年长期信用均保持在高水平，最近 3 年规模、收入、利润、市场占有率等指标居于行业前列。控股股东还应当符合下列条件：总资产不低于 500 亿元人民币，净资产不低于 200 亿元人民币；核心主业突出，主营业务最近 5 年持续盈利。证券公司合并或者因重大风险被接管托管等中国证监会认可的特殊情形不适用本条规定。

指南针对此回复为：第一，根据《证券公司股权管理规定》第十条第三款，“证券公司合并或者因重大风险被接管托管等中国证监会认可的特殊情形不适用本条规定”。因网信证券出现重大经营风险，辽宁证监局已于 2019 年 5 月 5 日委派风险监控现场工作组进驻网信证券。在此基础上，本次交易涉及网信证券破产重整，属于金融企业风险处置事项，情况较为特殊。第二，网信证券至今未获得股票期权做市及场外衍生品业务资格综上所述，指南针作为证券公司控股股东资质与《证券公司股权管理规定》第十条相关规定不存在矛盾。

2. 关于标的符合创业板定位的分析

指南针行业分类为其他金融业；网信证券业务范围涵盖证券经纪、证券自营、证券投资基金销售、证券资产管理、证券承销、证券保荐等业务领域，根据中国证监会行业分类标准属于金融业。

根据《创业板上市公司持续监管办法》第十八条，上市公司实施重大资产重组或者发行股份购买资产的，标的资产所属行业应当符合创业板定位，或者与上市公司处于同行业或者上下游。根据《深圳证券交易所创业板企业发行上市申报及推荐暂行规定》第四条，网信证券等“金融业”，企业原则上属于深圳证券交易所不支持其申报并在创业板发行上市的企业范畴。尽管如此，第四条中同时明确提出“与互联网、大数据、云计算、自动化、人工智能、新能源等新技术、新产业、新业态、新模式深度融合的创新创业企业除外”。根据《重整计划草案》，本次交易完成后指南针拟将网信证券打造为“以金融科技为驱动，财富管理为特色的全国知名金融服务商”。

从实质重于形式的角度出发，参考起步较早、目前已被资本市场充分证明的“东方财富”（同为创业板上市公司）的模式，指南针认为本次交易的初始动机与希望达到的最终目的均符合创业板对上市公司的定位。基于以上原因，尽管网信证券本身属于“金融业”企业，指南针对网信证券的未来发展规划符合《深圳证券交易所创业板企业发行上市申报及推荐暂行规定》第四条中例外情形的相关描述。进一步结合关于指南针与网信证券现有业务属于同行业上下游的相关论述，本次交易符合《创业板上市公司持续监管办法》第十八条的规定。

3. 关于标的公司作为破产重整企业，符合重大资产重组管理办法要求的分析

由于标的公司是破产重整的企业，因此需要对标的公司的经营风险、资产权属状况、财务风险、资产整合风险、交易估值等方面予以特殊关注。

（五）项目意义

1. 化解金融系统风险，有助于金融系统稳定

网信证券主营业务为证券经纪业务，本次破产重整拟化解的债务涉及多家金融机构。指南针作为重整投资人参与网信证券破产重整有助于帮助网信证券化解自身债务问题；在偿还债务、保障债权人利益的同时也可利用指南针自身优势协助网信证券重回正轨，从而最大限度降低网信证券破产重整事件的社会影响，尽可能保留优质资产。

2. 进一步完善业务布局，充分发挥协同效应，提升指南针核心竞争力

指南针作为我国金融信息服务行业经验丰富的提供商之一，通过证券工具型软件为投资者提供及时、专业金融数据分析和证券投资咨询服务。整合网信证券后，指南针的产品研发能力有望得到进一步加强，而网信证券依托指南针深厚的技术背景和强大的软件技术优势也有望进一步拓展互联网券商业务、资产管理业务、综合财富管理业务等，充分发挥业务协同效应并持续完善业务布局。

三、A 股上市公司要约收购香港上市公司

自 2021 年以来，受新冠疫情、地缘政治、中美两国监管政策变化的影响，中概股企业股价持续下跌，部分中概股股价较其历史高位下跌超过

80%。港股市场受此影响，也出现了大量H股上市公司或红筹架构上市公司股价大幅波动的情况。普遍面临估值被低估、融资困难等窘境，部分企业已经积极寻求出路解决困境，考虑通过各种路径回归A股的情况所有增加。

市场实践中，回归的集中主要路径包括以下几种：一是维持在境外上市的同时在A股上市，2018年颁布的《国务院办公厅转发证监会关于开展创新企业境内发行股票或存托凭证试点若干意见的通知》《试点创新企业境内发行股票或存托凭证并上市监管工作实施办法》等，为红筹企业在中国境内发行股票或存托凭证（CDR）上市提供了制度基础；目前，已有多家符合条件的境外上市的红筹企业完成在A股的同时上市，包括中国移动（H股和A股）、中芯国际（H股和A股）等。二是私有化退市后在A股独立IPO上市，红筹结构可根据实际情况选择拆除或保留（目前保留红筹的拟上市企业主要集中在科创板），近年来的案例包括华大智造、格科微等。三是私有化后通过重组注入上市公司，或A股公司直接收购境外企业即私有化同时重组并入A股公司，由于该等路径在交易结构设计、市场时点选择、收购方资金条件等方面具有复杂性，市场上案例不多，2022年度宏川智慧通过香港子公司私有化收购港股上市公司龙翔集团（00935. HK）即为该等情况。

对收购方而言，对境外上市公司的收购中应重点考虑全面要约的可实现性、对价支付、及商务、外汇等主管部门审批程序履行。以宏川智慧私有化收购龙翔集团为例，在全面要约收购的可实现性方面，若该次交易在要约截止日期之前获得不少于90%要约股份的有效接纳，则根据《开曼群岛公司法》及港交所《收购守则》规则2. 11，要约人将通过行使其强制性收购在全面要约下未曾收购的要约股份的权利，将标的公司私有化；公告文件显示，龙翔集团的股东力润、港顺、吴惠民等7名股东已与宏川智慧及宏川香港签署《不可撤销承诺》，承诺将以其持有的全部龙翔集团股份接纳要约，且不会撤回该项接纳，该等承诺股份占比已达86. 91%，收购方可成功完成私有化的可能性较高。在对价支付方面，本次要约收购总对价为15. 62亿港元，截至重组报告书披露时点，宏川智慧子公司即收购主体宏川香港已取得授信额度为160000万港元的贷款，用于全额支付本次交易对价（审核中需重点论述贷款是否对上市公司的偿债能力有重大不利影响、上市公司履约还款措施等）。商务外汇等审批程序方面，该次交易履行了省商务厅的境外投资备案，取得了国家外管局地方支局的备案，还需根据港交所要求，配合完成龙翔集团公开披露文件的提交。

以下选取了宏川智慧私有化收购龙翔集团案例进行整体介绍。

宏川智慧子公司宏川香港私有化收购龙翔集团

（一）项目背景

上市公司在深度布局的长三角形成了一定的集聚优势。而标的公司的重要子公司南京龙翔毗邻南京港，是亚洲最大的内河港之一。本次交易将使上市公司在长三角地区的业务覆盖范围进一步扩大，从而使公司仓储业务版图中的长三角区域的仓储基地形成集群效应。而标的公司控股子公司南京龙翔拥有优质码头以及储罐资源，且所在地经济较为发达，石化仓储需求量较大，属于主营业务与上市公司高度契合的优质资产。

（二）项目基本情况

1. 本次交易方案概况

宏川智慧通过间接控股境外子公司宏川香港作为本次交易的要约人，拟在先决条件获得满足的情况下，发出自愿性全面要约，以现金方式向香港联交所主板上市公司龙翔集团全部股东收购龙翔集团所有已发行股份，合计1220628000股。本次交易对龙翔集团要约价格为每股1.28港元，假设要约获全数接纳，本次要约总价为1562403840港元。2021年10月8日，宏川香港及标的公司根据《收购守则》第3.5条已就上述事项向标的公司全体股东发出3.5公告；待3.5公告载明的先决条件获得满足后，宏川香港及标的公司将向标的公司全体股东发出关于本次自愿性全面要约的综合文件，以现金方式向香港联交所主板上市公司龙翔集团全部股东收购龙翔集团所有已发行股份。

2022年8月23日，龙翔集团撤销香港联交所上市地位。

本次交易构成重大资产重组，不构成重组上市，不构成关联交易。

2. 标的资产的评估作价情况及定价方式

根据经审计的标的公司的审计报表，标的公司在本次要约收购下的企业价值为人民币125785.24万元。本次交易的可比倍数EV/EBITDA为7.88倍，P/E为17.29倍。

基于稳健性的考虑，深圳鹏信在可比交易和可比公司案例中选择最小值与平均值作为可比公司EV/EBITDA及市盈率的参考区间，可比公司的EV/EBITDA范围介于6.23倍~10.28倍，中位数约为9.75倍，要约收购价所隐含的EV/EBITDA约为7.88倍，属于可比公司EV/EBITDA范围内且低于可比公司的平均数和中位数。可比公司的市盈率范围介于7.50倍~22.87倍，中位数约为18.69倍，要约收购价所隐含的市盈率约为17.29倍，属于可比公司市盈率范围内且低于可比公司的平均数和中位数。本次交易隐含的EV/EBITDA及市盈率与可比公司估值水平相比，处于合理区间。

（三）项目特点

回顾本次交易，因涉及境外上市公司股份收购，需完成交易的审计评估及尽职调查、境内投资备案、境内外信息披露等多项工作，具备流程复杂、多方协调难度高等特征。在以往的资本市场上，由于全面要约收购具有极高的门槛，A股上市公司以全面要约方式收购港股上市企业股份后实施私有化的成功案例极少。根据香港证券及期货事务监察委员会就在其编制的《公司收购、合并及股票回购守则》中，全面要约收购的标的公司需在股东大会上获得大于等于75%参与投票之独立股东支持且小于等于10%所有独立股东反对，宏川智慧在不到11个月时间内即按照监管要求完成资本运作，极具代表性。

（四）项目难点

1. 短期资产负债率提高，现金流承压，未来杠杆空间较小

本次交易对龙翔集团要约价格为每股1.28港元，要约获全数接纳，本次要约总价为1562403840港元。其中并购贷款支付额度不超过9.6亿港币，其余部分由要约人宏川香港自有资金支付。尽管宏川智慧经营状况稳健良好，经营活动产生的现金流量净额较为稳定，短期内债务上升缩减了后续杠杆空间。

2. 标的公司存在重大客户依赖

报告期内标的公司对其第一大客户存在重大客户依赖的情况。交易所在问询函中着重关注标的公司第一大客户订单下降后是否会影响标的公司未来经营业绩。上市公司的回复表示，根据合同条款，标的公司控制权变更不会触发合同终止条款。上市公司将在收购完成后保持标的公司现有核心团队的稳定性，维护与供应商和客户的良好关系，保证采购、销售渠道的连续性、可靠性，不会因为本次交易的后续整合对南京龙翔的业务执行造成不利影响。

（五）项目意义

本次收购后，公司可以依托分布在各地仓储库区的集群优势和庞大存货，为客户提供同品质、同数量的石化产品异地存取服务，降低客户综合物流成本，提升运营效率，对于公司“码头 + 化工仓储”双主业核心发展战略有着重大意义。此外，作为 A 股上市公司成功私有化收购港股上市公司，该市场化案例起到了标杆作用，促进我国金融市场进一步开放。

第四节　并购重组失败的典型案例

一、并购重组项目未通过审核或主动终止

并购重组项目因其各方利益诉求存在差异、主要节点及信息披露要求具有时限性要求，因此实务中，并购重组案例从首次披露筹划到通过审核，至最终完成交割，存在一定的终止概率。从数量上来看，并购重组项目或被动或主动的终止是上市公司并购重组失败最多的一类。

《上市公司重大资产重组管理办法》明确提出，上市公司实施重大资产重组所涉资产定价公允、所涉资产权属清晰；交易应有利于提高上市公司资产质量、改善财务状况和增强持续经营能力，有利于上市公司减少关

联交易、避免同业竞争、增强独立性。并购重组项目在推进审核的过程中，监管部门尤其关注标的公司与估值相对应的业绩承诺的可实现性、持续盈利能力的可靠性，如无法充分论证，在估值水平相对较高的情况下很可能面临终止的风险。从2022年未通过中国证监会并购重组委审核的5单案例来看（见表6－2）[①]，不符合《重组管理办法》第十一条要求的“资产定价公允，不存在损害上市公司和股东合法权益”及“有利于上市公司增强持续经营能力”是案例被否的主要原因。

表6－2　　2022年未通过中国证监会并购重组委审核的案例

公司名称	被否原因
乐通股份（002319）	未充分说明并披露本次交易标的资产评估增值率较高的合理性和定价公允性，不符合《重组管理办法》第十一条规定
盈方微（000670）	未充分说明本次交易不存在损害上市公司股东合法权益的情形，不符合《重组管理办法》第十一条规定
福鞍股份（603315）	未充分说明并披露本次交易定价的公允性及评估增值的合理性，不符合《重组管理办法》第十一条规定
福达合金（603045）	未充分说明和披露本次交易有利于保持上市公司独立性，不符合《重组管理办法》第十一条规定
亚钾国际（000893）	本次交易完成后标的资产未来按期达产、运营存在较大不确定性，不符合《重组管理办法》第四十三条第一款规定

实践中，除因未审核未通过被动终止外，并购重组交易也可能由上市公司主动终止。终止原因多样且复杂，可能包括上市公司方面的因素，如股价大幅波动、发行股份购买资产的原有定价失去公允性；可能包括标的方面因素，如大股东变更重组意愿、标的经营出现不稳定因素、推进期间业绩下滑等；也可能因程序和外部市场环境因素所致，如经营者集中审查或外商投资审查迟迟未有结果、市场系统性剧烈波动、行业出现重大不利政策等。例如，淮河能源拟吸收合并淮南矿业在推进过程中主动终止，主要原因为标的公司作为矿业资源类企业存在被追缴矿业权出让收益的潜在

① 亚钾国际2022年1月未通过并购重组委审核，再次申报后同年6月通过审核，此处纳入统计。

可能，导致标的基本面产生重大不利影响，无法推进重组事项。

终止案例与标的公司自身的经营情况、未来盈利能力的可预见性有关的居多，上市公司在筹划和论证并购重组方案的过程中，应理性对待标的估值及对应业绩承诺，从而提高成功概率，更重要的是避免未来潜在的业绩暴雷、商誉减值风险等。

以下分别选取乐通股份发行股份购买资产、淮河能源吸收合并淮南矿业进行代表性介绍。

（一）乐通股份发行股份购买资产拟寻求新盈利增长点

1. 项目背景

乐通股份目前的主营业务为国内包装印刷油墨的研发、生产和销售，产品以中高档凹印油墨为主，公司 2017 年、2018 年、2019 年和 2020 年 1 ~ 10 月的归属母公司股东的净利润分别为 1064.82 万元、－3374.60 万元、－29149.14 万元和－1090.11 万元，盈利能力偏弱。

2. 项目基本情况

（1）本次交易方案概况。

上市公司拟以发行股份及支付现金的方式购买大晟资产、郭虎等 7 名自然人持有的浙江启臣 100% 股权；购买南华资产、戈玉华等 27 名自然人持有的核三力 45% 股权。本次交易完成后，上市公司将通过直接和间接持有的方式合计持有核三力 100% 股权。上市公司拟向控股股东大晟资产发行股份募集配套资金，募集资金总额不超过 33544.00 万元，用于支付本次交易现金对价、偿还债务、补充流动资金以及支付重组费用等。

（2）本次交易定价及支付方式。

本次交易在不影响交易对价总额的前提下，综合考虑各交易对手情况及对公司未来业务发展的促进作用等因素，经协商拟采用差异化定价方式，具体情况如表 6－3 所示。

在本次交易中，南华资产获得了相较于其他交易对手略高的交易价格，主要系基于国有资产保值以及重组完成后，南华资产将协调南华大学支持核三力核产业相关业务的发展。

表 6－3　　乐通股份重组交易定价

标的资产	股东名称	对应核三力股权比例	交易作价（万元）	对应核三力100%股权估值（万元）
浙江启臣100%股权	大晟资产	25.00%	11500.00	46000.00
	郭虎等7名自然人	30.00%	13800.00	46000.00
核三力45%股权	南华资产	35.00%	18375.00	52500.00
	戈玉华等27名自然人	10.00%	4600.00	46000.00
合计		100.00%	48275.00	48275.00

3. 项目特点

（1）上市公司积极通过并购重组方式提升盈利能力。

近年来，乐通股份曾多次试图通过并购改善公司的经营状况，但均以失败告终。本次交易完成后，乐通股份业务将覆盖烟草领域，烟草业务对技术水平和产品质量要求较高，市场竞争相对缓和，毛利率较高，高毛利率的烟草领域业务占比的提升，将带动公司盈利能力的提升。这是上市公司通过并购重组进行纾困解难的代表性案例。

（2）交易采用差异化定价方式。

本次交易在不影响交易对价总额的前提下，通过综合考虑各交易对手情况及对公司未来业务发展的促进作用等因素，经协商拟采用差异化定价方式，南华资产获得了相较于其他交易对手略高的交易价格，主要系基于国有资产保值以及重组完成后，南华资产将协调南华大学支持核三力核产业相关业务的发展。

4. 项目难点

（1）交易对手要求较高的现金支付比例。

本次交易过程中，由于交易对手存在较大的资金需求，同时上市公司方为了锁定优质标的资产，提升交易成功概率，在符合现行法律法规的情况下，经过协商最终确定的本次交易中的现金对价比例超过30%，并在业绩承诺履行完毕前支付77.85%的现金对价，这对目前处于盈利困境的上市公司来说存在较大的资金压力。

除此之外，主要交易对手南华资产由于国有资产保值需要及后续将协调南华大学支持核三力核产业相关业务发展，交易标的最终采用了差异化定价方式，给予南华资产较高的交易价格及现金支付比例，相关定价的合理性及公允性获监管认可的风险较大。

（2）“多主业”运营模式存在风险。

本次交易前，乐通股份的主营业务为国内包装印刷油墨的研发、生产和销售，产品以中高档凹印油墨为主，交易完成后上市公司将新增依托工业通风除尘、柔性气力输送、电气自控等技术，向烟草及核电领域客户提供相关专用设备的研发、工程设计与咨询、集成与销售以及技术服务业务，形成“多主业”的运营模式，上市公司标的公司的业务并无明显关联性极大提升了上市公司现有管理团队领导下的运营风险，如何保证标的公司持续发展和上市公司的竞争优势的问题亟待解决。

5. 交易未获审核通过的情况

（1）控股股东的履约能力存疑。

上市公司近三年微利或亏损，截至申报尚欠付前次重组交易款15600万元，该等欠款及本次重组现金对价依赖于其控股股东大晟资产足额认购配套募集资金，但大晟资产近两年连续亏损，且因收购上市公司控制权时的对外借款，截至2021年10月底尚有46550万元未偿还，为解决本次重组所需资金，大晟资产另向诸暨经开创融借款不超过4亿元。根据相关借款安排，本次重组完成后，大晟资产拟将认购配套融资获得的上市公司股票及其持有的大晟文化股票质押给诸暨经开创融，因此重组完成后大晟资产持有乐通股份的股票处于质押状态的比例为77.77%，对应上市公司总股本的31.08%，届时将存在较高股票质押率，影响上市公司控制权稳定。

（2）交易标的盈利稳定性存在不确定因素。

本次交易标的核三力主要从事智能风力控制及核应急防护等设备的研发、生产和销售。首先，标的本身盈利能力一般，且其对大客户的依赖程度较高，主要应用于烟草行业，在核应急领域业务占比较小。其中烟草行业整体并不被看好，因为其并非当下国家大力支持发展的行业，而且受电子烟行业的冲击，市场份额有被挤占的趋势。

其次，标的公司的股东兼核心人员郭虎曾占用公司资金并造成坏账，且其本身及所控制的通球集团涉及重大诉讼，该事实对标的资产未来的稳定发展会产生重大隐患，属于监管重点关注。

（3）交易定价现金支付比例较高且大部分于业绩承诺前支付。

截至 2020 年 10 月 31 日，最终收购的标的资产核三力评估值为 50984.32 万元，评估增值 44373.37 万元，增值率为 671.21%，交易价格对应的 PE 值略高于可比交易，现金支付比例超过 30%，并在业绩承诺履行完毕前支付大部分现金对价。对于已经处于多年亏损状态的上市公司来说资金压力较大，且后续对于督促交易对方充分履行业绩补偿义务的具体安排存在一定风险。

（4）上市公司商誉占比过高。

本次交易完成后，上市公司商誉占最近一年末总资产的比例为 26.31%，占最近一年末净资产的比例为 75.37%。过高的商誉占比对上市公司相关财务指标有较大的影响，同时使得上市公司面对相对大额的商誉减值风险。

（二）淮河能源拟吸收合并淮南矿业

1. 项目背景

淮南矿业作为淮河能源控股股东，是安徽省国资委旗下以煤、电、气为主业的综合能源集团，本次交易前淮南矿业已经通过资产重组方式将部分煤电资产注入了淮河能源，且承诺将以淮河能源为其下属从事能源业务进入资本市场的资本运作平台。2019 年 10 月，淮河能源曾启动吸收合并淮南矿业事项，但因标的资产部分土地、房产等相关权属证明文件问题终止推进。本次交易拟再次推进淮南矿业的实现煤炭和电力资产整体上市，是履行其对资本市场公开承诺的重要举措。

2. 项目基本情况

淮河能源拟以向淮河控股等交易对方发行股份、可转换公司债券及支付现金的方式吸收合并淮南矿业。淮河能源为吸收合并方，淮南矿业为被吸收合并方。本次交易完成后，淮河能源作为存续公司承继及承接淮南矿业的全部资产、负债、业务、人员及其他一切权利与义务，淮南矿业的法人资格将被注销，淮南矿业持有的淮河能源股份将被注销。

本次交易构成重大资产重组，不构成重组上市，构成关联交易。

3. 项目特点

（1）拟采用换股吸收合并的方式，实现淮南矿业整体上市。

本次交易前，上市公司的主营业务为火力发电业务、售电业务、铁路运输业务及煤炭贸易业务。本次交易完成后，将实现淮南矿业煤炭、电力和天然气相关业务整体上市，有利于大幅提升上市公司的资产规模和盈利能力，使上市公司成为大型综合能源集团，完善上市公司产业链。

淮河能源在 2019 年 10 月曾披露拟通过发行股份及支付现金方式收购淮南矿业，同时购买淮南矿业集团电力有限责任公司 10.70% 股权、内蒙古银宏能源 50% 股权，从而实现淮南矿业整体上市。彼时方案显示，淮河能源吸收兼并淮南矿业需要支付 10 亿元交易对价。但该重组事宜由于淮南矿业下属企业部分生产经营性资产涉及的土地、房屋等相关权属证明文件未能如期取得等原因在 2020 年宣告终止。

（2）本次交易的规模较大。

对于淮河能源来说，拟吸收合并淮南矿业属于一笔“蛇吞象”的交易。2021 年，淮河能源总资产 49.57 亿元，淮南矿业总资产 1364 亿元，两者资产规模相差约 27 倍，而且营收和净利润完全不在一个水平上。2019～2021 年，淮南矿业资产负债率分别为 74.17%、72.69% 和 72.93%，整体处于较高水平。到 2021 年年底，淮南矿业总负债更是高达 995.23 亿元，相当于当前淮河能源市值的 8 倍。

4. 项目难点

（1）标的公司下属项目公司存在追缴矿业权出让收益风险。

内蒙古自治区于 2020 年 2 月部署开展煤炭资源领域违规违法问题专项整治工作，标的公司的子公司西部煤电集团下属三个位于内蒙古的煤矿项目公司（银宏公司、华兴公司、中北公司）原股东历史上存在未完成资源转化配套项目投资建设的情况，当地政府向上述三家项目公司直接追缴矿业权出让收益。因上述三家项目公司原股东资源转化配套项目未落实问题，存在可能由三家项目公司补缴矿业权出让收益的风险。

（2）同业竞争问题及收购标的非煤炭和电力子公司的必要性与合理性。

本次交易前，淮河能源与淮南矿业所从事的业务均涵盖煤炭与电力的生产及销售，在本次交易前存在一定程度的同业竞争情形。本次交易完成后，淮南矿业资产和业务将注入淮河能源，同业竞争及关联交易情况将消除，淮河能源与交易后控股股东淮河控股及其控制的企业预计将不存在同业竞争情形。

但标的公司下属部分公司主营业务涵盖非居住房地产租赁、物业管理、健康咨询服务、医药、金融服务等，需关注标的非煤炭和电力子公司与淮河能源的协同性和被收购必要性。

对此关注点，淮南矿业在本次交易前已将部分地产、医院等非主业资产进行剥离，并积极推进余房清理出售工作。

（3）淮南矿业资产负债率较高。

截至2021年9月30日，淮南矿业总负债898.39亿元，资产负债率达69.64%，面临一定偿债压力。本次交易完成后，淮南矿业的法人资格将被注销，淮南矿业和上市公司尚未清偿的债务由本次交易完成后的上市公司承担。

5. 交易终止的情况

2022年8月22日淮河能源公告了拟终止重大资产重组事项的提示性公告，对终止本次交易的原因披露如下。

2022年8月21日，淮河能源接到淮河能源控股集团有限责任公司的通知，鉴于近期本次重大资产重组的重要标的资产淮河能源西部煤电集团有限责任公司下属煤矿项目公司鄂尔多斯市中北煤化工有限公司和鄂尔多斯市华兴能源有限责任公司先后被当地自然资源部门追缴矿业权出让收益的情况发生了重大不利变化，虽然淮河控股、淮南矿业及西部煤电集团针对上述事项进行了积极协调，但预计在短期内难以解决。该重大不利变化可能导致中北公司色连二矿、华兴公司唐家会矿停产整改、被收回采矿权证或被行政处罚等，对其持续经营能力、财务状况及业绩表现产生较大不利影响。

二、并购重组后标的公司失控

近年来，A股市场上并购后标的公司失控的现象并不罕见。无论是中嘉博创收购嘉华信息、科华生物收购天隆公司，还是文化长城收购翡翠教育和联讯教育、中昌数据收购亿美汇金等，上市公司尽管顺利完成了收购，但在后续的治理过程中未能有效整合，最终失去了标的公司控制权。标的公司失控不可避免会对上市公司的整体财务状况和经营成果产生重大影响，从而对上市公司的股东权益造成较大的损害。就长远结果而言，此等收购案例显然是失败的。

从现有案例来看，激进的业绩对赌是标的公司失控的主要原因之一。一方面，上市公司希望通过并购重组快速实现资源整合，提高公司质量；另一方面，标的公司原股东为了抬升股权估值和溢价率，可能夸大目标公司的盈利能力，以过高的业绩承诺获取眼前的高溢价。一旦后续业绩目标无法实现，承诺方无力履行或不愿履行业绩承诺时，就可能采取拒绝配合审计、拒绝移交公司印鉴、隐瞒虚构利润等手段，导致上市公司在实质上失去对标的公司的控制权。除业绩承诺无法履行外，上市公司与标的公司在剩余股权收购价款上的对赌也可能导致标的公司失控，科华生物收购天隆公司案即属此类。

标的公司屡屡失控给资本市场敲响了警钟，上市公司通过并购重组的方式寻找成长良机本身无可厚非，但在具体实施过程中一定要保持谨慎。一方面，在选择标的公司时必须全面尽调，充分评估市场发展状况、标的公司情况及自身财务、治理能力等。另一方面，在制定交易协议时，应当实事求是，考虑各种可能发生的情况，避免突发事件所带来的灾难性后果。此外，在收购完成后，上市公司应当及时对标的公司董事会、高层进行改选，审慎地将应由股东大会行使的职权授权给董事会，审慎地将董事会行使的职权授权给原股东方组成的管理层，确保上市公司对标的公司的控制权。

以下选取科华生物这一典型案例进行整体介绍。

科华生物收购天隆公司案

（一）项目背景

科华生物系一家融产品研发、生产、销售于一体，拥有体外临床诊断领域完整产业链的高新技术企业，主营业务涵盖体外诊断试剂、医疗检验仪器，自主拥有生化诊断、酶免诊断、光免诊断、即时检验（POCT）、分子诊断五大产品线，在国内体外临床诊断行业中拥有显著的全产品线竞争优势，处于行业领先地位。分子诊断是体外诊断行业中保持较快增速的细分领域，也是科华生物重点战略布局的核心业务之一。经过多年打拼，科华生物已经在核酸血筛检测、临床 PCR 等市场取得较好市场份额和品牌影响力。重组前的 2017 年度科华生物分子诊断业务实现收入 1.8 亿元。

标的公司（包括西安天隆和苏州天隆，合称“天隆公司”）在分子诊断领域具有较强的技术优势和产品储备，在临床、工业和疾控中心占有重要市场地位。科华生物在继投资奥然生物之后，通过收购控股西安天隆和苏州天隆将进一步丰富公司分子诊断产品线，完善公司分子诊断检测仪器布局，大幅增加分子诊断领域的检测项目。

（二）项目基本情况

本次收购的交易对方包括：自然人彭年才先生，分别持有西安天隆和苏州天隆各 55.1% 股权；自然人李明先生，分别持有西安天隆和苏州天隆各 24.7% 股权；自然人苗保刚先生，分别持有西安天隆和苏州天隆各 15.2% 股权；西安昱景同益企业管理合伙企业（有限合伙），分别持有西安天隆和苏州天隆各 5% 股权

经过评估和各方协商同意，本次交易项下科华生物对标的公司的投资价款总额为 55375 万元。

本次交易作价中的 42875 万元用于受让交易对方持有的标的公司股份，具体情况如表 6 - 4 所示。

表 6 - 4　　科华生物收购天隆公司交易定价

西安天隆转让方	转让出资额（万元）	占交易完成后的股权比例	转让价格（万元）
彭年才	1726.80	27.84%	23293.87
李明	774.08	12.48%	10442.08
苗保刚	476.36	7.68%	6425.90
合计	2977.24	48.00%	40161.84

续表

苏州天隆转让方	转让出资额（万元）	占交易完成后的股权比例	转让价格（万元）
彭年才	116.65	27.84%	1573.63
李明	52.29	12.48%	705.42
苗保刚	32.18	7.68%	434.10
合计	201.13	48.00%	2713.16

本次交易作价中剩余的12500万元用于对标的公司进行增资，科华生物将分别以11708.99万元和791.01万元对价认缴西安天隆和苏州天隆新增注册资本出资868.00万元和58.64万元，占交易完成后标的公司股权比例各为14%，交易完成后，公司对标的公司的持股比例各为62%

本次交易不构成关联交易，不构成重大资产重组。

（三）关于进一步投资的约定

本次交易各方在《投资协议书》中约定了进一步投资的安排，具体如下。

（1）以第二次交割完成为前提，科华生物于2021年度内有权要求交易对方将其届时持有的标的公司全部股权出售给科华生物。届时标的公司的整体估值以下列两者孰高为准：①120000万元；或②标的公司2020年度经审计的扣除非经常性损益后的净利润×30倍。

（2）以第二次交割完成为前提，交易对方于2021年度内有权要求科华生物受让其届时持有的标的公司全部股权。届时标的公司的整体估值以下列两者孰高为准：①90000万元；或②标的公司2020年度经审计的扣除非经常性损益后的净利润×25倍。

（3）经各方协商一致，交易对方可选择将进一步投资交易的股权转让款部分或全部在符合并按届时上市公司非公开发行股票的相关规则置换为科华生物股票（如选择部分转换的，剩余部分应以现金方式完成交易），相关费用置换前应在股权对价中相应扣除。具体的发行条件和支付、交割安排，根据适用法律的规定，由各方届时协商确定。

（四）交易完成后标的公司失控的情况

1. 受新冠疫情影响，标的公司业绩暴涨

新冠疫情期间，标的公司主营业务为销售核酸提取、扩增仪器及配套试剂，由此导致其 2020 年业绩大幅增长。根据科华生物披露的 2020 年年报，仅西安天隆一家公司 2020 年实现的净利润就达到 108572.49 万元。

2. 交易对方要求科华生物高价收购标的公司剩余股权

2021 年 5～6 月，交易对方向科华生物发函称，鉴于标的公司 2020 年度经审计的扣除非经常性损益后的净利润金额合计为人民币 110571.99 万元，要求科华生物按照标的公司 2020 年度经审计的扣除非经常性损益后的净利润 ×25 倍的标准向交易对方支付标的公司剩余 38% 股权的股权转让价款共计人民币 1050433.91 万元。

科华生物收到来函后于 2021 年 6 月回复认为：2020 年度，受新冠肺炎疫情等客观因素的影响，标的公司的收入和利润均出现了爆发式增长，该项增长情况已超出了各方在订立《投资协议书》时正常可预见及可预测的范围；各方进一步完成《投资协议书》中“进一步投资”条款项下交易的基础已经发生了各方在订立《投资协议书》时无法预见的、不属于商业风险的重大变化，如继续按该交易条款履行将对科华生物明显不公平。有鉴于此，科华生物在回函中多次邀请交易对方进行进一步的磋商，要求重新协商交易条款。

3. 后续收购协商不成，科华生物与交易对方发生仲裁和诉讼

2021 年 7 月 13 日，科华生物收到上海国际经济贸易仲裁委员会发来的《SDV20210578〈关于西安天隆科技有限公司和苏州天隆生物科技有限公司之投资协议书〉（2018.6.8）争议仲裁案仲裁通知》及其附件仲裁申请书等，交易对方就与科华生物签订的《投资协议书》所引起的争议向上海国际经济贸易仲裁委员会提出仲裁申请并获受理。

2022 年 4 月 26 日，科华生物发布公告称，由于西安天隆和苏州天隆管理层拒绝配合科华生物聘请的年审会计师开展 2021 年度审计工作，拒绝提供 2021 年度财务账册等重要信息，可能因此导致科华生物 2021 年度财务报告会被年审会计师出具“无法表示意见”的审计报告，进而在 2021 年度

报告披露后科华生物股票可能会被实施退市风险警示。经多次催告、协调无果后，科华生物对西安天隆和苏州天隆分别提起诉讼，彭年才、李明、苗保刚作为第三人参与诉讼。

2022 年 6 月 20 日，科华生物收到横琴粤澳深度合作区人民法院送达的传票和民事起诉状等法律文书，科华生物股东珠海保联资产管理有限公司对西安天隆、苏州天隆的董事和高级管理人员李明、彭年才、苗宝刚提起诉讼，认为其违背规定、拒绝配合科华生物年度审计工作等行为损害了科华生物投资者的合法权益。法院认为科华生物与该案有法律上的利害关系，通知科华生物作为第三人参加该案。

4. 科华生物宣布暂时对标的公司失去控制

科华生物与交易对方就后续收购事项发生争议后，科华生物董事会、管理层和年审会计师事务所曾多次向标的公司发函或者通过其他方式联系标的公司管理层，要求对标的公司 2021 年度财务会计报告进行审计，希望标的公司管理层能够配合相关审计工作，但是前述要求均遭到了标的公司管理层的消极应对甚至明确拒绝。

2022 年 4 月 30 日，科华生物发布公告称，科华生物持有标的公司 62% 的股权，是标的公司的控股股东，不存在对标的公司的上述股权被剥夺的情况，但受限于西安市未央区人民法院保全裁定的限制，公司对标的公司的控制权受到影响，无法取得标的公司的财务资料，无法掌握标的公司的实际经营情况、资产状况及面临的风险等信息，科华生物对标的公司的管理控制无法得到标的公司管理层的执行。科华生物已暂时失去对控股子公司西安天隆和苏州天隆的控制。

5. 科华生物被实施退市风险警示和其他风险警示

因标的公司管理层违反科华生物对控股子公司管理规章制度的规定，违反标的公司的公司章程规定，拒绝履行标的公司董事会作出的决议，拒绝配合科华生物聘请的立信会计师事务所（特殊普通合伙）开展 2021 年度审计工作，拒绝提供标的公司 2021 年度财务账册等重要信息，导致科华生物 2021 年度财务报告被出具了无法表示意见的审计报告，触及《深圳证券交易所股票上市规则（2022 年修订）》第 9. 3. 1 条第一款第（三）项规定：

“最近一个会计年度的财务会计报告被出具无法表示意见或者否定意见的审计报告”。因此，自 2022 年 5 月 6 日起，科华生物股票交易被深圳证券交易所实施退市风险警示。

同时，因科华生物被出具了无法表示意见的内部控制审计报告，触及《深圳证券交易所股票上市规则（2022 年修订）》第 9. 8. 1 条第（四）项规定：“公司最近一年被出具无法表示意见或者否定意见的内部控制审计报告或者鉴证报告”，自 2022 年 5 月 6 日起科华生物股票交易被深圳证券交易所实施其他风险警示。至此，科华生物股票简称由“科华生物”变更为“*ST 科华”

6. 科华生物发布后续收购预案，对标的公司恢复控制

自 2022 年 8 月起，科华生物与交易对方积极进行协商，争取以和解的方式解决仲裁纠纷，取得了一定的成效。

2022 年 9 月 27 日，科华生物召开第八届董事会第二十次会议，审议通过了《关于签订附条件生效的〈发行股份购买资产框架协议书〉的议案》等，科华生物拟向交易对方发行股份，购买其持有的标的公司剩余 38% 股权。2022 年 10 月 17 日，西安市未央区人民法院作出民事裁定，裁定解除对科华生物所享有的标的公司股权的限制。此后，标的公司分别召开董事会及股东会，审议通过了标的公司董事会、监事会换届选举、2021 年度财务决算和 2022 年度财务预算及西安天隆 2022 年半年度利润分配方案等议案。截至 2022 年 11 月 22 日，标的公司已经完成了董事会、监事会的换届选举；科华生物已收到西安天隆分红款 15. 5 亿元；科华生物聘请的具有相关证券业务资格的会计师事务所已取得标的公司提供的财务会计报表，对其 2021 年度财务会计报告的审计工作亦正常、有序开展。

基于上述事项，科华生物董事会和监事会认为科华生物对标的公司暂时失去控制的情形已经消除，拟对标的公司恢复控制，并拟将标的公司自 2021 年 10 月 1 日起恢复纳入合并报表范围。

三、收购上市公司后整合失败

除上市公司通过并购重组购买和出售标的资产外，上市公司控制权收

购也是广义并购重组中常见的交易类型。在注册制的推进下，曾一度被爆炒的上市公司“壳资源”溢价有所下降，通过控制权收购取得A股上市公司平台的交易在近年来愈发活跃。国有控股平台或具有相应行业背景的产业主体，均有意愿通过控制权收购方式取得上市公司控制权，将上市公司作为资本运作平台，通过再融资、并购重组等手段将主业做大做强。

通常而言，收购人在获得上市公司的控制权后会开展一系列整合措施。《公开发行证券的公司信息披露内容与格式准则第16号——上市公司收购报告书（2020修正）》第二章第七节第四十一条亦明确规定，收购人应当披露其收购上市公司的后续计划。实践中，交易所往往会出具问询函或关注函，询问收购人收购上市公司后的计划，其主要关注问题包括：未来12个月内有无调整上市公司主营业务的方式、标的资产和具体方案；有无对上市公司及其子公司的资产和业务进行出售、合并、与他人合资或合作的具体计划；有无调整上市公司董事、监事和高管人员的具体计划和安排；有无调整上市公司业务和组织结构的具体计划和安排；有无调整上市公司分红政策的明确计划等。

收购人后续有效的整合能够帮助上市公司提质增效，常见手段包括注入收购人下属的优质资产等。然而市场上也不乏整合失败的案例。因迫于业绩压力，收购人整合失败后可能以低价出售上市公司控制权。而控制权短期内的再次变更必然破坏公司治理结构的稳定性，进而冲击上市公司的日常运行。此类案例最终造成上市公司和收购人“双输”的结果，对双方而言无疑是失败的。

近年来，天目药业在市场上的运作便是整合失败的典型。作为曾经的“中药第一股”，天目药业在过去十多年的时间里经历了数次控制权变更，但历任收购人均未能整合成功，多次资产重组均以失败告终，公司长年业绩惨淡，截至2022年12月9日市值已缩水至不足11亿元。

以下选取天目药业这一典型案例进行整体介绍。

天目药业控制权收购后整合失败案

（一）控制权频繁变更

1993年挂牌上市的天目药业（现用证券简称“ST目药”）是杭州市第

一家上市公司，也是第一家中药制剂上市企业，拥有珍珠明目滴眼液、铁皮石斛等一批特色产品。从 1993 年上市至 2006 年，天目药业一直是国有控股公司，控制权较为稳定。自 2006 年起，天目药业控制权屡次发生变更。

2006 年，现代投资与天目药业股东天目山药厂、天目石材、永安集团先后签订股权转让协议，以 15100.00 万元的对价受让其持有的天目药业股份合计 54835698 股，占天目药业总股本的 45.03%。2006 年 12 月，上述股份完成过户，现代投资成为天目药业新的控股股东，自然人章鹏飞通过控制现代投资成为天目药业的实际控制人。

现代投资成为天目药业控股股东后，多次减持天目药业股份。2012 年 4 月 19 日，现代投资所持天目药业 8780000 股无限售流通股被杭州市中级人民法院裁定强制扣划给自然人沈素英，现代投资持有的天目药业股份减至 14733412 股，占天目药业总股本的 12.10%。与此同时，截至 2012 年 4 月 19 日，深圳诚汇及其一致行动人深圳长汇、深圳城汇、天津长汇（以下简称“深圳诚汇及其一致行动人”）通过二级市场举牌合计持有天目药业无限售流通股 19908953 股，占天目药业总股本的 16.35%，成为天目药业第一大股东。2012 年 4 月 22 日，沈素英与深圳城汇、天津长汇签订《股份转让协议》，将其持有的天目药业 3780000 股无限售流通股转让给深圳城汇；将其持有的天目药业 5000000 股无限售流通股转让给天津长汇。该次股权转让完成后，深圳诚汇及其一致行动人合计持有天目药业股份 28688953 股，占总股本的 23.56%，成为天目药业控股股东。彼时深圳诚汇及其一致行动人均受自然人宋晓明控制，天目药业实际控制人变更为宋晓明。

2013 年 3 月 27 日，天目药业接到控股股东深圳诚汇及其一致行动人、长城国汇（深圳诚汇及其一致行动人的执行事务合伙人）通知，长江中汇（实际控制长城国汇 51.32% 股权）的股东北京盛图、李俞霖、廖电光、方锦昌将所持有的长江中汇 100% 股权转让给湖南三羊，该次股权转让完成后，湖南三羊及其关联公司深圳凯顿（两家公司均由自然人杨宗昌控制）合计持有长城国汇 97.10% 股权。杨宗昌通过长城国汇间接控制深圳诚汇及其一致行动人，成为天目药业新的实际控制人。

2015 年 10 月 12 日，深圳诚汇及其一致行动人与长城集团签署《股份转让协议》，深圳诚汇及其一致行动人将其持有的天目药业 20420397 股无限售流通股股票转让给长城集团。长城集团持股比例变更为 16.77%，成为天目药业单一第一大股东。2015 年 12 月 14 日，天目药业召开 2015 年第三次临时股东大会审议通过了由长城集团提名的 2 名董事，至此天目药业董事会 9 名成员中 5 名由长城集团提名。基于此，天目药业的控股股东变更为长城集团，赵锐勇、赵非凡父子通过控制长城集团成为天目药业新的实际控制人。2016 年 1 月 6 日与 1 月 11 日，长城集团分别在二级市场增持天目药业股份，增持后，长城集团直接持有天目药业 26971020 股股份，占总股本的 22.15%。此外长城集团还通过签署合作协议的方式控制天目药业 9567950 股股份，合计拥有天目药业 36538970 股权益，占总股本的 30.00%

2019 年，长城集团陷入与东吴证券的质押式证券回购纠纷。2020 年，苏州市中级人民法院裁定拍卖、变卖长城集团持有的天目药业股票 25000000 股，永新华瑞通过拍卖取得上述全部股份。2020 年 12 月 17 日，上述股份完成过户登记。该次股份完成过户后，汇隆华泽持有天目药业 26799460 股股份、持股数量未发生变动，占总股本的 22.01%，被动成为天目药业第一大股东；永新华瑞持有天目药业 25000000 股股份，占总股本的 20.53%，成为天目药业第二大股东。该次股权变动后，由于股东持股较为分散，无单一股东持有天目药业 50% 以上的股份，亦无单一股东可以实际支配天目药业股份表决权超过 30%，任一股东实际可支配的天目药业表决权份额均无法对股东大会决议产生重大影响。因此，该次股权变动后，天目药业处于无控股股东、无实际控制人状态。

2021 年 3 月，永新华瑞与天目药业的另一股东青岛共享了签署《一致行动人协议》。截至 2021 年 3 月 26 日，永新华瑞持有天目药业 20.53% 的股份，青岛共享持有天目药业 3.28% 的股份，原第一大股东汇隆华泽持有天目药业 22.01% 的股份。永新华瑞与青岛共享签署一致行动人协议后，合计持有天目药业 23.81% 的股份，天目药业第一大股东由汇隆华泽变更为永新华瑞及其一致行动人青岛共享。该事项未改变天目药业无控股股东、无实际控制人的状态。

2022年2月28日，天目药业第一大股东永新华瑞的股东发生变更，从永新华控股和永新华韵变更为捷诚科技和青岛永信投资，并完成工商变更登记，永新华瑞实际控制人由李永军、刘新军变更为张新龙、刘克燕。2022年3月9日，永新华瑞股权再次变更，捷诚科技和青岛永信投资分别将其持有的50%股权回转给永新华控股和永新华韵，永新华瑞实际控制人由张新龙、刘克燕再次变更为李永军、刘新军。该股权变动事项引起了上海证券交易所的关注，向天目药业发出了问询函。

（二）资产重组接连失败

与过去十多年控制权频繁变更相对应的是，天目药业在不同主体的控制下曾数次拟推进资产重组，但均以失败告终。2010年至今，天目药业多次发布重组预案，标的资产业务横跨各领域，包括地产公司银川西夏、涉农企业德昌药业、制药公司科泰生物、医药电子商务公司湖南商康等。仅最近五年，天目药业就两次重组失败。

2017年6月，天目药业发布重大资产重组预案，拟发行股份及支付现金购买德昌药业100%股权并募集配套资金。2018年1月，天目药业宣布终止该次重大资产重组事项，理由在于：德昌药业为涉农企业，对其供应商及客户的核查涉及的工作时间较长，无法在6个月内发布召开股东大会通知的公告。在重组推进中，天目药业与交易对方就重组方案相关事项进行了进一步磋商，双方对于发行股份购买资产的股份发行价格及估值等核心内容未能全部达成一致意见，虽经交易双方多次努力，但最终未达成一致。因此，双方协商一致决定终止本次交易。

2018年12月30日，天目药业控股子公司银川天目与文韬投资、武略投资签订了《股权转让框架协议》，银川天目拟以支付现金方式购买文韬投资、武略投资合计持有的银川西夏100%股权。该次交易经初步协商暂定交易价格为5500.00万元，超过了天目药业最近一期经审计净资产的50%，构成重大资产重组。天目药业于2019年10月29日召开第十届董事会第十一次会议审议通过了《关于子公司筹划重大资产重组暨签署意向性协议的议案》，对上述收购股权事项进行了事后确认。2021 年 4 月，天目药业公告终止筹划该次重大资产重组事项，终止理由如下：因受到宏观经济形势等因素影响，银川西夏建设项目现已暂停建设，目前仅完成 90 米穹顶的主体结构，后期建设尚需投入大量的资金，项目建设周期长，项目建成后的经济效益、投资回报也存在较大的不确定性，现阶段无法实现天目药业做大做强银川天目温泉养老养生业务、提升盈利能力的目标；此外，天目药业目前资金十分紧张、偿债压力大，如继续推进，无益于改善天目药业目前的整体经营状况和面临的偿债压力。至此，天目药业的又一次重组尝试宣告失败。

（三）业绩惨淡，盈利能力堪忧

尽管在资本市场上动作不断，但频繁的控制权变更和资产重组尝试并没有改善天目药业的经营状况和盈利水平。2007 年至今，天目药业在多个会计年度处于亏损状态，总亏损额高于总盈利额。2011 年，天目药业曾因 2009 年、2010 年连续两年亏损被上海证券交易所实施退市风险警示。业绩惨淡的同时，天目药业的资产负债率整体上呈现上升趋势，从 2007 年的 31.67% 已经攀升至 91.11%。具体情况如表 6－5 所示。

表 6－5　　天目药业 2007 年至 2022 年 9 月财务指标

年度/财务指标	营业收入（万元）	归母净利润（万元）	资产负债率
2007 年度	26522.89	1512.10	31.67%
2008 年度	25397.82	407.95	34.89%
2009 年度	24533.69	－7547.47	48.96%
2010 年度	23422.69	－882.96	51.80%
2011 年度	27726.53	2643.92	48.91%
2012 年度	22907.89	－9159.24	68.65%
2013 年度	28146.89	210.84	69.75%
2014 年度	14872.73	271.34	70.16%
2015 年度	9476.58	－2154.37	77.62%
2016 年度	12372.55	121.72	78.39%
2017 年度	17638.28	717.91	78.63%
2018 年度	35847.08	－888.17	80.27%

续表

年度/财务指标	营业收入（万元）	归母净利润（万元）	资产负债率
2019 年度	29707.24	5011.02	73.78%
2020 年度	20662.73	-4051.83	78.91%
2021 年度	14706.92	-2980.14	83.97%
2022 年 1~9 月	7829.17	-3024.70	91.11%

数据来源：Wind 资讯。

天目药业曾任董事、总经理祝政总结了天目药业长期处于盈利和亏损边缘的主要原因：一是天目药业控股股东几经易主，导致经营策略不断变化，核心战略规划无法延续；二是天目药业经营层特别是高级管理人员频繁更换，削弱了员工的工作积极性，工作连续性也明显受到影响；三是天目药业内部规划不清晰，产品的研发、生产、销售等停滞不前；四是天目药业多年来一直致力于重组并购，却一直未果，无法注入优良资产。

（四）违规处罚不断

除业绩情况不理想之外，天目药业近年来多次因违规行为被有关机构警示或处罚。具体情况如表 6-6 所示。

表 6-6　天目药业近年来违规行为

处罚时间	处罚主体	违规类型	处罚结果
2009 年	中国证监会	未及时披露公司重大事项	给予警告，并处 40 万元的罚款
2010 年	上海证券交易所	未依法履行其他职责，未及时披露公司重大事项	给予公开谴责
2011 年	中国证监会	未及时披露公司重大事项	给予警告，并处以 40 万元罚款
2013 年	中国证监会	未及时披露公司重大事项，未依法履行其他职责	给予警告，并处以 30 万元罚款
2014 年	上海证券交易所	未及时披露公司重大事项，未依法履行其他职责，未按时披露定期报告	通报批评
2014 年	上海证券交易所	未依法履行其他职责，未及时披露公司重大事项	通报批评

续表

处罚时间	处罚主体	违规类型	处罚结果
2014 年	中国证监会浙江监管局	未依法履行其他职责，未及时披露公司重大事项	严格按照有关规定，改正前期信息披露中的重大遗留和差错，并公开向投资者道歉
2015 年	中国证监会浙江监管局	未及时披露公司重大事项，信息披露虚假或严重误导性陈述	责令改正违法行为，给予警告，并处以 50 万元罚款
2018 年	中国证监会浙江监管局	未及时披露公司重大事项	出具警示函
2018 年	上海证券交易所	未及时披露公司重大事项，未依法履行其他职责	予以监管关注
2019 年	中国证监会浙江监管局	未及时披露公司重大事项	责令改正，2019 年 9 月 30 日之前
2019 年	中国证监会浙江监管局	未及时披露公司重大事项	责令改正，2019 年 11 月 10 日之前提交整改报告
2020 年	中国证监会浙江监管局	未依法履行其他职责	出具警示函，并记入证券期货市场诚信档案
2021 年	上海证券交易所	未依法履行其他职责，未及时披露公司重大事项	公开谴责
2022 年	中国证监会	未依法履行其他职责，未及时披露公司重大事项	责令改正，给予警告，并处以 100 万元罚款

此外，由于 2019 年度财务会计报告被会计师事务所出具无法表示意见的审计报告，天目药业于 2020 年 6 月 15 日起被实施退市风险警示，股票简称由“天目药业”变更为“*ST 目药”。2021 年，天目药业涉及退市风险警示情形消除，但同时 2020 年财务报告内部控制又被会计师事务所出具否定意见内部控制审计报告。因此，自 2021 年 5 月 20 日起，天目药业撤销退市风险警示并实施其他风险警示，股票简称由“*ST 目药”变更为“ST 目药”。2022 年，天目药业 2021 年度内部控制审计报告再次被出具否定意见，公司继续实施其他风险警示。

第七章　对上市公司并购重组业务的展望

第一节　注册制的全面推进将并购重组市场呈现新的生命力

一、注册制下并购重组市场将呈现新的活力

2019 年以来，科创板、创业板股票发行注册制相继推出。2023 年 2 月 1 日，全面实行股票发行注册制改革正式启动。注册制改革是体制性系统性改革，直接改变了发行上市、并购重组监管体制，对二级市场交易、上市公司监管、退市等都产生深远的影响。证监会与沪深证券交易所本着以信息披露为核心的注册制理念，完善和重构了并购重组的各层级制度体系，主要是精简优化发行条件、细化操作规则、增加制度包容性等，这提高了上市公司并购重组的自主性和便利度，对于推动上市公司做强主业、提升质量将发挥积极作用。

（一）IPO 常态化下上市公司数量显著增加

2019 年试点注册制以来，IPO 逐步常态化，A 股市场每年的 IPO 家数及规模都居于全球前列，A 股上市公司总数由 2019 年年初的 3500 余家增加到 2022 年年底的逾 5000 家，增量部分七成以上是注册制板块上市公司。

上市公司数量的稳定增长提升了并购重组的主体基数，公司上市后融资能力增强增加了并购意愿。常态化退市等政策导向也使更多上市公司期待借助并购重组提质增效、转型发展。

（二）市场化定价机制将增加并购重组的吸引力

注册制下 IPO 实行市场化的询价定价机制，近年来新股上市后较短时间内破发较为常见，2022 年新股破发率超三成。未来 IPO 发行价格必将进一步分化、加速回归合理区间，与以并购方式退出的估值相比不再具有明显优势。与此同时，高水平并购能实现标的的合理估值，更直接获得产业资源嫁接。以并购方式参与资本市场将成为越来越多的企业、投资人更理性的选择，并购市场的活跃度也相应提升。

（三）在注册制引领下，并购重组制度包容性不断增强

近年来，各板块并购重组制度处于不断优化完善的进程中，既与注册制改革保持同频共振，也贯穿着注册制便利融资的精神。比如，2018 年年底建立“小额快速”并购审核机制，新增“分道制”的快速/豁免通道产业类型，推出定向可转债试点，简化上市公司并购重组预案信息披露要求等；2019 年修改重大资产重组管理办法，允许创业板借壳，放松净利润认定要求，允许配套融资等。注册制下并购重组规则充分体现了这些制度和试点成果，同时将发行股份的价格由不得低于市场参考价的 90% 放宽到 80% 。全面注册制将进一步消弭板块差异和机制障碍，厚植市场化并购重组的发展土壤。监管规则的创新完善使交易灵活性、审核可预期性大大增强，为上市公司并购重组提供了更大的舞台。

二、上市公司之间的并购重组交易增加

（一）二级市场估值分化增加“A 收 A”交易需求

上市公司之间的并购重组交易主要指“A 收 A”交易，包括吸收合并和控制权交易。自 2020 年起上市公司之间“A 收 A”交易逐步增加，2022 年虽然二级市场低迷，但为相对低价收购上市公司提供了契机，因此“A 收 A”交易活跃度不断提升。

对于卖方而言，许多中小市值上市公司主业发展空间不大，受到市场关注度较低，流动性不足，融资能力有限。在二级市场估值持续分化的背景下，选择合适的时机出让控制权既有利于自身股权变现，也有利于中小市值上市公司获得更大的发展平台。

对于买方而言，直接收购上市公司带来的资源整合、估值提升的优势更为突出，并且因为上市公司信息较为公开，对其尽职调查的信息不对称风险相对较低。尤其是规模较大的龙头上市公司作为买方，本身能享受更高的估值溢价。收购另一家上市公司可通过认购定增实现，发股价较市价可低至八折。由于上市公司股权相对分散，控制一家上市公司一般需要持有 20%～30% 的股权比例，而维持对一家非上市公司的控制地位往往需要持有超过 50% 的股权。因此，从成本角度来看，在二级市场股价合理的情况下，“A 收 A”对买方来说是理性策略。未来基于产业协同逻辑的“A 收 A”预计将继续保持活跃。

（二）市场化的吸收合并交易可能增多

近两年吸收合并成功的案例以整体上市或者解决国资集团内部的同业竞争为主，而市场化的吸收合并均已终止，例如凯撒旅业吸收合并众信旅游、卫宁健康吸收合并创业慧康、城发环境吸收合并启迪环境。未来随着上市和退市渠道更加畅通，进一步减少上市公司“壳溢价”，壳资源不再稀缺，市场化的吸收合并可能出现更多成功案例。

三、并购重组回归本位，围绕公司发展战略

（一）提高质量、聚焦主业的监管导向助推并购重组回归本位

上市公司是资本市场的基石，上市公司质量直接影响着市场功能的发挥。2020 年，国务院印发《关于进一步提高上市公司质量的意见》（以下简称“《意见》”），对提高上市公司质量做出了整体部署。为贯彻落实《意见》，证监会开展了为期两年的公司治理专项行动，上市公司数量、行业、结构、规模方面都发生了深刻变化。2022 年年底，证监会制定了新一轮推动提高上市公司质量三年行动方案，在增量存量两端同向发力，使上

市公司结构更加优化，市场生态显著改善，监管体系成熟定型，上市公司整体质量迈上新的台阶。并购重组作为改善存量上市公司质量的重要资源配置方式，能够帮助上市公司实现产业整合、转型升级和高质量发展。

聚焦主业是上市公司行稳致远的基本要求，也是监管机构一再重申的监管导向。近年来，以多元化战略为目的的跨界并购受到一定抑制，但仍有一些上市公司基于追求协同效应、实现转型脱困、增加收入利润等原因谋划跨界并购，少数还变相进行套现和“伪市值管理”。同时，一些集团公司通过收购和重组控制不同行业的上市公司，搞资本运作并向市场传导风险，已经引起监管的关注。监管部门从防范概念炒作、脱实向虚的角度，对跨界并购高度关注，以重组标的与上市公司主营业务的协同性为重点进行层层问询，一定程度上抑制了部分上市公司盲目跨界的冲动。无论从审核过程还是从收购后的整合来看，跨界并购的成功率都不高。

同时，科创板、创业板都有明确的板块定位，限定了标的公司的行业定位，一定程度上也限制了上市公司跨界并购行为。科创板要求标的资产应当符合科创板定位、所属行业应当与科创公司处于同行业或者上下游且与科创公司主营业务具有协同效应；创业板则要求标的资产所属行业应当符合创业板定位或者与上市公司处于同业行业或者上下游；主板是以大盘蓝筹为特色，目前除一般性的符合国家产业政策的规定外，对行业属性没有特殊要求。2022 年以来科创板、创业板首次披露口径的重组中，跨界并购几乎销声匿迹，而主板仍有一定比例的跨界并购，未来跨界并购将继续受到严格监管。

（二）长期活跃的并购重组市场培育了更为成熟理性的参与主体

近年来，证监会科学合理保持 IPO 常态化，IPO 节奏更加可预期，一二级市场套利空间也进一步缩小。从 2007 年开始，A 股历经十多年的并购牛市，近些年商誉减值、对赌期结束后的业绩大幅下滑甚至是标的公司的失控等后遗症显现，已经引起并购市场参与主体和投资者的关注和反思。投资者面对上市公司并购重组事件更加成熟和理性，上市公司通过并购交易短期撑业绩、提市值、保壳养壳手段的时代将一去不返。未来，防止上市公司并购重组的功能异化、促使其回归本质将成为主旋律，各参与方也将认识到并购后的整合是一项极为复杂的系统工程，应将并购整合作为并购方案的首要考量，不单纯以业绩对赌来约束对方和标的，而是明晰并购战略，回归产业视角，评估并购交易的整合风险及给公司发展带来的长远影响。

第二节　国企改革背景下国资仍是重要参与方

一、国有上市公司仍将是并购重组市场的主要力量

截至2022年年末，A股国有控股上市公司共1350家，占A股上市公司总数的26.58%，总市值41.95万亿元，占A股总市值的47.78%。国有上市公司以不到三分之一的公司数量占据A股近半数的市值，是A股市场一支举足轻重的力量。在重组方面，2022年沪深两市审核类重组中上市公司为国资的案例占比61%；在收购方面，收购方为国资的案例占比28%，国资在并购重组市场已成为重要参与力量。经过多年改革，国有企业的许多核心资产已经进入上市公司，资本市场发挥着国企改革主渠道和混改主平台的作用。未来落实好党的二十大报告提出的加快国有经济布局优化和结构调整、推动国有资本和国有企业做强做优做大等重要任务，上市公司并购重组将发挥至关重要的作用。

（一）并购重组是国有上市公司提质增效的内在需要

国有企业通过并购重组实现整体上市或者核心业务资产上市，不仅发挥其融资功能，而且在解决上市公司同业竞争、减少关联交易、提升规模经济、完善产业链、促进转型发展、完善公司治理结构方面都有积极的作用。通过剥离国有上市公司非主业和非优势业务，提高运行规范性和经营效率，降低运营成本。

（二）并购重组盘活部分发展乏力的国有上市公司

在国有上市公司中，也存在一些缺乏持续经营能力、长期丧失融资功能、存在失管失控风险等情况的上市平台，长期以来因为背靠集团，参与市场化竞争不足，过度依靠关联业务维持上市地位。通过并购重组注入新资产、培育新主业，可以增强这类上市公司独立面向市场开展经营、参与竞争的能力。

（三）并购重组是实施混改的重要路径

上市公司已经成为国企混改的主要载体，并购重组是混改的重要路径之一。通过上市公司并购重组来参与混改，有利于发挥资本市场的信息透明优势和流动性优势，提供稳定的退出通道，吸引战略投资者参与国企混改。例如，徐工机械吸收合并徐工有限，第一步徐工有限通过进行存量股权转让、增资扩股和员工持股计划等多样化混改路径，合计引入社会资本 210.6 亿元，第二步通过吸并方案实现整体上市，为投资人提供退出渠道。

二、国资收购后的重组值得期待

近几年国资买方一直是控制权转让市场的重要力量，尤其是 2019 年在全市场上市公司控制权变更案例中收购方为国资的占比 40% 以上。2022 年以来，国资在控制权市场的表现趋于谨慎，2022 年上市公司控制权变更案例中收购方为国资的占比由 2021 年的 36% 下降到 28%，这些案例中纾困性质的收购（破产重整和司法拍卖）及无偿划转占近四成，说明 2022 年以来国资对于上市公司在谋求增量的同时把更多注意力放到优化存量上。未来几年，不管从国有资产提质增效的角度出发，还是出于履行收购时作出解决同业竞争问题的承诺，国资对于上市公司会把更多关注重点落在存量资产优化整合上。

第一，国资收购民营上市公司，短期目的可能有获取战略机会、实现资本增值、满足考核需要、谋求协同效应等，但从长远目标看，主要在于优化资本结构和产业布局，增强国有经济的活力、控制力和影响力。实现这些目标，需要收购方充分发挥上市公司平台作用，带动集团或者地方产业布局优化调整。

第二，在部分国资收购案例中，收购方在收购报告书或权益变动报告书中明确提出存在同业竞争问题或存在资产注入计划，解决同业竞争的期限一般在 5 年内，未来几年可能会有相应的资产注入的动作。

三、国企优质资产分拆上市机会增加

对于涉足多个业务板块的大型国有上市公司来说，一些子业务板块由于与主营业务存在一定差异，其价值和成长性可能未被市场充分定价。将这些板块分拆出来单独上市，可以更好地向市场传递价值信号、拓宽融资渠道、促进主业核心化。从国资监管的导向看，支持有利于理顺业务架构、突出主业优势、优化产业布局、促进价值实现的子企业分拆上市。2019 年 12 月证监会发布《上市公司分拆所属子公司境内上市试点若干规定》以来，分拆上市案例大量涌现。截至 2022 年年底国企分拆上市案例至今共计 36 单，约占全部披露预案项目总数的 45%，分拆子公司涵盖新能源、交通运输、化工新材料、高端装备、医药生物等领域。

国企分拆上市主要是服务国企改革及布局结构优化，且同时受到国资监管部门的监管，因此成功率相对较高。但值得注意的是，虽然分拆上市热度高涨，但仍面临从严监管的形势，2019 年以来已有多家上市公司“A 拆 A”计划搁浅。对分拆上市从严监管的主要原因在于：（1）拟上市子公司的部分往往脱胎于母公司，对母公司过度依赖甚至有拼凑上市主体之嫌，外在表现在于与母公司及其关联方的关联交易较多、存在有重大不利影响的同业竞争问题、供应渠道和销售渠道重叠、共同财务系统等，独立性存疑；（2）分拆上市对母公司的盈利能力等有硬性要求，近年来在疫情影响和经济形势复杂的背景下，上市公司满足相应要求存在一定压力。

第三节　国内外产业大环境将深刻影响国内并购重组走势

一、国家产业政策继续引导企业重组和监管审核方向

符合国家产业政策是上市公司并购重组的先决条件。长期以来，我国的产业政策散见于各类法规、规章、政策性文件等，以及发改委等部门发布的《产业结构调整指导目录》《外商投资产业指导目录》等目录之中。2018 年开始我国正式发布全国统一的市场准入负面清单，对散见各处的准入性规定进行整合。实践中，随着一些领域监管理念变化，产业政策也在相应变动。并购重组监管中越来越关注各领域产业政策的执行情况，这体现在审核中就产业政策提出的一系列反馈问询问题中。

以环保政策为例。2021 年以来，在国家要求推进“双碳”、打好污染防治攻坚战的背景下，并购重组审核加大对环保问题的关注，对上市公司或标的公司为石化、化工、发电、有色金属冶炼等行业以及典型的耗能行业的并购重组项目，重点关注标的公司和上市公司建设项目是否属于落后产能，是否属于“高耗能、高排放”行业，是否生产“高污染、高环境风险”产品，是否满足项目所在地能源消费双控要求，是否落实“三线一单”、污染物排放区域削减要求等问题。

近年来一些特定行业的产业政策也受到广泛关注，比如：教育行业，根据《关于学前教育深化改革规范发展的若干意见》《关于进一步减轻义务教育阶段学生作业负担和校外培训负担的意见》，营利性幼儿园、学科类培训机构一律不得上市融资和作为重组标的，严禁资本化运作。金融科技行业，2021 年证监会修改的《科创属性评价指引》将其纳入限制类行业，创业板行业负面清单也列入了金融业。新闻传媒行业，市场准入负面

清单规定非公有资本不得进入新闻采编等领域。半导体行业，涉及诸多国家大力支持的“卡脖子”技术领域，但一段时间以来也存在局部重复建设、低水平竞争等问题，未来国内半导体行业可能面临大规模整合，并购重组也将发挥必要作用。

在中央提出规范引导资本健康发展、为资本设置“红绿灯”等背景下，IPO 和并购重组监管中更加关注行业政策执行情况。未来，以产业政策为导向开展并购重组，既是得到监管认可的前提条件，也有利于充分发挥整合效用，确保落地实施效果。

二、疫情影响下困境企业危机并存

受国际环境更趋复杂严峻和国内疫情冲击明显的影响，经济下行压力进一步加大，很多企业经营风险集中暴露，尤其是一些长期主业发展乏力、体量较小的企业，本身抗风险能力较差，经营陷入困境，面临退市风险。一方面在退市常态化体制机制不断健全的市场环境下，A 股退市企业数量大幅提升。另一方面，上市公司破产重整制度的完善也让部分短期陷入困境、仍具有发展潜力的企业获得重生的机会，这些企业以上市公司的身份吸引重整投资人参与投资，度过暂时困难时期，通过资产调整、债务重组来获得新生。

（一）退市常态化基本形成

建立常态化退市制度是注册制改革的内在要求，它可以促进资本市场优胜劣汰，形成有进有出、良性循环的市场生态，对上市公司也起到了督促与警醒作用。相较于海外成熟资本市场，长期以来我国上市公司的退市率相对较低，部分绩差公司、空壳公司无法被有效淘汰出清，摊薄了股市中优质资产比例，影响了资本市场资源配置效率。2020 年 11 月，中央深改委审议通过《健全上市公司退市机制实施方案》，沪深交易所配套修订上市规则形成“退市新规”，常态化退市制度基本落地。2021 年 11 月上交所、深交所分别发布《财务类营业收入扣除指南》，精准打击空壳公司。退市新规实施以来，退市公司数量超过 2011 ~ 2020 年十年退市数量的总和，退市率大幅提升。2022 年退市公司数量和规模较往年增加较大，全年 46 家公司终止上市，超过 2021 年和 2020 年两年退市数量总和。退市常态化使 A 股市场加速新陈代谢，市场整体环境更加清朗，资本市场可以更好地发挥其价值发现功能。

退市新规比较鲜明地贯彻了“应退尽退”的理念，退市常态化使“壳价值”大幅缩水，通过并购重组进行“保壳炒壳”的难度骤增、动机锐减。在此背景下，以“借壳”和“保壳”为目的的并购重组将进一步减少。

（二）困境企业通过破产重整重获新生

当前国际国内经济形势异常复杂，许多企业面临供应链、资金链、销售渠道等多重压力，一些盈利能力较弱、连续亏损的上市公司面临退市风险，而破产重整制度则成为这些公司解决债务危机的重要方式，给予这些企业保有上市资格的机会，通过剥离劣质资产注入优质资产、引进战略投资者等方式获得新生。上市公司破产重整制度具有化解金融风险、维护经济稳定的功能。

2022 年 3 月底，沪深交易所分别发布关于破产重整等事项的上市公司自律监管指引，总结了上市公司破产事项监管实践经验，规范重整、和解、清算等破产事项，有利于解决监管规则适应性不足、信息披露要求针对性不强、内幕交易防控机制不明确等问题。该指引旨在拓宽上市公司多元退出渠道，进一步规范破产重整等事项中的信息披露行为、切实提高上市公司质量。未来，在经济下行压力较大的背景下，破产重整仍将是具有退市风险的公司盘活资产、解危纾困的重要工具。

三、复杂多变的国际环境仍给跨境并购带来一定不确定性

当今世界的政治经济形势以及气候环境变迁，正在对相关国家的产业、科技和市场发展产生深刻影响。2022 年中美贸易摩擦进入新阶段，美国相关制裁措施不断向具体的产业和实体聚焦；全球气候变化以及复杂多变的地缘政治格局，使国内外能源形势及新能源发展前景日趋复杂；在全球量化宽松、通胀抬升的背景下美联储大幅加息，对各国金融市场也造成一定

扰动。并购重组对于国际国内产业、政策和市场变化的敏感度极高，这集中体现在，发达国家对中资企业进行技术封锁和脱钩，重要的手段之一即通过以反垄断审查、国家安全审查来限制中资企业海外并购。

2022 年英、美、德等以国家安全和反垄断的名义干预中资企业海外并购，对中国企业的跨境收购产生负面影响，尤其是半导体、人工智能、生物技术等高科技行业的公司受到冲击最大。例如：（1）2022 年 2 月 12 日，CDMO 领域龙头凯莱英（002821. SZ/6821. HK）宣布拟以约 5794 万美元的自有资金收购 Snapdragon 的全部剩余股权。Snapdragon 拥有在创新药物和活性药物成分（API）生产中应用连续性技术的尖端技术，将成为凯莱英的海外研发平台，扩大公司的海外布局。2022 年 9 月 19 日，凯莱英（002821. SZ/6821. HK）发布公告称，由于监管原因，公司与 Snapdragon 围绕未来发展规划和对应措施无法达成一致，决定终止并购交易。（2）2021 年 7 月 5 日，闻泰科技（600745. SH）全资子公司安世半导体收购英国晶圆厂 NWF100% 股权。2022 年 11 月 17 日，闻泰科技公告，根据 2022 年 1 月 4 日正式生效的英国《国家安全和投资法》，英国商业、能源和工业战略部大臣行使了法定权力追溯审查闻泰科技全资子公司安世半导体对 NWF 的收购，要求安世半导体至少剥离 NWF86% 的股权。（3）2022 年 11 月 10 日，赛微电子（300456. SZ）公告，公司及境内外相关子公司收到德国联邦经济事务与气候行动部的正式决定文件，禁止公司位于瑞典的全资子公司 Silex 收购德国法兰克福证券交易所上市公司 Elmos Semiconductor SE（FSE：ELG）的汽车芯片制造产线相关资产。

国际上贸易保护主义和单边主义盛行，对于我国并购市场的影响有两面性。以半导体产业为例，2022 年以来美国通过颁布《芯片与科学法案》及一系列后续措施，对我国半导体行业进行扼杀打压。一方面，半导体领域跨境并购确实受到直接影响，一些具有战略意义的跨境并购受到标的公司所在国政策限制而搁浅。另一方面，技术封锁也产生了倒逼效应，促使相关企业把更多注意力放在存在互补协同的国内企业整合上，从而提高国际竞争力，增强产业链韧性，客观上促进了新一代信息技术领域国内并购市场的活跃。